遙遠的海岸

中國海疆上的殖民擴張

Distant Shores

Colonial Encounters on China's Maritime Frontier

Melissa Macauley

麥柯麗——著　林玉菁——譯

紀念克拉拉·布朗·麥柯麗

目次

地圖二　十九世紀的潮州海域

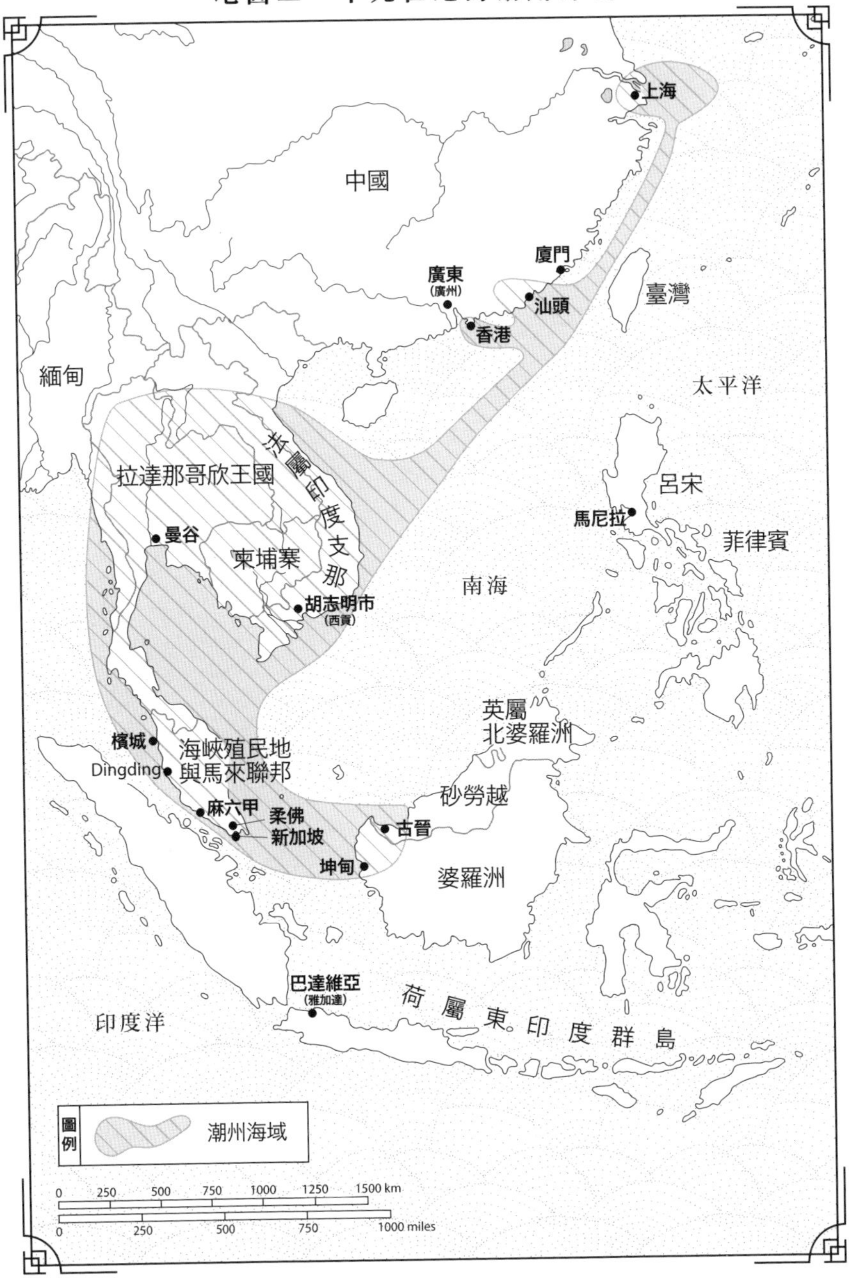
上海
中國
廈門
廣東
(廣州)
汕頭
香港
臺灣
太平洋
緬甸
法屬印度支那
拉達那哥欣王國
呂宋
馬尼拉
菲律賓
曼谷
柬埔寨
南海
胡志明市
(西貢)
英屬
北婆羅洲
檳城
海峽殖民地
與馬來聯邦
Dingding
砂勞越
麻六甲
柔佛
新加坡
古晉
坤甸
婆羅洲
巴達維亞
(雅加達)
荷屬東印度群島
印度洋
圖例
潮州海域
0 250 500 750 1000 1250 1500 km
0 250 500 750 1000 miles

引言　大匯流

朝聖者佇於橋上，劃定
生命的領域，與死亡高地比鄰
——克里斯多夫・奧古斯特・提德格（Christoph August Tiedge, 1752-1841）

陳錦華（Chen Jinhua 或 Tan Kim Wah）一九一一年生於中國東南方的潮州區域。他的父母墾植一處十五畝（二點四七英畝）的果園。這塊地產並不大，當地農場的平均大小為九點四三畝，然而當地社群卻認為他家是「富戶」。這個村落由一千名左右的陳姓村民組成，但他們的海外族人在暹羅（Siam）與英屬海峽殖民地擁有事業。一九三二年，陳錦華決定離開家園，加入海外族人。他的村落位於一度相當蓬勃的商業區域普寧縣，然而一九一二年清朝覆滅後，於二〇年代爆發共產黨起事與國民黨的鎮壓，讓此地陷入困境。共產黨在普寧附近的山區建立了一處基地，像陳家這樣景況好的農戶，經常受到騷擾。「我去暹羅就是因為了這個事情。」多年後他在訪談中回憶：

沒有辦法。就是因為我們是大家庭，我們有二、三十人，自個兒逃啦，沒辦法，不能逗留了。當時在家裡也不能安居樂業，整天提心吊膽，怕這邊的兵來國民黨，也怕那邊共產黨來。共產黨來，如果沒錢，就說「富農，拿錢來。」要多少錢否則他們要抓人了。那麼國民黨的軍來了也是隨便抓，抓了就打，打得差點死，所以我們自個兒逃啦。[1]

陳錦華航向暹羅，他姊妹的丈夫在這裡擁有一處三百英畝的甘蔗園與蔗糖廠。這塊土地太大了，因此他們把大部分土地租給當地泰國人。陳錦華在蔗糖處理廠工作，這裡的工人都是跟他講著同樣普寧腔潮州話的潮州移民。然而，在大蕭條的歲月裡，生意也受到影響。他覺得自己在姻親的鄉村事業裡升遷的機會很有限，因此首先搬到附近的曼谷，為堂兄弟工作，接著搭著中國人輪船的順風車，往南去到新加坡。他哥哥在此賣魚。新村落裡多數中國移民也同樣來自潮州普寧，專種蔬菜。在哥哥的鼓勵下，陳錦華從社會底層做起，成為十分辛勞的「糞便」收集者，擔著桶子挨家挨戶收集人類糞便作為肥料。他笑著回憶，自己的薪資相對較高，因為「那種工作沒有人要做」。旅居英國殖民地的初期充滿這類艱辛勞動，然而一段時間後，他也為自己創造了新生活。四處兜售水果十年後，他成功建立自己的水果店，後來還有其他事業。他娶了遠在中國的母親為他選的女性。他建立自己的家庭，把錢匯回家，忍受日本占領期間的恐怖統治，以小康商人的身分退休後，參與華裔社區的諸多慈善服務。[2]

陳錦華的故事在某些方面相當獨特，卻又象徵著更大的潮流，刻畫出十七到二十世紀初中國東南沿海與東南亞地區的社會與經濟連結。到了陳錦華的時代，旅居海外已經相當常態化，然而大大小小的災難——械鬥、洪水、政府征戰——導致村人與城市居民同樣展開海外旅程，尋求工作與庇護。許多旅居海外者早有親戚熟人住在海外，好讓他們一開始有所依靠。若沒有這類關係，他們就會轉向來自中國故土的其他旅外老鄉。大量來自家鄉貿易階層的移民已經賺進財富聲名，或擁有海外家庭，從事商貿、開小商店或其他小型事業。由於這些海外連結，比起缺乏這條生命線的鄰居，陳家這樣的家族通常在家鄉擁有更多田產與財務資源。雖然絕大多數中國移民都是男性，但在南海的商貿網絡中，女性親屬也扮演重要角色。十八世紀後，暹羅是潮州人旅居海外的首選之地，然而英國人在馬來亞與法國人在印度支那的富庶殖民地，也吸引著充滿野心或絕望的年輕移民。

對我們來說，陳錦華生命中最突出的特點，就是他出生於潮州——中國最重要的沿海省廣東省東岸的商業區域。潮州在東南亞又稱 Teochew 或 Teochiu，既是行政區，也是當地人共享的地方文化，涵蓋方言、儀式、心靈與社會實踐。十七世紀之後，加入福建人與廣州人的行列，產生大量移動到東南亞的中國勞工與商人。吳振強（Ng Chin-keong）很久以前就談過，在南海大歷史中潮州在這個時期的崛起前所未見；相比之下，福建人與廣州人則是長久以來就占有商業的主導地位。[3]這股崛起是獨特的現代現象，反映出鴉片貿易擴張，東南亞殖民統治制度化，及中國的政治影響力下降。潮州在海外華人水域中的崛起，是中國與東南亞相互連結的歷史中，驚人的社會發展之一。本書試圖訴說這個故事，並思考其歷史重要性。來自這處又小又窮且難以統治的中華帝國一角的地方居民，如何搖身一變，崛起成為二十世紀的南海商業霸主？

東南沿海中國人在故土與海外的歷史，並不能單純從殖民地、民族國家、村落、大區域或條約商港的地理架構來描述，也不只限於「中國人」或「海外華人」的社會架構。傳統上，旅居海外華人的文化認同，是由出生地來決定，並透過共同方言與人際連帶關係強化。倘若離開村落時並未全心認同，也會受到保護其利益的海外同鄉組織強化，同時被試圖分類移民的殖民當局所鞏固。跨國華人資本主義與移民的歷史，必須奠基在同鄉關係的文化動力上。十八世紀中到二十世紀中，數百萬潮人遷徙到東南亞。許多旅人將自己所得的一部分，轉匯給家鄉的親人，並以其他方式保持聯繫。因此，潮州以不受限的地域獨樹一格。

留在故里的家族與旅居海外的華人之間維持著強烈連結，因此地方事件的影響也不僅限於當地。事件的影響在海岸之間來回蕩漾，點出這片廣袤水體中不同地點的人們，擁有緊密共享的歷史經驗。更適合用於分析的地理架構——即便仍舊不精確且持續演化中——是這些潮州家族所共居之海域裡未曾被探測的邊界。我把這個地理空間稱為潮州海域（maritime Chaozhou），並把居住其中者稱為跨地域家族（translocal families）。

跨越帝國、王國、殖民地、蘇丹國與大洋，他們有跨越地域及跨區域的共同社會經濟經驗。地理學者蒂姆・奧克斯（Tim Oakes）及人類學者露易莎・史肯恩（Louisa Schein）針對第一個語彙給予精要闡述：「跨地域意指其認同超過一個以上的地點。」這不只是「自我認同」的問題，也反映出國家或其他機構如何指認這些移動中的人群。跨地域主義指涉人群的遷徙，以及資本、概念、商品及疾病的流通。[4]學者通常認為這是個晚近現象，反映出後冷戰全球化中加速的現象，特別是即時媒體通訊的全球化。然而跨地域的潮州海域，卻是由許多世紀的國際貿易與勞工遷徙所推動，直到十九世紀加速了起來。蒸汽輪船與電報的出現，同樣也對南海通訊帶來革命性影響。在正常年代裡，每年返回與離開潮州海域的旅居者人數同樣眾多。就像中國南方其他區域的移民，他們傾向前往同樣地點，住在相鄰之處，建立組織機構，強化海外社群及家鄉村落之間的文化牽絆。[5]

這是一份全球脈絡下的地方研究。它將闡明中國東南方、上海、香港與東南亞區域之間交纏的歷史；這些東南亞區域是十七世紀後旅外潮人遷徙的目的地，包含暹羅灣上的曼谷與柬埔寨、西婆羅洲、馬來亞南部、新加坡及越南的湄公河三角洲。如同邁可・沃納（Michael Werner）與班乃迪克特・齊默曼（Bénédicte Zimmerman）所示，交纏歷史（entangled history）是一種在跨國脈絡中研究個人與機構的研究方法取向，突顯出外國遭遇的複雜性，他們主張文化並非只是從更強大或夠有錢的團體，轉移到更弱勢的團體，或者從「中心」到「邊陲」；而是各方以隱微或深刻的方式相互影響。

沃納與齊默曼為歷史的跨國分析尺度提出很有用的洞見。他們指出，此一尺度「不能單純因為改變邏輯上的焦點，就被視為地方、區域與國家層次的輔助分析層次。」歷史在跨國尺度上的交纏具有自己的「空間結構邏輯」，讓人可以重新想像歷史事件發生時的空間。若未曾考慮事件對遠在兩千八百公里外的馬來半島港市的影響，我們就無法完整了解中國沿海村落發生之事件的重要性。因此全球歷史必須擁有「多重視野」，它必須通過歷史互動產生的多重場域來進行分析。跨國尺度的分析將讓我們能夠審度單一事件或一系列事件，如何在多個不同地點產生轉變；這些轉變的迴響甚至會傳回原地點，激發新的改變。[6]因此如凱瑟琳・布利克威爾（Katherine Brickwell）與亞尤娜・達塔（Ayona Datta）所觀察，多數跨國現象是「由地方特殊性所形塑」。

[7]多視野取向讓社會歷史學家得以在更大的跨國範疇內專注在人類與地方的尺度。移民也許過著全球化的生活，卻不是在「全球層次」上經驗這樣的生活。他們是在村落、港口或殖民地莊園的日常世界裡偶然受到全球化的影響。多視野分析讓我們得以審度全球變化的人類經驗，進而了解類似的全球化過程如何形塑出截然不同的地方場域，更讓社會歷史學家得以寫出全球歷史。

多數海外華人經驗的學者主張，十九世紀大批離開中國南部的移民，反映出帝國在社會、經濟與政治上的衰微。他們將加速外移歸咎於不斷困擾沿海地區的普遍大型挑戰，從人口對土地造成的壓力到貧困問題，王朝衰微時代的動亂，及一八五〇年代後「農民受到愈來愈嚴重的剝削」。更甚者，這類主張還繼續延伸，中國人受到歐洲殖民秩序下的投資及工作機會所吸引；一八四二年後帝國主義者強加的條約港口體系（潮州是在一八五八年開港），讓人們更容易前往這些殖民地。中國人自己考慮從中國東南區域外移的移民現象時，也在這種主張的各項論點上持續發展。例如，魏源（一七九四至一八五七年）就在一八四七年宣稱，福建與潮州的中國人願意冒著風險外移，是因為「地狹民稠」。[8]

今日的研究並未挑戰這些有憑有據的詮釋。潮州本身在一八五〇年及六〇年代，就經歷了十次反抗朝廷的激烈起事；太平天國的垂死掙扎發生在一八六六年潮州附近的山區。一八五二年後，潮州的國際港汕頭崛起，成為中國窮人以契約勞工身分前往海外的主要出口。他們甚至付不起最低等客艙的船票。

無論如何，潮州與東南亞之間不斷強化的交纏關係，卻矛盾反映出經濟與文化上高度調適的活力。取得南海沿岸的土地紓解了大大小小各種問題：包含人口過剩的有限耕地、天然災害、暴力械鬥及政府壓迫。特別在暹羅、柔佛（Johor）、新加坡及法屬印度支那成了潮州人不斷擴張的前線，為數萬人、最後甚至達到數百萬人提供了額外的土地資源與投資機會。這個恩典，直到一九二九年全球經濟大蕭條及後續戰爭、中國革命的總合影響下，才走向消亡。

彭慕蘭（Kenneth Pomeranz）在深具影響力的著作《大分流》（*The Great Divergence*）裡，對比十八世紀中葉後歐洲與中國的現代命運。在此之前，中國與歐洲商業較為發達的地區，在生產力、食物供應、資本積累、消費模式與其他經濟動力的屬性都大致不分軒輊。經歷中世紀晚期與近代初期的高峰，歐亞大陸的兩端似乎都朝著「初期工業化絕境」（proto-industrial cul-de-sac）發展。森林濫伐、土壤侵蝕、愈來愈稀缺的肥沃土地，在在都更加難以產出馬爾薩斯（Thomas Robert Malthus, 1766-1834）所稱的「四種必需品」——食物、纖維、能源與建材，這些都威脅著東西兩方的發展。歐洲比較先進的經濟體——特別是英國——成功在一八〇〇年後避開日益逼近的災難，然而中國卻未能躲過。彭慕蘭指出，中國不像英國，缺乏殖民擴張帶來的優勢，因為殖民可以提供更多肥沃土地與資源。中華帝國因此淪為生態災難與經濟落後的犧牲者。[9]

投射，是高度中央集權，仰賴海軍、陸軍、領事館、情報服務與大批官僚。同時還受到「文明教化提升」的強制信條所鼓舞催動。就達成海外經濟宰制來說，這是個非常昂貴的過程。

十七世紀之後，華人以相對非正式的方式在東南亞追尋他們的利益。除了維持朝貢關係外，國家很少大力介入。取而代之的是，華人仰賴諸如商人主導的同鄉會、公司、幫會、商業網絡、廟宇及慈善組織等機構。這不只是便宜且有效的經濟擴張手段，過程也掌控在那些直接在地參與的人手裡。傳統華人經濟榨取的建制遠遠優於歐美。它們非正式、具有調適性、不昂貴，且就長遠來看更能長久維持。事實上，這些建制在東南亞延續至今，然而英、法、荷、西、美與日等國的殖民權威卻早已掃進被醜化的歷史垃圾桶。

然而，要用來描述海外華人的多樣經驗，殖民主義是個太過有限的詞語。潮州人向東南亞與上海擴張，反映的是一種領域動力，更勝過殖民動力。所謂的領域性，指的並不是現代歐洲國家的司法管轄基礎。史都華・艾爾登（Stuart Elden）寫到，在歐洲的政治文化裡，領土「是國家權力的延伸」；「領土是主權行使之處」。凱・勞烏斯提亞拉（Kai Raustiala）研究領域性的法律面，注意到這是「（領域性是）現代政府的組成原則。領域性指的是在明定的空間區塊上施行權力。」一六四八年後，西伐利亞概念中的國家主張「每個主權國家擁有明確區隔且獨有的領土」。在此體系中，法律跟權利都跟領土綁在一起。[22] 地理空間與政治權力的關聯性也影響了現代東南亞的歐洲殖民主義裡的國家主義，但這只是人類領域觀的類型之一。

相較之下，我想提出一種更為原初的領域概念，正如地理學者羅伯特・大衛・薩克（Robert David Sack）所描述的「社會權力的基本地理表現」。在此了解中，「領域性是從個人到國際各個層級要取得權力必不可少的工具……在人類之中，（這）最能被理解為影響或控制資源的空間策略……這是空間行為的一種形式。」[23]這種對於領域的概念，可以回溯到新石器時期，跟動植物馴化是同時發展出來的。歷史上家族、部落，甚至最後的國家，都在五花八門持續改變的過程中，宣稱取得土地；人類學家稱此過程為「社會在領土上展開」。[24]

占領領土通常透過武力產生效果，正如我們所見，暹羅灣各地的華人同鄉團體械鬥事件。然而更常見的是，我們也見證了在地與長途移民輔助居地及政治當局既有秩序的空間動力。大批華人移民催生了非國家主義的新領域感；在此之中，當其他人致力於打造現代國家，華人卻專注於土地取得、商品生產與商業貿易。華人領域主義涉及的空間策略，是設計來取得當地資源，在不建立正式統治權威的情況下，讓個人與群體利益最大化。十八世紀中葉後，經濟力量強大的暹羅潮州人臣服於王室之下，逐步融入當地文化。來自更廣大潮州區域的礦工、農民與貿易商，則在蘇丹不情願的默認下，住在婆羅洲西部；一八八〇年代之後，則由荷蘭人接手。十九世紀砂勞越跟海峽殖民地的華人莊園主也是同樣的情況。進入二十世紀，更大量的潮州移民進入越南南部及法屬印度支那中的柬埔寨，這些都是稻米產區。所有案例中，他們都沒有土地上的主權，然而卻取得這些領土內許多資源及產出商品的控制權。正式主權出缺的情況下，卻矛盾地讓他們取得地方資源前所未有的控制權。最簡單的形式裡，華人領域主義就是在不建立殖民國家的情況下，榨取資源，建立商業霸權。他們的權力與影響力是透過錯綜複雜的家族、幫會與商業關係，鑲嵌在潮州海域的港口區域中，包含曼谷、新加坡、西貢、香港、上海與汕頭。

本書追索潮州海域的興起與衰落，從十八世紀潮州政體在暹羅灣中崛起，直到一九二九年全球經濟的崩潰。第一部「海域恩惠的詛咒」討論十六到十八世紀間明清兩代為了斬斷潮州與天然水域世界之間的關係，發起暴力軍事行動，因而帶來的跨地域迴響衝擊。這些鬥爭代表的是，現代早期民間與朝廷對於「海疆」的不同概念。布琮任（Ronald Po）曾定義此邊疆為「鄰近清帝國的海洋空間」及「一個允許人員、概念及商品流動的『中介區域』或者中介空間」。專注在清廷對此空間的概念，他描述朝廷如何將海洋分成「內」、「外」兩塊區域：「內海包含帝國的近海水域，皇帝可以宣稱擁有海洋資源。」外洋則被認為具有戰略重要性，然則「是在行政管理與經濟利用範圍之外的詭譎多變領域」。[25]因此清朝理解中的邊疆，是朝廷海圖上所繪的近岸地帶，容易受到外洋侵擾。

本研究中的海疆則是來自東南沿海人民的經驗，他們的生命反映出菲德烈克・傑克森・透納

（Frederick Jackson Turner）闡述的些許概念。這位首先詮釋邊疆在歷史上的角色的學者不只視邊疆為地理空間，他稱此為「自由土地邊沿」的區域。他強調這個區域持續變動，因此邊疆的造就也是一個持續的過程。邊疆並非國家傾向界定的不動疆界；而是會隨著人類移動而變動。「這條線記錄了線後人民的膨脹能量，」透納寫道，「那是一種社會形式，而非區域。」[26]

如此說法栩栩如生地捕捉了海外潮州人的移動。不像清廷，他們並不將外海視為國際競爭的禁區。相反地，這裡被視為重要海洋通道，從地理上連結起故里與持續擴張的經濟榨取移民聚落前沿。令人不禁重溫「邊疆」作為動詞的古老用法，正如本章一開始引用的題詞。[27]開拓邊疆，就是參與領域擴張的無情過程，讓家族村落與海外社群匯聚成流。正如北美地區一連串發展過程所示，開拓社會邊疆形成的地理擴張過程，與國家的邊界畫定無關。

東南中國村落的邊界擴張，無疑與歐美案例不同。揚森．歐斯特哈默（Jürgen Osterhammel）在其十九世紀全球史權威著作中，已經展現出後者案例裡，「在十九世紀，『都市』的對立面已經不再是『鄉村』——農業領域，而是『邊疆』：資源發展的變動邊界。」邊疆（或者，延伸為殖民地）成為都市的「邊陲」。在都市裡「打造征服的武器」。歐斯特哈默描述熟悉的歐洲擴張過程，相對於擴張中的邊陲地帶，金融中心的倫敦、巴黎與紐約崛起成為大都會。[28]潮州案例中的差異，在於「都市」並非汕頭母港，而是海外的港口政體，包括香港、上海、西貢、新加坡與曼谷。這些極具動能的大都會本身，也在經濟上與人口上，被納入擴張中的潮州邊疆。這些現代華人發展的飛地，同時棲身在歐洲民族國家的殖民或半殖民擴張中，獲得殖民地海軍勢力或暹羅王權的安全保障。對潮州海域來說，比起這些遙遠城市的集體影響力，汕頭母港在經濟上並不重要。隨著一八九一年後政治秩序解體，這些海外港口更成為投資、移民與金融的天堂。

故事的開始，始於相異的海疆概念之間的災難性衝撞，不斷迴響在潮州海域的歷史中。第一部分展示出在地方與全球歷史中，各種事件對於大型結構產生轉變或令其轉向的重要性。[29]前幾章專注在重塑跨地域生活的三個發展：一六六〇年代中國政府強迫潮州沿岸居民遷徙的軍事行動（造成械鬥文化興起並形塑出一群流動的「農民知識分子」，後者對朝廷的不滿演變成一種宗教意識形態）；一七六七年，暹羅統治者鄭昭（Taksim，一七三四至一七八二年，在位一七六七至一七八二年）大敗緬甸入侵者（導致這位暹羅—潮州混血戰士—商人登上王位，暹羅灣各地的港口政體形成一片潮州經濟圈）；一八六九至七三年間，總兵方耀（一八三四至一八九一年）清理幫會控制的村落。方耀的清鄉行動形成核心事件，連結起潮州海域的近現代與現代時期，以及本書第一與第二部分。方耀掌控了區域的軍事甚至民間事務，屠殺數千名「三合會眾」、海寇與走私者，驅趕八萬名男性出逃上海與東南亞。這次清鄉行動加速一八七〇年代區域人口外移的速度，更展開了高度軍事化的狹隘建制形式，鞏固掌權家族的經濟力量。暴力手段暫時綏靖先前難以統治的地區，並讓有根底的潮州商人加入南海區域崛起的資本主義秩序。但此後，當地共產黨人在一九二〇年代，將殘留的深刻仇恨，轉化成階級對立與革命意識形態。

中國東南方的這場清鄉行動，也成為上海與東南亞歷史的重要里程碑。在這兩地，當地人雖然並不清楚事件細節，卻感受到其餘波蕩漾。例如，清掃潮州的地下社會分子，卻導致一八六九年後新加坡犯罪率大幅成長，迫使英國行政當局採取行動，改革刑偵司法體系，並且讓海峽殖民地的統治更加建制化。一八七三年前，英國人並不清楚這些犯罪的成因，直到一次新加坡暴動起源的調查揭示出殖民地社會動力的轉變。

方耀的清鄉行動中，我們見證了地方事件的漣漪跨越政治邊界後帶來轉變的力量。他的軍事猛攻強化了潮州海域持續進行的趨勢，促成一種建制交纏，同時發生在潮州與馬來半島的海峽殖民地中。看似發生在兩個獨立地點的歷史事件，實際上卻是在同一社會經濟跨地域範疇內；它們是同一事件的各自展現，共享相互轉化作用的結果。兩個同樣處於早期發展階段的政府制度，一個是殖民地，另一個則是省，都試圖馴服征服同一組隨心所欲的旅外族群，他們長久以來一直是天高皇帝遠。在這段行動中，政府自身也經歷轉變。建制交纏是一種跨國過程，發展中的區域就由共享歷史經驗與經濟軌跡，達到發展上的平衡。以多視角分析方耀清鄉行動，讓我們可以看見英國的馬來亞殖民地與中國廣東省（潮州所在地）兩個政府交互影響的過程。我們也藉此辨認出跨南海區域有一股更大的建制交纏過程正在加速，這是透過現代亞洲最值錢的貨物——鴉片——的流通與課稅來產生。

鴉片確實是這個故事的中心。第二部分「贏得鴉片和平」展現出十七世紀後，許多潮州商人的驚人成就，部分是因為他們參與這種高獲利麻醉藥物的全球貿易。鴉片容易運輸，更在金融上支撐了其他跟旅外經驗有關的貨物：稻米、甘蔗、水果、甘蜜，特別是橡膠。潮州人的貿易網絡與亞洲各地的帝國強權之間維持既合作又競爭的關係。他們展現出驚人的團結心，將英國與美國人擠出潮州及新興上海都市的鴉片貿易。相對地，在海外，他們也參與控制鴉片農場的集團，產出收益正是十九世紀東南亞殖民計畫所需。

鴉片貿易給這些潮州貿易大亨的資本積累帶來巨大貢獻，因此也讓他們得以分散投資組合，進入銀行、製造、航運、房地產及電影業。今日在各地出版的傳記裡，他們被譽為「商人」及「慈善家」，此刻受到詬病的跨洋貿易中，卻往往略過他們過去的參與。當然，許多在相同貿易情況中打造出來的美國富豪也是如此：例如洛（Low）、迪拉諾（Delano）、羅素（Russell）等家族。

然而，一七六七到一九二九年的潮州海域巔峰時期，反映的不只是旅外階級在麻藥貿易中的角色。網絡合作的精神，適應性強的商業策略，以及堅定團結心，讓他們不管在家鄉還是海外，都能跟外國帝國主義者有效競爭。研究帝國主義在中國的學者，開始讓中國的「半殖民」（semicolonialism）歷史變得更加複雜；這個體系中，中國政府保有政治主權，卻受迫於軍事，對外國商業利益讓出經濟優惠與「飛地領土」。突顯中國人在西方強權與日本暴力擴張下受害處境的同時，他們也指出某些本土動力，在公共衛生、醫療與商業的領域中，也形塑了帝國主義的樣貌。這些學術研究雖然指出半殖民遭遇在中國各地的複雜性，上海、天津等條約港口或香港殖民地的經驗仍舊受到高度重視。[30]

本書透過描述東南沿海行動者成功對抗，甚至偶而能主宰外國闖入者的種種途徑，希望能對此議題有所貢獻。當學術注意力轉向潮州之類的區域——特別是潮州作為一個更大海域世界的一部分，帝國主義在中國的歷史就會有所轉變。這個區域在殘酷戰爭之下（第二次鴉片戰爭，一八五六至六〇年）對西方人「開放」。此後將近十年，當地人卻能讓英國人無法在潮州區域自由移動。在外國商人的驚愕中，跨地域企業家幾乎仍舊維持著對區域經濟的完全掌控，並訓練歐洲人以潮州人的方式做生意。除了船運業外，他們在故鄉邊緣化歐美經濟力量。在上海附近的長江下游地區，他們將外國人趕出有利可圖的鴉片貿易。在海外，他們也主導了多種產品的取得與批發，這些產品對當時全球正在展開的工業革命至為關鍵，同時讓英國人退出某些產業，例如碾米業。派駐條約港口汕頭的英國領事得保護海峽殖民地的潮州居民在潮州的財產利益，這些人雖然歸化為「大英子民」，仍舊有部分時間住在潮州。英國人幫助了這群中國人在家鄉與海外崛起，成為蓬勃的資本家。潮州人在中國各地都因為有意的文化缺陷受到鄙視，如「暴力」、「抱團結派」及商業上的堅定成功。然而不像許多同胞，他們在國際領域裡成功地與英國人競爭。對於中國東南沿海歷史地理學的重新學術想像，可以讓我們釐清此一成就，以及一九二〇年代前，英國人無意中裨益潮州競爭者的程度。

然而第二部分仍舊以海疆生活中被詛咒的恩惠此一主題終結。經濟與家族結構的跨地域性質——對於克服現代人口及環境挑戰來說十分重要的因素，同時也擴大了潮州地區的階級不平等。匯款體系特別激化社會不滿，因為得益於海外關係慷慨贈禮的家族蓬勃發展，其他缺乏這類跨地域關係的人則相對辛苦。到了一九二〇年代，財富與海外族群完全跟擁有長久移民傳統的地區連結在一起，二〇及三〇年代的階級緊張關係及鄉村暴力的本質轉變，預示了四〇年代更大革命即將到來。

全球大蕭條、整體戰爭與三〇、四〇年代革命的三重影響，嚴重擾亂潮州與南海之間的聯繫。事實上，一九四三年在區域間蔓延的戰時飢荒，點出與東南亞商業貿易的必須性，後者提供潮州大量穀物供給。潮州與廣大海域世界之間長達好幾世紀的連結，確保了家鄉父老的存活。一九二二年致命颱風襲擊海岸，這類災難之後，海外華人通常迅速回應自家村落的慈善需求。然而對於二十年後戰爭帶來的悲劇，卻無能為力。

本書所關注的是這些災難襲擊前的潮州海域，那時旅外商賈與勞工同樣成功擴大了經濟可能性的地理範疇。我在此思考的是，十八到二十世紀初年，一個重要華人旅外社群及東亞、東南亞資本主義發展之間的關係。彭慕蘭正確指出一七五〇年後中國本土遭受的環境挑戰，然而了解潮州人的跨地域世界，讓我們得以看見，這並非是跟歐洲現代性的分流，而是在殖民場域內的匯流；這些場域對工業革命至關重要，也加速了資本積累的程度。東南沿海移民參與了回應政治文化轉變的中國商業現代化。他們帶著更優異的移民體制，精巧運用合法與不合法策略跟西方帝國主義者競爭，潮州人崛起成為南海的商業霸主之一，並在一九三〇年代秩序崩潰之前，成為與外國強權一搏的對手。

第一部——

海域恩惠的詛咒

一七六七至一八九一年

亞歷山大大帝抓到的一名海盜，給了貼切且真實的答案。當國王問他為何侵擾海洋，海盜挑釁地說：「就跟你侵擾整個世界是一樣的；因為我只有一艘小船，我被稱為強盜，而你擁有偉大艦隊，你就是皇帝。」

——希波的奧古斯丁，西元四二六年（Augustine of Hippo, 354-430）

第一章　靖海：帝國行動與近現代的海疆

一五六六至一六八四年

海域民眾也是朝廷子民。倘若突然移走，甚至鳥群也要哀鳴。定居新家前，他們可能會渡海，加入海外之人。因此我們正將人民送入敵人之手。

（沿海是我赤子，一旦遷之，室家靡定，或浮海而遁，去此歸彼，是以民予敵。）

——湖廣道御史李之芳（一六二二至一六九四年）

潮州是位於中國東南沿海的一個府，此地具有清楚疆界。歷史上，這裡是重要商業省分廣東最東北的一區，跟北邊的商業重鎮福建省交界。北回歸線貫穿這個區域，今日汕頭雞籠山上立著四十五英呎高的大理石碑，昭示著地球副熱帶與熱帶地區的分野。到了十九世紀，潮州被分成九個縣：沿海的饒平、澄海、潮陽與惠來；內陸的揭陽、普寧、海陽（後來的潮安）、大埔與豐順

（見第六頁地圖一）。這些省、府、縣都是遠在北方的帝國朝廷畫定的行政分區，用來設定地理實體，好將這個區域納入中央政府的統一管控。當然北回歸線則是帝國視野以外的國際勢力所發明的。

潮州也以不受拘束的文化獨樹一格。操持潮州方言及當地潮州宗教與文化實踐的人，居住的地域超越南方的惠州府及北方的福建省界。潮州屬於施堅雅（G. William Skinner, 1925-2008）所描述的中國「東南沿海大區」，這個大區包含了三省的一部分：浙江南部、福建與廣東東部。大區超越了中央政府的行政地理，它們是由山脈河谷盆地形成的自然範疇。近現代時期獨特又相互連結的市場經濟與文化模式，在這些大型領域內演化形成。[1]潮州與福建省的漳州與泉州府一同形成東南沿海的經濟脈動「核心」，不論在故土或海外都共享相連的社會商業史。

潮州不受拘束的文化也跨越海洋。它不只位處南海——南洋——的邊際，更是這個跨國水域世界的核心成分。文化上與經濟上，它超越了帝國與國家的界線。潮州海域史是中國東南沿海及東南亞的紀史。它是東南亞「水疆」的一部分，是諾拉・庫克（Nola Cooke）與李塔娜描述下的「流動的跨國與多民族經濟區」。[2]到了近現代，這塊區域逐漸由廣東與福建的中國商人所主導，政治上則由國王、海盜、蘇丹及最終的歐洲殖民者所掌控。

潮州與海洋的聯繫，是一種恩惠。他們跟日本人、東南亞人（包含一五一四年後的歐洲人）

及其他區域的華人貿易所得的利潤，產生了跨地域的潮州商業階級，在南海區域只有閩南與廣州的商貿網絡可以一較高下。普通人也在沿海地區發達起來。農民透過海洋河流提供的工作機會，逃避可耕地上的人口壓力限制——主要是捕魚跟挖蛤，此外還有碼頭裝卸工、水手、造船工人及貝殼採集工等。到了十九世紀，工人大批運往海外，前往潮州資本家的東南亞莊園及商號工作，再將部分薪水匯回家中。出海更讓各階層潮州人都能參與高回報的鴉片走私經濟，藉此累積資本。海洋的恩惠理論上庇蔭所有人。

然而潮州海域的恩惠也是詛咒。許多世紀以來，海岸受到颱風與潮浪襲擊。這些暴風平均每兩年會登陸一次；未直接重創區域的颱風，每年也有三到四次機會，對農產造成重大影響。[3]此外，潮州位於山區溪流注入三條河——韓江、榕江與龍江的主要三角洲地帶，三條河川注入大海之前，又分成無數支流。這些河流體系形成「沖積走廊」，將內陸山區的沉澱物帶到低地平原，形成農耕地與海洋產業；然而沖積平原也受到偶發洪水的衝擊，折磨在土地上討生活的人。同樣也對商人帶來挑戰，他們得努力確保港口不會被持續湧入的沉澱物淹沒。沖積更導致地形遭到水力改變，造成土地所有權紛爭。不穩定的環境導致潮州地區爭議不斷。[4]

到了帝國時代晚期，出海對潮州的漁業跟商業都十分重要。這個區域成為興起中的國際貿易網絡節點之一。在宋代（九六〇至一二七九年）與元代（一二七九至一三六八年），此地居民經常進行商業航海，前往今日的菲律賓、柬埔寨、印尼、泰國與越南各地的諸王國。由於距離遙遠又必須仰賴季風吹拂，這些旅外者經常得長時間離家。[5]他們跟廣大海域世界的連結，在中央政府心裡激起深刻的不安感。官員們擔心這些商業家族可能會跟沿海勢力及外國形成聯盟。他們也不信任海域文化的普世自主性，因此試圖收攏對中國有利可圖的國際貿易。罪犯可以藉由逃亡海外規避法律，也令他們感到挫敗。從十四到十七世紀，中國當局發動好幾波行動，限制這個區域跟天然海域地理之間的互動。明代（一三六八至一六四四年）展開第一波知名的海禁行動。這些間歇性強加的禁令，在十六世紀激發了「海寇」的爆炸性發展。

隨著滿人征服中國，建立清朝（一六四四至一九一二年），滿人透過將大批潮州人逐出村落，希望將此地納入掌控。一六六〇年代沿海地區的遷界，是一八六九年前影響潮州的最重要事件。因為閩廣沿海地區是對抗一六四四年入關的滿人勢力的前線之一，此地的遷界過程比起中國其他地區更為粗暴，也歷時更加長久。數百村落遭毀；上萬不計其數的農民、漁民、鹽工及商人被趕進內陸，自生自滅。未被遷界的內陸區域及沿海村鎮，並不樂於收容許多因絕望而進行劫掠的難民。一六六〇年代大部分時間裡，四處可見大規模飢荒與暴力混亂。接著，皇帝一揮手，沿海居民又獲准返回遭到破壞的故土。失去族親的家族努力奪回遭到霸占的田地，同時保護自己不受野心侵略。始自這波動亂的田地爭議，在接下來的幾十年中，一直在當地衙門爭論不休。征服東海沿海後，當時朝臣宣稱，「天下粗安，四海承平。」[6]清廷統治的最強大競爭對手已經消除，但暴力卻也導致大量潮州人移居東南亞。明清政權轉移之際的災難暴力下產生的大量難民，反而為海外的潮州海域崛起奠定基礎，諷刺地更強化了沿海生活的跨地域性。

明代先鋒：潮州水域世界的海寇

十九世紀潮州地區盛行的暴力械鬥，部分是明清時期政府軍事行動惡果限制下的邏輯回應。明代統治下，對於商業最大的破壞措施，就是禁止出海進行商業貿易。一開始是一三七一年，由明朝首位皇帝明太祖（朱元璋，一三二八至一三九八年，一三六八至一三九八年在位）頒布，十六世紀中，後續幾任皇帝也嚴格執行。私人國際貿易遭到禁止，除非獲得中央政府許可，不得出海。違者將遭受嚴厲懲罰。

無情且偏執的明太祖，試圖將逐漸商業化的廣大帝國，轉變成理想中的農業自給自足國家，人民全都扎根在村落裡，敬重社會階級及帝國權威。他所想像的國際秩序，跟前代元朝（或蒙古人）統治下蓬勃發展、透過商業相互連結的無拘束世界，是大相逕庭。相反地，他跟後續的繼承者試圖建立的體系，是由帝國官僚控制商業，儀式上以首都南京（一四二一年後為北京）為中心的體制。他們建立了稱為「朝貢體系」的國際關係，讓中國邊陲的各國家領域，臣服於中國皇帝的象徵性權威。包含暹羅、高麗、三佛齊（蘇門答臘島）與其他國家領域在內的朝貢國家發現同意這種安排，不僅能確保跟東亞強權的穩定外交關係，也讓他們得以跟中國國家進行一種免稅貿易。因此商業關係成為外交的延伸。一旦外交使節向皇帝呈現貢禮後，他們國人就獲准在中國邊疆的指定地點進行商業行為。一如吳漢泉（Sarasin Viraphol）的觀察，中國人跟朝貢國家都接受此一安排，因為對雙方朝廷來說，這都是商業利益的主要來源。[7]

至此，潮州經歷了相當可觀的海洋貿易發展。到了十四世紀，當地工匠已經擁有精細的航海工程知識，這個區域崛起成為造船中心。商賈貿易沿著中國沿海，更跨越海洋。他們在日本跟東南亞販售大量當地製作的瓷器，並帶著遠方商品返回中國。[8]

禁海令對經濟是一大打擊，導致私人商貿行為入罪，將商賈變成「海寇」，商品則成了「走私品」。過去，海盜在東南沿海並非不存在，但這段時期的歷史學家承認，透過禁止國際貿易，明朝反而招致真正的「海寇」部隊，許多人只是持續跟外國人貿易或在外國港口進行走私的商人。[9]這不只是現代詮釋，連明代觀察家也承認，是自己政府造成了這種無法狀態。正如學者謝杰（一五三七至一六〇四年）在一五九五年寫道：「海盜與商人並無二致。當商業繁盛時，海盜就變成商人；當商貿遭禁時，商人就成了海盜。（寇與商同是人，市通則寇轉為商，市禁則商轉為寇）」[10]並獲得不可避免的結論，政府的利益與他們背道而馳，因此沿海商人開始在法外運作。人類學家在另一個脈絡中的觀察也顯示，一旦人們開始「做出非法行為……他們就比較不可能支持政府，反而更願意做出其他非法行動。」[11]走私是缺乏政府許可的貿易行為，導致行動者積累對法律秩序的不滿；在中國的案例裡，這種情況在沿海引發暴力嗜血的機會主義。

走私成為潮州地區最常見的抵抗形式，南澳島成了非法貿易熱愛的地點。位於福建、廣東兩省海岸外，此島正是絕佳的邊境藏匿處，許多葉狀入口及小港灣為地下活動提供保護與機會。明清時代，這座大型島嶼雖然位在海軍巡邏路線上，卻也在這個時代登場，成為走私客棲息地與海盜基地。[12]十四世紀進入廣東的走私品包含鴉片，以南澳島為基地展開的走私行動很可能建立了潮州的鴉片走私傳統。[13]

地方當局騷擾居民，後者唯一的罪行是跟持續貿易海商之間的家族關係。例如，十五世紀初年，五十五名潮州人出航爪哇，「進行私人貿易」。多數人很可能多年來都在中國與爪哇島之間來回，然而一四四四年卻好運用盡。那一年，三十三名旅外者返回故鄉，也許是為了進口商品，同時走訪親戚。就在他們即將再度前往海外時，碰上了當地知府率領的一支部隊。多數「犯人」逃過官方追捕，駛向海外，然而仍有四名遭到逮捕。他們的證言表示原始團體中有二十二名成員決定不再返回中國，在爪哇長住了下來，一名經濟官員形容為「叛向爪哇」。被捕者肯定向知府透露逃亡友人的身分，因此當知府向中央政府回報此事後，明英宗（一四二七至一四六四年，在位一四三五至一四四九年、一四五七至一四六四年）下令逮捕並處決家族耆老。[14]

對明朝來說，處決留在故鄉的家族親戚比起掐死海外貿易來得容易。但這種騷擾卻為當地官員招來大量敵意，劫掠者開始以政府官員為對象。例如一四四九年，來自福建的「流寇」劫掠潮州府海陽縣的村落後，「誘使」部分潮州居民加入海上犯罪生活。[15]當地財富明顯誘人，然而海禁也清楚激發反政府的掠奪行動。

整個明代，走私雖然橫行，卻是另一種「正常」國際貿易體系的副產品，這個體系是由當地人口支持的強大商貿聯盟所控制。直到十六世紀初，這些家族都成功地在相對不受阻礙的情況下運作，直到另一位意志強悍的皇帝明世宗嘉靖皇帝（一五〇七至一五六七年，一五二二至一五六七年在位）決定強力執行海禁，頒布嚴厲新法，並派出大批海軍，迫使商人聽命。根據蘇均煒（Kwan-Wai So）的觀察，皇帝是為了回應中國南部沿海地區走私情況日益猖獗。由於商人回應對中外商品逐漸增加的需求，因此中國國內與國際層次上出現了熱絡的商貿經濟。外國人對於中國鐵鍊、鐵鍋、絲綢、竹器與漆器的偏愛，導致商品價格上揚，因此也讓外銷一舉值得鋌而走險。即使在明朝統治者的農業立國想像下，貿易已經成為中國東部海岸都市化地區的「經濟骨幹」。[16]

不斷強化的禁令，讓帶著暴力傾向的武裝商人走私行動，轉變成大型海盜聯盟，積極抵抗明朝官府與軍隊的控制。也因此誕生了現代初期的知名「倭寇」。倭寇是用來指涉「日本海盜」的貶抑之詞，對於已經不再由日本而是由東南沿海商賈主宰的跨國海盜現象來說，這是個不合時宜的誤詞。這群海盜的船員與合作者包含中國人、日本人、暹羅人、麻六甲人、西班牙人、葡萄牙人與非洲人。[17]新的禁令非但未能鎮壓貿易行為，反而引爆一波劫掠與走私行動。商貿是區域經濟的核心成分，養活許多沿海家庭。當明朝海防沒收船隻、騷擾家族並處決追隨者，進而威脅到許多商賈的生計時，商人武力開始反擊。

東南沿海海盜聯盟的崛起，代表著現代政府出現前的一種歷史發展階段。在那些從未完全納入民族國家、殖民地或帝國的區域裡，地方霸主崛起填補政治真空。他們招納追隨者後，就得養活這些人。在這個案例中，隨著海外貿易遭禁，海上劫掠成為另一種收入來源，確保追隨者的忠誠。[18]因此權力也會聚攏到這些對抗海禁的沿海霸主手中。從商賈跳到海盜的過程並不難；這個時代裡，商貿必須要有動武的能力，就算只是為了保護自家船隻貨物在無所屏障的大海上不受覬覦。現在這股武力則是為了對抗明朝律法。

潮州產出現代初期好幾位最惡名昭彰的海盜。林道乾（生卒年不詳）與林鳳（生卒年不詳）是最出名的冒險者之一，他們的行動展現出中國與歐洲向東南亞擴張之間的深刻差異。雖然姓氏相同，但兩者應無親族關係。官方認為林道乾於一五七三年逃離中國後，比較年輕的林鳳是兩位後繼者之一。[19]此處我們將以林鳳為主，他在一五四九年生於饒平縣。林鳳之所以能夠崛起成為知名的商賈－海盜，無疑跟身為潮州另一位強大走私者海寇林國顯（生卒年不詳）的姪子與養子有關。一五四〇年代，他的叔父－養父加入海盜集團，以南澳島為基地。等到林鳳十九歲時，也參與了走私、劫掠港口城鎮、擄人勒贖的家族事業。[20]

他很快形成一支遍及南洋的勢力。從一五六八到七四年間，他的龐大船隊攻擊了潮州、惠州、廣州及瓊州（海南島，今日越南外海島嶼）等不同地點。入侵菲律賓並試圖從西班牙人手中奪得群島控制權後，一五七五年他在臺灣建立一處基地，重啟對廣東、福建各地的攻擊。逐漸不滿的明朝官員於一五七六年派出一支海軍艦隊，在海上轟炸他的勢力，毀去半數船隻，殺死或驅逐一千七百一十二名追隨者，釋放數百名俘虜。林鳳卻成功逃脫，帶著其他倖存者撤退到「西方蠻人之地」（也許是今日菲律賓境內的島嶼之一）。[21]激怒的中國當局從未成功追捕到林鳳。

即便明朝攻擊持續讓這些海盜出走，他們總是能夠返回潮州與福建的藏身地，繼續走私或劫掠港口。事實上，林鳳跟林道乾的財富權力來源之一，就是作為中國富裕腹地與南海經濟體之間的重要連結。這些行動受到沿海親族友朋的支持。正如兵部尚書在一五七八年怒道：

惡名昭彰的海寇林道乾與林鳳最近逃往海外島嶼，躲避天朝懲罰。此外，有能有權的富人喬裝為地方商賈，共謀迎其上岸。他們假造（官方）文件，購入走私品……提供海寇收益。甚至擔任他們的鄉野引導，讓海寇掌控地方。（臣竊謂近日劇賊林道干、林鳳等逋逃島外，尚漏天誅；更有黠猾豪富托名服賈，勾通引誘，假造引文、收買禁物，藉寇兵而齎盜糧、為鄉導而聽賊用。）[22]

這些海盜的地緣移動力，需得仰賴基地區域的當地支援。明朝當局很清楚教唆當地人在兩名林姓海盜的成就上扮演重要角色，因此官員也考慮要從沿海撤離這些支持者。一五七六年擊敗林鳳後，他們就面臨處理追隨者的棘手任務。當時的兵部官員蕭彥（一五三七至一五九一年）注意到若明未能「殲滅」這些勢力，朝廷將顯得勢弱。即便蕭彥傾向處決這些人，但他仍建議當局也許考慮「置之腹心之地」。[23]他提出以內陸「民間」安置取代招撫之舉。這是清朝發動撤離沿海人口的一世紀之前，明代官員自己也開始思考衡量以重新安置政策，切斷海盜與補給線之間的連繫。此處值得一提的是，即便這些對手在明代的國際秩序上掀起諸多動亂，明代官員也未採取清代後繼者的決絕手段。相對地，他們通常選擇「談判招撫」，在這個程序裡，人民起事通常會獲得官方寬宥。然而如陳春聲（Chen Chunsheng）所觀察，「受招撫的海盜」經常熬不了多久，談判招撫政策在中國官僚體系中也並未獲得全面支持。[24]

官成功傳話給西班牙總督拉維札瑞斯（Lavezares，約一五一二至一五八一年），讓他湊集足夠武力擋回首波攻擊。[29]

三日後，華人反攻，這次是由林鳳本人領導一支千人武力，並獲得菲律賓當地人大量補給，期待華人可以將西班牙人逐出島嶼。當數千名民都洛人（Mindoro）偕同入侵海盜一同起事，西班牙人受到兩面夾擊。他們燒毀馬尼拉的教堂與修會，抓了兩名傳教士。住在馬尼拉的摩洛人（Moro）也發動反抗。但西班牙人成功地在兩次攻擊間的三天內調集強化軍力，準備好面對多面攻擊。即便林鳳武力成功殺進城內的主要堡壘，西班牙軍仍舊在漫長的血戰中將他們擊退，兩百名華人遭到殲滅（相較之下，只有兩到三名西班牙人陣亡）。倖存的林鳳軍隊撤退，當地原住民反抗軍發現自己無法依靠華人武力擊敗西班牙人，便心生膽怯向當局投降。[30]

沒預料到會敗在人數較少卻武力較強的西班牙士兵手下，林鳳必須另覓基地。他向北撤退一百二十英哩，在馮嘉施蘭（Pangasinan）的阿格諾（Agno）河口附近建立據點。他的武力在此建立一座要塞，強化對周圍領域的控制。數千名華人定居者中至少包含一百名婦女兒童，西班牙人視這個持續擴大的華人社群為某種殖民地。不安的門多薩修士寫下，由於林鳳的使者說服當地居民他已經殺死多數西班牙人，並將他們從島上逐出，因此他們臣服於林鳳的權威之下，向他「進貢」，並接受他為「真正且天生之主」。[31]

西班牙人花了數月時間籌備遠征，要將對手逐出呂宋。一五七五年三月底，他們已經調集兩百五十六名西班牙人與兩千五百名原住民軍力。這些「西班牙人」的火力比林鳳軍隊來得強大，在初始交鋒中輕易擊敗華人海盜，幾乎燒毀所有帆船，也摧毀要塞的一部分。然而持續猛攻並未能顛覆他們意志堅定的對手，當華人在要塞防禦中加入三門大砲並持續轟炸進攻軍隊後，西班牙人也開始產生傷亡。了解到持續進攻只會增加自己的損失，西班牙人決定包圍要塞，餓死敵人。畢竟，少了船的海盜注定無望。

經過四個月熱帶豔陽曝曬後，華人仍舊沒有投降。他們偶而對懶散的西班牙軍隊發動游擊劫掠，某個程度上維持自己的補給。更驚人的是，他們偷偷蒐集船隻破片，拖回要塞。林鳳的工匠在此日以繼夜，運用回收材料，打造小型但足以航海的船隻。這些船隻在一五七五年八月四日完工，林鳳立刻下令追隨者在夜色掩護下上演逃亡。西班牙人瞥見船隊，以為只是華人另一波無效攻擊，對著船隻方向斷斷續續攻擊。慢慢地，他們才後知後覺地發現這不是另一場戰鬥的序曲，而是林鳳菲律賓冒險的尾聲。此時，所有男性海盜全都離開要塞，婦女兒童卻被拋下。西班牙人雖然大怒，卻也無能為力，並對林鳳隱忍到最終騙過他們的決心印象深刻。門多薩修士後來對這場大膽逃脫驚豔不已：「那（曾經）看似不可能，讓西班牙人讚譽不已。」[32]

部分中國歷史學者曾經批評明朝將東南亞拱手讓給現代初期的殖民強權。研究臺灣與菲律賓的華人移民時，曾少聰就注意到明朝未能支持林鳳征服呂宋之舉。明朝既未支持他將島嶼納為中國所有，也未保護後來在一六〇三及三九年遭到屠殺的華人移民。[33] 戴裔煊（一九〇八至一九八八年）甚至更進一步，強烈批評明朝「勾結西方殖民主義者，犧牲國家民族利益。」他還進一步補充，當明首輔張居正（一五二五至一五八二年）收到錯誤回報，以為西班牙已在馮嘉施蘭殺死海盜時，「還對西班牙殖民者趕走林鳳表示感謝！」[34]

這些批評展現出二十世紀之前，歐洲與中國對海外經濟擴張根本上的差異。除了中國自身邊界的週期性擴張，及十七世紀清朝將臺灣納入版圖外，明清兩代並不傾向在東南亞建立正式的殖民政府。他們不會派遣海軍「拯救」被圍困的華人移民，或協助華人資本家的行動。他們不認為林鳳這種海盜行為，對中國的帝國事業有任何潛在助益，不像英國女王伊莉莎白一世（Elizabeth I，一五三三至一六〇三年，在位一五五八至一六〇三年）對於法蘭西斯・德瑞克爵士（Sir Francis Drake, 1540-1596）行徑的理解（記得德瑞克肆虐法國與西屬美洲港口時，卻放過英格蘭）。伊莉莎白女王縱容德瑞克的海盜行為，視它們為國家擴張的合法工具，更別提還是王室收入的來源。這也反映在十六到十九世紀歐洲與美國的「私掠」（privateering）做法。私略者基本上就是受到國家許可的海盜，以攻擊敵方的經濟利益，破壞對手的穩定，同時也跟政府分享船隻與戰利品。私掠在現代初期的戰爭與殖民擴張中相當重要，也是美國在獨立戰爭中成功對抗英國的關鍵。[35]中國統治者在懷疑論的實用主義之下，願意赦免自家內部降服當局的海盜。但這種對待國際秩序的方式，卻與明朝試圖在海外高舉的儀式秩序相悖離。

明朝透過邊境上使用武力及海外外交手段，達成許多國際目標；他們並不需要仰賴海盜。他們的國際體系將部分朝貢國家轉成合作盟友。當林道乾逃往柬埔寨與暹羅時，明朝官員只需要求當地對口單位壓制林道乾。柬埔寨國王逮捕林道乾的同謀楊四（Yang Si），將他交給中國當局，連同黃金、象牙及蜂蠟等贈禮。[36]至少中國的資料來源顯示，這些東南亞統治者似乎急於跟明朝維持友好關係，並盡其朝貢系統的職責。

戴裔煊同時也批評明朝官員，在鎮壓南方沿海的海盜動亂時，還遷就歐洲人的需要。一五五四年，他們允許葡萄牙人住進澳門港，只要繳稅並停止跟法外之徒來往，就能自由貿易。戴裔煊認為此舉為「勾結」帝國主義者，導致葡萄牙人殖民澳門。[37]中國民族主義者也許對這些發展有意見，但葡萄牙人落腳此地卻消滅了中國土匪的一條後援。同時也確保中國境內運作的葡萄牙人，根據朝廷規則行事，強化政府在對外關係上的獨占。戴裔煊、曾少聰跟其他歷史學者從現代民族主義的角度批評明朝做法，然而王朝本身並未從民族主義的角度想像國際關係，而是由王朝宮廷單方建立一種宇宙觀。歐洲人並未跟中國建立朝貢關係，假以時日也許會創造出一種殖民秩序，破壞以中國為中心的外交；然而此事並未否定朝貢體系，讓明朝得以達成許多其政治理想下的外交目標。

明朝的國際政策卻對潮州帶來負面影響。海禁解除之後恢復通商，並建立商貿許可制度。[38]然而不過一世紀的海陸暴力，已經讓當地人傾向集結成一種複雜的保護性社會團體。研究中國東南部的歷史學者認為十六世紀是大型商團開始發展擴增的時刻，因為家族必須保衛家園不受劫掠。此一發展也經常被視為促成社會朝向鄉族械鬥演化。[39]起事叛變改變了地方社會，並造成帝國晚期潮州村落生活的某些暴力病徵。持續不斷的攻擊威脅，不只來自海盜，還明顯來自保護居民的政府軍，讓這些家族傾向圍繞著家屋興造高度武裝的堡壘，巨大的「城寨」因此興起。由防守壁壘保護的村落，成為面對盜匪威脅的有效回應。海陽縣的塘湖就是區域內比較知名的圍村之一。一五五八年，地方耆老仕紳劉子興（生卒年不詳）得知海盜就在附近，因此搭建防禦工事，並召集青年鄉勇武裝防禦。最後此地是區域內唯一倖免於難的村莊。當地居民學到寶貴教訓，接下來的世紀中，單一村落築起高牆，多個村落則結合起來，轉變成相互連結的「寨」防禦網絡。[40]我們在十九世紀還將看到許多更知名的圍村，包含鷗汀背寨與庵埠寨，都在此時興起。

正如潮州史學家所示，防禦工事的建設及村落軍隊組織都造成「鄉村社會的軍事化」。這些民兵的設置，在保衛地方不受劫掠的同時，也對抗明朝軍隊對生命財產的威脅。隨著時間推進，即便農民也武裝自衛，他們開始在鄰里衝突中仰賴軍事力量，或者直接攻擊弱者，「『農民』與

『盜匪』的界線開始模糊」。幾個世紀過去，鄉族械鬥逐漸成為常態，幫會為保護成員安危而興起。[41]由地方武裝戰士戍守的高度防衛城寨，造成日常生活架構的轉變，是十六世紀後地方文化發展導向鄉族械鬥的重要一步。這個結論不只來自區域現代歷史的學者；十九世紀持續對抗暴力衝突的帝國當局也做出如此詮釋。潮陽知縣冒澄（生卒年不詳）在一八六四年注意到，半數官方認定與潮州沿海有關的「積弊」——如拒絕繳稅、地方難以治理及糾結會社械鬥等，都能歸咎於明代因應海寇戰爭而起的城寨。[42]這些城寨不斷增長，演變成鄉村社會的特色，自此讓整個區域難以治理。十九世紀的官員不難得出十六世紀軍事行動跟當代難題之間的關聯。

因此海疆的暴力傾向，部分可以追溯到海禁時期，當沿海居民開始為了處理隨之而來的動亂，衍生出來的保護策略。人們理解到政府並無法保護他們。事實上，在明代官員與海盜談判招安時，他們會授與海盜軍階，因此是由停止攻擊官署的海盜領導地方軍隊。潮州人知道他們必須自保。[43]換句話說，中國政府幫忙催生了帝國時代晚期東南沿海的暴力，而這些問題早在十九世紀人口擴張之前就已存在。

當地對於明代政策的回應，彰顯出沿海邊境地區的地理特色；潮州也是這個區域的一部分。出海為所有人帶來財務利益，但也是暴力罪犯的主要脫逃路線。無論朝廷如何嚴格巡邏海岸，也無法控制廣大海洋。海盜的指揮系統是個多頭怪獸。一旦當局驅逐一名領袖，另一人立刻會崛起成為更大的威脅。官員可以消滅半數海盜船艦，但另外半數卻能揚帆逃逸。此外還有更多海商，他們的姓名很少出現在歷史紀錄上，卻持續違反禁令在海外尋求財富。海洋及他們自身的航海長才，讓他們在非法商業秩序中蓬勃發展；此一秩序超越了世上最繁複官僚體系的掌握。一六四四年征服中國的滿人很快了解到，東南邊疆的海域貿易可能會威脅到他們的國家大船。

遷界

遷界源自於明清兩代政權之間的暴力轉換時期。即便滿人在一六四四年進入北京，對此新秩序的武裝反抗仍舊在中國南方蔓延。在西方以「國姓爺」聞名的鄭成功（一六二四至一六六二年），是滿清征服者最知名也最有威脅性的敵手。鄭成功來自一個商貿豪強家族，源自福建泉州，就在潮州北方。他的生命經驗跟沿海其他旅外豪強並無太大不同。他的母親是日本人，事實上鄭成功生於日本長崎。滿州入侵之後，他的父親支持一位明朝的王位覬覦者，最終在一六四六年向新朝代臣服。感到失望的兒子拒絕這條道路，持續反清抗爭。

到了一六五〇年代，鄭成功在閩南與粵東建立基地。清朝當局相信他的軍事成功，部分來自沿海「叛徒」的支持，提供糧食與其他物資給他的軍隊。清廷希望遏止這類民間反抗，同時強化對沿岸水域的控制，因此採用了引起混亂的前朝政策，於一六五六年發出禁海令。天津以南整片中國沿海的商人都禁止從事海上貿易。外國船隻禁止在中國港口進行貿易。這些限制再度對東南方的商貿經濟帶來打擊，卻未能阻擋鄭成功的軍隊。事實上，如同吳振強敏銳的觀察，禁海令反而提升了鄭成功組織透過南方海洋進行商業貿易的力量。他們的海軍實力讓他們得以持續貿易，東亞與東南亞各地的對口都必須仰賴他們提供中國貨物。海上貿易的利益逐漸集中在他們手裡。藉由所向無敵的軍事與財務力量，一六六二年鄭成功輕易地將荷蘭人由其臺灣堡壘中驅逐。當年鄭成功去世後，他的兒子與武裝同盟將島嶼轉成一座難攻要塞，並據此持續攻擊大陸地區。[44]

決心要擊敗鄭氏並降伏南方地區的清朝，在一六六一年採取不尋常措施，下令撤離中國浙江到廣東省的沿海地區居民——這是超過一千五百公里的海岸線。這項命令（遷界令）要求地方當局將邊界劃在海岸線往內陸五十里（約二十五公里）處，將沿岸居民強迫遷徙至指定的移居區域。一六六二年，朝廷更特別下令廣東省，將省內從欽州（「越南」邊境）到饒平（福建邊境）的二十四個沿海州縣的居民全都撤離。即便嚴厲懲戒反抗者（斬首），許多沿海居民，特別是漁民，紛紛反抗這項命令。憤怒的朝廷直接加碼，下令將邊界更進一步往內陸移動，並將廣東省內受影響的州縣增加到二十八個。省內數百萬人受到影響，至少有五百三十一萬畝田遭到廢棄。[45]這項嚴厲政策是為了將東南海岸轉變成高度軍事防禦區域。臺灣的鄭氏政權將失去大陸補給線，更容易遭到海軍包圍。動亂可以是建國者的最佳夥伴，在這個案例中，動亂強迫清廷在區域內建立更強大的軍事武力，進一步完全控制此地。

遷界跟持續反清有關的其他災難，摧毀了潮州。潮州是鄭家在閩南粵東活動核心的一部分，朝廷知道澄海跟潮陽的走私網絡樂於為反清人士提供食物與其他物資。[46]因此嚴格實施遷界令，並在潮州部分區域持續到一六八四年，即便廣東省其他區域的海禁早在六九年就已撤銷。十七世紀的人口統計並不可靠，因此無法得知究竟有多少人因此而死。研究這個區域族譜紀錄的黃挺估計每十位居民中，就有五人死亡或移居他處。另一位歷史學者的計算裡，潮州府的人口由一六六〇年的三十三萬九千八百零五人，在七二年縮減到十八萬八千零四十五人。[47]這些數字無疑反映出動亂年代中，國家進行人口統計的能力下降，但也很清楚呈現數萬人在這場暴力行動中死亡或遷徙。

潮州遷界正式始於一六六二年，並在六〇年代中期加強力道，但嚴格程度與人們被迫離家的時間長短上，各地情況極為不同。某個程度上，這些差異取決於離海遠近。三個內陸縣——大埔、豐順與普寧倖免於難。臨海縣——惠來、潮陽、澄海與饒平，比起略往內陸卻能依靠河流水道入海的其他縣，受到更嚴重的影響；因為後者相對容易管理。例如，包含潮州府城在內的富裕內陸縣海陽的十四個都鄙鄉里中，只有四處居民遭到完全遷離，另外三處則是部分遷離。[48]

內陸地區免於大難，並不表示它們未受軍事行動衝擊。海陽縣位於韓江上，當南桂都遷空後，棄置的堤防崩塌，導致區域內大量淹水。[49]此外，內陸州縣吸收了許多遷離沿海州縣的人口。未受到遷界影響的普寧縣因此人口暴增：從一六六〇年約有一萬零四百八十六戶，兩年後的紀錄是五萬一千三百九十戶；到了七二年，軍事行動導致縣內高達九萬一千三百九十戶。[50]這些區域內的絕望難民只能訴諸暴力。一六六九年七月，他們在揭陽縣炮台鎮集結暴動，洗劫城鎮，並劫掠附近村莊。軍事守備並沒有預備要面對這等規模的暴力，在持續動亂中丟失武器。[51]住在移居區中，並不能保護人民免受清朝政策所造成的動亂影響。

不意外地，沿海軍事行動也是一段人禍的故事。人口分布稀疏的惠來縣，長久以來都是鄭家與其他海盜的基地。因此，一六六三年所劃下的疆界，是內遷三十里，六四年開始迫遷，村落遭焚，田地毀棄。[52]惠來人往西南遷入鄰近的惠州，也激起碣石守軍叛變。這場起事是由饒平縣出身的蘇利（生卒年不詳）所領導，這位總兵負責碣石衛所，表面上看似支持朝廷政策，實際上卻從未真正忠於清廷。滿清征服之際，他跟兄弟是海盜團體的領袖，範圍從潮州延伸到惠州。他們跟當地鹽工、船夫結盟，手上擁有大批船艦聽其指揮，據傳為廣東最重要的私鹽販子。[53]蘇利在一六五〇年投降清廷；想要攏絡蘇利的官員在五四年任命他為碣石衛總兵，諷刺的是，蘇利負責「衛邊防寇」的任務。[54]因此他一邊取得軍銜的特權，一邊保存地方實力。新王朝與舊海盜王的權宜妥協模式就此展開：只要他不反對清廷，就能保有基地，持續商業活動。然而這項安排在一六六三年告終，此時已經劃定新界，預備內遷。受到當地民眾強烈支持的蘇利因而造反，在朝廷鎮壓起事斬殺領袖前，他的軍隊也曾成功屠殺好些清軍。[55]

蘇利的反叛是為了保護自己的商業帝國。身為軍事將領，他不會被遷離，但所有人口都會遷走，這威脅到他的利益（事實上被撤離區域之一的隆井都，正是重要的鹽田區域）。[56]馬立博（Robert Marks）描述蘇利為「社會型海盜……與流離失所的人站在一起，帶領軍隊起義。」[57]雖然我們並不清楚蘇利的動機是否出於利他，他的命運仍舊跟當地居民相互交織，他是區域內幾位主動抗遷的軍官之一（另一位名為許龍，諷刺的是，他正是一六六五年擊敗蘇利的軍官）。

這些在蘇利商業運作下討生活的鹽工漁民，立刻加入起事。這些人當中包含周家，這個製鹽家族來自蘇利老家饒平縣鴻城村。鴻城從宋代開始就產鹽，然而十七世紀鹽產逐漸枯竭，因此他們轉移到捷勝鹽場。家族裡至少有兩名成員加入蘇利的軍隊，參與這場起事。[58]不然能如何呢？他們在饒平的村落已遭遷空，因此不能回鄉，而在安置地討生活的流散人口如此龐大，他們也不容易在其他地方找到工作。

潮陽與澄海的沿海區域是遭到重創的人口稠密區域，不只是迫遷人口數，此地持續進行的反清暴力行動也十分激烈。澄海是個富裕的商業中心，在一六六四年被下令內遷後，兩年內此地流失大量人口。一六六〇年此地記錄在案有六萬零兩百八十二戶，到了七二年，也就是弛禁的四年後，此地約有兩萬四千一百零四戶。[59]軍隊驅逐數萬居民之後，澄海陷入一片混亂。家族四散，所有族系分崩離析。正如黃其譽（生卒年不詳）回憶，「一六六四年沿海遷界中，我們的村落遭到驅逐，所有人流離四散。即便展界後，許多人未曾返鄉。（迨至康熙甲辰斥地遷民，流亂四方。及展復，有不回者。）」有些人遷到普寧，其他人則遷到瓊山（海南島）——約莫六百公里以外，因為他們希望持續進行海商活動。還有些人永久定居其他地方。「因此」他悲傷地總結，「永遠拋棄了族系。（後因而出祖）」[60]

澄海的內遷雖然激烈，但也相對短暫。這一點令人感到驚訝，因為此地離臺灣很近。不過澄海具有影響力的強大菁英階級一開始就支持清廷，並與軍隊合作。這個軍事－社會菁英集團，在當地存在已久，在當時可以許龍（生卒年不詳）作為代表。許龍生於蘇灣都的許厝村，此都在明代以產出學者跟海盜聞名。他將地方鄉勇組織起來成為海岸防衛民兵，以獨占地方漁鹽利益來資助民兵。許龍還成功驅逐了附近的海盜。

明朝滅亡之後，許龍降清，獲任命為潮州水師總兵。此刻正式成為帝國軍隊的一員，一六六四年面臨澄海內遷的命令時，他的處境相當尷尬。他以維護秩序、保護地方利益的可靠強人形象崛起，此刻卻必須剝奪農民、漁人、商賈及鹽工的生計，令其流離失所，燒毀他們的村落。因此他並未聽令，反而上書要求當局給予南洋寨（他的軍隊駐在地）到南砂寨這片區域，三到五年的緩衝期。這片區域當然包含他的家族產業。[61]

許龍上書內容流傳開來，他的鄰居都深切渴望自己可以免於區域內其他人的噩運。正如一位樟林居民回憶，「我們幸運獲得許龍總兵保護，可以拖延內遷一段時間……所有人都很感謝他，因此仕紳菁英籌款買了一塊空地……建廟以為紀念。（我澄實在內口，幸新受總兵許龍保蔭，是以緩遷。眾荷其功，鄉紳里老乃題捐湊買鄉中林家祠堂邊空地，蓋建一祠，以奉許公生辰。）」[62]不幸地，許龍的懇求未獲理睬，因此仕紳也沒機會展開建廟，因為他們跟其他人一樣，都被逐出家園。無論如何，澄海地區仍舊讚揚許龍是個有膽伸張地方利益、拖延內遷的人。南洋寨本身是在較晚的一六六六年才展開內遷，此時許龍已召回北京，授予滿州旗籍。居民在兩年後獲准返鄉。雖然遷界令無法避免，但當地居民仍舊受益於許龍的拖延之舉。

另一處擁有漫長海岸線的潮陽縣，受創最重。（十三處都鄙鄉里）中，有八處人口在兩階段裡完全淨空；第一階段始於一六六二年，第二階段在六四年。總的來說，軍隊清空燒毀至少一百八十六個村落，迫使無家可歸的居民向內陸走上五十里路。農漁業遭到毀滅，對於當地人來說特別重創，因為他們依靠這兩種產業維生。[63]飢荒遍地，葛園村民紀吉臣（生卒年不明）憶起創傷經驗：

一六六三年三月十六日，潮陽縣謝縣令要求我們遷走。招收都的人民棄家逃走，草屋遭到燒毀。邊界劃入山區，界樁釘入水中（明定清空邊界）。既沒有食物也沒有魚……一升鹽價值一個銀錢。失去生計的男人拋棄家庭以求活命：賣妻留子或賣子留妻，又或者全都賣了。一旦這些人沒了家累，就開始訴諸武力。父不顧子，兄不顧弟。不消多時，屍體就堵塞了鎮中巷道。（就康熙元年二月初七日，本縣知縣謝，懸示即令搬移。彼都之人，逃走如鶩，廬舍盡燼。山畫界而水插樁，樵無採而漁莫捕……升鹽錢銀。失業之人，營活無門，或鬻妻而留子，或鬻子而留妻，或妻子具鬻，孑身行凶。父不見子，兄難見弟。嗟哉！斯時虫血不滿長城，實屍橫鎮於巨巷。）[64]

撤離者掙扎求生，因此流為盜匪。正如地方志紀錄：「人們被迫離鄉背井，流為赤貧，一段時日後，他們在吵嚷中集結，開始劫掠軍備……軍隊採取行動，被擊敗的匪黨四散。」[65]這類通常起於絕望的自發性反抗行動並不少見。一六六八年八月，多數（但非所有）潮陽人獲准返回村落，也就是說他們被迫自衛將近六年時間。

潮陽的動亂更因為鄭家的盟友邱輝（生年不詳至一六八三年）於一六六六年在招收都達濠港建立反抗基地而更加複雜。完全被水域包圍的招收都，是北京展界後，潮州唯一一處前居民不得返鄉的區域。紀吉臣記得數百村民在水邊哭泣的心碎景象，他們的去路遭軍隊阻擋，其他農民卻得以返家重建生活。直到一六八四年最後的鄭家人投降清廷之後，他們才得以返鄉。[66]

這段長期苦難的始作俑者邱輝是達濠港附近的馬滘村人。他年輕時期就投靠鄭家，多年來從臺灣基地劫掠中國沿海。他與蜑家船民交好，後者世代相傳的「賤民」階級讓他們有別於一般潮州居民，備受歧視。[67]即便多數居民在一六六九年後獲准返鄉，這些武力仍舊持續攻擊潮州沿岸。當年二月，邱輝的軍隊進攻海門港，劫掠峽山與黃隴都，搶走大量穀糧。同一年，他率領數百艘艦艇，大膽攻入潮州府的核心地，沿河北上進入海陽。他的軍隊圍攻龍湖寨，這個圍城村落擁有許多具有影響力的知識菁英，然而入侵者遭到潮州鎮總兵劉進忠（生年不詳至一六八二年）擊退（當時劉進忠仍舊忠於清廷）。精明的劉進忠築壩攔阻河水，迫使許多邱輝的船隻擱淺。他的軍隊奪下三十艘船艦，然而多數反抗軍仍舊逃過追捕，反而攻擊揭陽、澄海、惠來與普寧區域內的百處村落。邱輝的軍隊綁架上萬名男女，送到臺灣販賣為奴。當地族譜記錄哀痛失去年僅六歲的孩子，此後未再得見。[68]

一六八〇年，邱輝軍隊在大規模滿漢聯軍手中遭受重創後，潛逃臺灣。[69]直到最終悲慘結局前，他仍舊忠於鄭家；他最後死於一場重要海戰，此役也導致鄭氏反抗軍在一六八三年慘敗，臺灣納入清帝國版圖。民間傳說讚揚他生前最後一刻的英勇行徑，他揮舞著劍，在清軍登船時，點燃自己船上的火藥桶。[70]他確實死得英勇，卻給家鄉留下難以承受之重。

邱輝出逃提醒了我們，明清政權轉移時期的苦難並未隨著遷界而結束。其他起事與叛變行動讓這些苦難顯得更加複雜，最知名的是一六七四年的潮州鎮總兵劉進忠的叛變，他也負責對抗邱輝這類海盜霸主。劉進忠因為同情更大規模的叛變而崛起，也就是三藩之亂。忠誠的清軍在三年苦戰之後，才於一七七七年擊敗劉進忠。[71]劉進忠的叛變，不過是激化明清政權轉移無序亂局的諸多暴力災難之一。

無須贅言，這段期間內的潮州經濟難以成長。莊稼遭到毀壞，漁業萎縮，由於家族四散，因此商業網絡也崩解了。我們看到曾居住在商業中心澄海的部分商人，逃出撤離，轉往相對安全的瓊州。移往島嶼居住，明顯就是希望能夠持續進行商貿，因為此地是日本與中國對東南亞商貿路線的主要停點。[72]瓊州作為一處有用的商貿避風港，是中國境內出航的最南端，也遠離動盪的閩粵邊界。此處不受鄭家控制，因此商賈得以脫離南海的海上霸主，享有更高的自主權。然而不論他們獲致何種商業成就，卻都無法回饋家鄉，因為在清征服之後，他們就失去了親族聯繫。

許多出逃的商販還落腳在暹羅灣沿岸及今日的越南。例如，一六九一年法國派往暹羅的使節西蒙・德・拉魯貝荷（Simon de la Loubère, 1642-1729）就回報道，一六八〇年代起有三到四千名華人住在暹羅王國中。暹羅貿易當時不算有利可圖，因為國王獨占了多數商貿活動，限制外國商賈的機會。[73]這些華人多數移往曼谷地區，開起小商鋪，逃離中國朝代轉移的動亂。許多移民來自潮州，此地成為十八世紀主要的海外華人原鄉。

潮州位於南海邊緣，並處於歐洲人模糊統稱的「東印度」（East Indies）龐大商域的貿易路線上，但此地居民卻遭遇中國歷史最後兩個王朝的殘暴軍事行動。政府持續試圖控制跨越這片大洋的商貿行動，而沿海居民則必須承受其惡。明代試圖在亞洲海域實現以漢族為中心的儀式秩序；清代則為了將不馴海岸納入持續擴張的帝國，陷入四十年的屠殺。其統治面臨的最大挑戰，來自於自然適應海域現實狀況的跨國統治政權。鄭成功與其盟友打造了一個跨越島嶼的海洋帝國，這些地方過去未曾納入更大的國家之中。他們的對抗網絡確保了中國東南沿海維持跟日本、暹羅及兩者之間其他港口政體的商業往來。他們在福建的後繼者也持續主導這段貿易直到十九世紀。[74]

即便以現代人的眼光來說，清朝對付東南沿海的軍事行動看來暴力又不可理喻，但他們確實消滅了潮州海岸上所有的政權挑戰者。他們鎮壓了邱輝與蘇利；擊敗鄭家、南明政權及其他地方叛變者。將近一百七十年的時間內，這片廣闊領土上並未出現其他重大挑戰；這至少讓潮州得以從兩個世紀斷斷續續的暴力處境中獲得喘息。陳春聲宣稱，潮州沿岸的獨立領域時代已經結束，因為這種規模的「地方軍隊」，自一六八三年後再不復見。[75]

清朝的最終勝利確實結束了區域內幾個世紀的動盪，然而多年的海盜與征服歲月，也從根本上改變了潮州。清朝並未去除那些圍城村寨，沿海的地方霸主打造出一個在朝廷勢力範圍之外運作的商業秩序。許多反清人士逃往海外避難，還參與了東南亞的建國過程，他們的後代則將反清意識轉變為一種跨地域的宗教信仰。這些王朝軍事行動形塑了未來好幾代的潮州海域歷史。

第二章　重返世界：潮州海域的崛起

一七六七至一八四〇年

乾隆中（一七三五至一七九六年），有粵人羅芳伯者，貿易於此（西婆羅洲）。豪俠善技擊，頗得眾心。時土番（達雅人〔Dayak〕）竊發，商賈不安，芳伯屢率眾平之。

——謝清高（一七六五至一八二一年）

十八世紀，潮州人開始在東南亞的商業鉅子與勞工大眾中崛起。潮州混血的暹羅國王鄭昭王的勝利，是此處歷史轉變的大事。挾著潮州移民的強勢民兵協助，他在一七六七年擊敗緬甸入侵者，恢復王國平靜生活。鄭昭與後繼者特別偏愛潮州人，促成了傳說中的潮州船商崛起。暹羅灣沿岸政體成為潮州海域的核心區域，是投資貿易場域，潮州勞工的目的地，也是天然資源的泉源。他們在東南亞各地取得土地，形成大規模的跨地域莊園經濟。十八世紀代表著潮州經濟財富與海外土地的匯流。海外華人在南海另一側擷取區域資源的程度，一點也不亞於歐洲殖民者。

潮州海域的崛起，與中國境內及全球擴張的高利潤麻藥貿易，同時發生。潮州商人水手在家鄉與海外運送數量可觀的鴉片。若未曾被逮捕，個人致富的程度有時很難追蹤，然而十七世紀之後，這股貿易帶來的利潤，明顯讓潮州人可以在商業上與廣州、福建商人一較長短。

鴉片貿易形成的地下經濟裡，主要人員是天地會等幫會的會眾。本章探索的議題也跟下一章主題息息相關——幫會興起為旅外者提供互助。潮州海外離散族群崛起及鴉片貿易擴張，都跟此一現象相互交纏。幫會在十八世紀中葉興起有多重原因，但這層相互關聯性卻經常遭到忽視。潮州在此時成為外移地點，「三合會」在家鄉逐漸崛起，也跟潮州勞工商人在中國與東南亞兩地間的流動緊密相關。這些幫會在粵東大量出現，部分反映出居民生活經驗的世界化。他們接觸到海外華人族群裡的反清難民後代，無疑又重新燃起反抗清朝征服四十載的憤恨。許多從海外返回中國的人，多年來所生活的政體，是由他們自行選擇的中國領袖所控制，至少在某些人心中種下想法——比起清廷統治者強加在他們身上的社會政治組織，還有其他更好的形式。更重要的是，關於潮州海域天地會的最早資料，並非出現在潮州本地，而是居住在海外的潮州人之間。天地會的崛起跟旅外經驗加速相互交纏，這些發展反映出南海的糾結歷史，以及殖民邊陲影響所謂華人母國發展的程度。

潮州地圖的擴張

一六八三年後，清廷允許出海，海岸貿易也開始向國際擴張。潮州成為廣大商業網絡中的一個節點。一六八〇及九〇年代間，日本長崎港的觀察者記錄到，數百艘中國船隻直接來自潮州，或者來自他地卻曾經中停潮州。光是一六八八這一年，就有九支中國船隊由潮州或南澳島前來。[1]這些船隊裝載者潮州「地方特產」，這些貿易也協助區域從明清政權轉移的動亂中復原。

然而帝國對於東南亞貿易的禁令斷斷續續，持續到十八世紀。一七一七年，康熙皇帝禁止中國人與東南亞區域往來，並要求外國政府遣返領土上的中國旅人，「解回立斬」。雍正皇帝在二九年下詔，任何在海外行商之人「無可憫惜」，不得返鄉。海外華人經驗的歷史學者將這些無效政令詮釋為朝廷憂慮的展現，擔心那些滿清征服後逃往海外的家族會心生不滿。[2]

這些憂慮並非無的放矢。反清復明支持者的據點遍布東南亞。例如，在交趾支那（越南）的阮氏（Nguyen）王國中，來自潮州的明朝支持者藏身在薄寮（Baclieu）與迪石（Rachgia）省。這些人口稀疏的區域位於西貢以南的肥沃三角洲平原，流亡者後代變成富裕的稻農。到了十九世紀末年，數萬移民加入他們的行列；二十世紀初，潮州人定居處已經超越此地，進入芹苴（Cantho）、朔莊（Soctrang）及茶榮（Travinh）等地。[3]後來的移民將領域延伸到這些難民潛藏之處。

清朝禁令雖然無效，卻對稻米造成毀滅性影響；當時東南海岸的人口成長，也推升進口需求。朝廷開始認知到穀物不足會引發社會動盪，因此提出臨時性政策調整。福建人開始在東南亞進口稻米一事上享有優惠待遇。一七二七年，帝國朝廷針對這項貿易，賦予數家公司寡占權利，廈門崛起，成為中國－暹羅稻米貿易的中心。到了一七五〇年代，廣東也獲得類似誘因，來增加稻米進口量，但接下來十年中，是由廣州而非潮州商人主導了省貿易量。[4]這些發展自然提升這些港口在南海的長期優勢。

潮州人通常跟福建商人合作，這類關係反映在「南海行」、福潮洋行等商會聯盟上；後者是九個家族的合資企業，獲粵海關准予從廣州出洋貿易。[5]在沿岸及外洋貿易中活動的福建與潮州商船，被正式稱為「福潮船」。[6]十七世紀到十八世紀初年，潮州仰賴福建人的商業經濟。由於廈門在對臺及暹羅稻米貿易上的特殊地位，此地崛起成為中國東南部主要的稻米來源。商人每年光從暹羅一地，就進口五千四百噸到七千二百噸稻米；自然也帶動了繁忙的廈門－潮州稻米貿易，涉及三、四百艘中國商船。[7]

缺乏廈門與廣州的特殊地位，潮州的商業財富相對受限。到了十八世紀初年，人口擴張讓粵東變成穀物不足的區域。對其他市場的依賴，讓當地商販無法有效應對週期性的食物供給危機，更進而推升了地方動亂與暴力。一七二七年擔任普寧與潮陽知縣的藍鼎元（一六八〇至一七三三年），是一長串哀嘆地方械鬥、海盜與濫訴橫行的官員之一。他將這些動亂歸咎於遍布各地的高度武裝圍城村寨，村民抗拒繳稅，為了河堤水源爭鬥不休。他將普寧與潮陽邊界上的山區形容為特別失序的區域，驚駭地發現一七二七年一件因河堤而起的械鬥，竟然有來自雙邊家族上百人涉案。[8] 雖然他並未做出連結，但這塊邊界地帶是一六六〇年代沿海遷界安置區域的前沿之一。在帝國晚期，此處仍然是動亂之地，到了一九三〇年代則成為共產黨起事的主要根據地。

藍鼎元將他遇到的最離奇案例，寫成知名的司法案例集。這本書獲得官員廣泛參閱，在今日中國仍舊是本暢銷讀物，以煽情的犯罪紀錄聞名。潮州作為中國高度「暴力」區域之一的名聲傳布上，這本案例集扮演了關鍵角色。然而經常被遺忘的是，藍鼎元抵達潮州時，正值三年的嚴重飢荒，自然更加激化當地敵意及搶奪資源的爭議。藍鼎元自己也寫到糧食不足期間，供糧給駐軍衛所的困難。[9]

潮州的稻米貿易仍然不足以避免嚴重危機，雖然在米糧明確不足的時期，部分當地商人試圖提供本地出產的米糧。潮陽地區沙隴鎮鄭氏商業帝國締建者鄭象德（一六五九至一七三九年），正是藍鼎元時期的慈善家之一。沙隴鄭家的興起，傳統上歸功於鄭象德的成就，他是以東仙村魚販起家的貨運大亨。童年時期遭受明清政權轉移的恐怖動亂，無論遷界之前的財務情況如何，返回沙隴時他是個赤貧的年輕人。他找到的工作，是在海門港到沙隴之間巡迴賣魚。當時一名富裕的貨運商林宗光（Lin Zhongguang，音譯）經常跟鄭象德買魚，後來僱用他往內陸運貨，一開始是沿著潮陽水道，最終則是送往潮州府城與樟林港。在潮州淤淺的水道中操縱大型船隻，相當困難；然而能夠為成功商人運貨，對於操縱小型平底船隻的上進青年來說，卻是一個突破性機會。鄭象德累積足夠資本，開起自己的貨運公司。他將潮州的糖、瓷器與刺繡，加上福建茶，運到寧波、上海及天津；接著再從長江下游區域運回棉製品。他從沿岸貿易路線累積了大筆財富。如同鄭瑞庭（生卒年不明）所觀察，鄭象德是在一六八三年清朝解除海岸貿易禁令後沒多久，就做起生意。這些商業上的「早鳥」跟上國內長期以來受到壓抑，對於不同商品的需求，而這些年中，南北長程運輸的生意利潤豐厚。[10]更重要的，這些創業者不只是致富，他們還擴大並連結起大型商業中心的市場，例如南方的潮州與北方的上海，將東部沿海從十七世紀危機導致的長期經濟泥淖之中拉出來。十八世紀的經濟動能，所謂的「清朝盛世」，部分來自鄭象德這樣的沿海商人能量，他們翻轉了征服時代的經濟下滑。

從沿岸貿易建立財富後，鄭象德開始捐監，並在潮陽及遙遠的廣西省桂林投資田產。到了十八世紀，他的家族擁有潮陽東部大片沃土。鄭象德由魚販、沿岸運輸業者到地主的驚人崛起過程，暗示他很可能販賣鴉片；鴉片是豪奢商品，卻也是中國南部沿海貿易中以重量論價的商品裡，最有利可圖的一種。帝國晚期的漁民魚販是中國最常見的鴉片盤商與零售商。[11]

無論財富來源為何，一七二六年時鄭象德確實有能力減緩潮陽地區的糧食短缺問題。地方志讚揚他運送好幾船穀糧，分發給窮人。[12]然而歌功頌德裡並未說明他從何處取得米糧（他從未前往海外），然而若少了這些特殊賑災舉措，長期飢荒下的貧困災民將難以為繼。

這些臨時穀糧進口從未解決供應不足的問題，社會動盪持續撼動區域。一七四七到四八年，收成災難困擾庵埠港附近的農田，米價大幅上揚，商人開始將稀少的供給運到其他地方獲利。憤怒的道士之子李阿萬（生卒年不詳）及其母親，跟另外二十五人「合謀」，「劫富濟貧」。他們成立「李天真大國」，進而劫掠多艘載糧的中國船隻。[13]這是一場典型的清代糧食暴動，李阿萬與其追隨者宣稱擁有基本維生的權利，官員則不甘不願承認他們自栩道教俠士，拯救飢餓貧民，不受邪惡出口商剝削。當局並未忽視李阿萬視自己的「王國」與「大清國」平起平坐，暗諷王朝無能。自一六八〇年代清廷綏靖沿海之後，這是許多反王朝訊息的抗議闡述之一。

倘若清廷希望統治這片區域，就得給予潮州海域經濟一些茁壯空間，因此朝廷最終給予潮州人跟福建人、廣東人同等的稻米進口特許。一七四〇年代之前，官員恐懼海外反清勢力及廣東沿岸鴉片貿易擴張帶來的毀滅性影響。[14]最後他們認為不穩的糧食供應對於政治穩定來說，是更大威脅。由東南亞直接進口稻米是合理的解決之道。地方官員也決心要充滿糧倉，並供應給區域內擴張的海軍。北京開始提供高達百分之五十的關稅減免，給願意運輸大量米穀的地方進口商。[15]由此開始，暹羅成為潮州稻米的主要來源。

十八世紀潮州戎克船運貿易中的多數有力者，都來自商業重鎮澄海及海陽。一六八四年後，這些地區的商人崛起成為南北沿海貿易的主導者，在天津、上海、廈門、廣州與瓊州都建立據點。澄海人特別在中國沿海的糖貿易中扮演了主導角色。到了十八世紀，他們開始擴張，建立跨越南海的海域商貿網絡，連結到新加坡與曼谷。[16] 一七四〇年後，澄海的主要海港樟林港蓬勃發展，成為廣東的第二大港（次於廣州），也是國際稻米貿易的中心。樟林港以「紅頭船」的家鄉聞名；從十八世紀中期到二十世紀，這種戎克船主導了澄海到暹羅的貿易。其他港口，如海陽的庵埠港，也發展成為連結國際貿易的沿岸貿易熱點。[17]

潮州財富的成長，受到遙遠暹羅王國歷史上一件重要大事的影響：一七六七年，鄭昭擊敗入侵大城王朝（Ayutthaya，一三五一至一七六七期間，當時暹羅以首都大城為國名）的緬甸入侵者，取得軍事勝利。鄭昭生於一七三四年，他的父親是潮州華人，母親為暹羅人。父親鄭鏞是移自澄海華富村的商人。一如許多當時代的澄海商人，鄭鏞娶了當地婦女，並在財務上多方服務大城國王，最主要是擔任收稅員。由於他也獨占賭博業，因此聚集相當財富，家族也在社會上名聲顯赫。鄭昭最終為一名暹羅貴族收養，讓這個年輕人更能力爭上游。一七六七年緬甸人洗劫大城時，鄭昭擔任達府（Tak）總督。[18]

在大多數的記述裡，鄭昭是個特別有成就的人。由於父親的跨區域經驗，他能夠熟練使用泰語、華語、馬來語及越南語，更受到大城國王寵信，賜與許多頭銜。法國耶穌會士奧立佛－西蒙・樂龐（Olivier-Simon Le Bon, 1710-1780）在一七七二年見過鄭昭，形容他是「堅毅、勇敢、睿智……（及）勇猛的戰士」。[19]

無論個人特質如何，一七六七年緬甸人發動殘暴殺戮時，他證明自己是這個關鍵時刻的核心人物。緬甸人逮住大城國王，並在宮殿大門前將他處決後，饑荒疫疾開始肆虐崩離的暹羅政體。面對這些挑戰，此刻已經無法運作的大城王朝官僚，鄭昭孤身奮起，有效集結一支軍隊，將入侵者逐出國外。他慢慢擴張自己的權力版圖，在一片混亂中，自行登基為暹羅國王，將首都移到吞武里（Thonburi，即今日曼谷）——這是經濟上由華人宰制的區域。即便鄭昭篡位為王，他捍衛王國的能力，卻贏得許多暹羅人的支持。他還大開政府財庫，向華商支持者購買米糧，救濟飢餓大眾。由於他重建繁榮秩序，得以暫時鞏固自己的位置，對抗那些更師出有名的王位爭奪者。[20]

鄭昭的崛起，仰賴潮州商人對政權的支持。由於海盜威脅猖獗，因此出海離開中國的船隻獲准裝備一門大砲、八把槍、十把刀劍、十副弓箭及三十斤彈藥。[21]然而清廷卻無法阻止他們從南洋其他地方購買武器，荷屬巴達維亞更是可靠的外國武器來源。因此來自潮州的商人是一股武裝精良的軍事力量，擁有強大武力，在這些年裡成為鄭昭軍中的重要隊伍。他們還提供發動戰爭、穩定政權及擴張暹羅邊界時所需的糧食、武器及船隻。雖然鄭昭自栩為暹羅人，也大幅仰賴暹羅官員士兵的支持，然而若少了來自父親原生地的華人盟友，很難想像他能取得這些成就。[22]在暹羅國家建立的過程中，潮州人扮演了關鍵角色。

鄭昭對於聯盟關係的仰賴，不只是為了驅逐緬甸人，奪取暹羅政權，也用來推動暹羅、柬埔寨與廣南（Quang Nam，越南）邊界前緣的外交議題。一七七〇年代，這三個王國之間的戰事激化了兩群華人同鄉團體之間的對立——潮州人與來自雷州的廣東人。廣東人是在滿清征服之際，躲到這些政權的沿海地帶。[23]明清政權轉換的動盪，導致大量東南沿海難民出逃到比較安全的據點。雖然缺乏統計證據，但陳荊和（一九一七至一九九五年）指出，延續如此長久的遷徙是「前所未見」，產生了一種全然不同的海外華人經驗，他們的經濟事業規模及對地方統治者的服務都大幅增加。十七世紀後，有些人開始建立擁有獨立軍事政治力量的政治實體。[24]這類領袖中，最知名的是鄭玖（Mac Cuu, 1655-1736），帶著他的「廣東人」追隨者，從閩南的反清戰場逃到此地。他在柬埔寨開發銀礦與賭場致富。一六八一年，擔任過朝廷不同職位後，他建立了河僊港政權（Ha Tien），之後發展成柬埔寨進出口貿易的重鎮。

潮州難民則落腳在暹羅南部沿海地區，活動集中在萬佛歲（Bangplasoi，或春武里〔Chonburi〕）、尖竹汶（Chantaburi）或達叻（Trat）。[25]櫻井由躬雄與北川香子（Sakurai and Kitagawa）的研究中指出華人移民之所以能夠成功藏匿在這些區域，是因為當地「土王」在區域內的其他地方爭霸，導致暹羅灣東岸出現「政治真空」，留給這些華人發展市場與政治控制。也就是說，暹羅灣東岸華人港城政體的出現，必須放在更大的十八世紀東南亞建國脈絡中來理解。[26]鄭家一開始與柬埔寨人結盟，後來又倒向廣南國，潮州人則支持暹羅人。

潮州商人仰賴暹羅庇護，好跟已逝鄭玖的兒子鄭天賜（Mac Thien Tu, 1710-1780）爭奪暹羅灣東岸的控制權。嫻熟戰事且其軍隊已控制達叻南方外海古公島（Kong Island）的霍然（Huo Ran 或 Hoac Nhiem，生卒年不詳），及以尖竹汶和達叻為基地的陳太（Chen Tai 或Tran Tai，生卒年不詳），都在一七六〇年代末期與鄭天賜發生衝突，當時他正試圖跨出河僊鎮，將勢力擴展到整個暹羅灣。這些戰事中鄭天賜擊敗了對手。[27]但面對鄭昭試圖以武力重建對柬埔寨的宗主權時，鄭天賜的抵抗卻不太成功。鄭昭發動的戰役裡，另一名潮州商人陳聯（Chen Lian 或 Tran Lien，生卒年不詳）說服國王入侵河僊鎮，從鄭家手中奪下這座繁榮港口。

鄭昭的柬埔寨政策並非特別追求「擴張主義」，因為從十四世紀開始，暹羅國王就持續宣稱擁有柬埔寨大部分地區的宗主權。十七世紀後廣南國王逐漸崛起的野心，卻讓這個主張變得複雜，因為柬埔寨成了兩強的「競逐場域」。鄭昭入侵河僊鎮無疑也是受到潮州人在暹羅東部的經濟與土地野心所驅使。一位日本歷史學者甚至進一步宣稱，「鄭昭的早期軍事策略，基本上幾乎等同於暹羅灣中（潮州）勢力的統一。」[28]

鄭昭本人親自領軍，在一七七一年入侵河僊鎮，以四百艘戰艦與一萬五千名士兵的軍力發動攻擊，其中潮州的中國船隊是由陳聯指揮。鄭天賜並未獲得柬埔寨（河僊鎮基本上位於柬埔寨境內）或盟友越南的援軍。強大的暹羅－潮州入侵者屠戮下，不過上千人的雷州及廣東軍力崩潰。勝利的鄭昭任命陳聯為河僊鎮及柬埔寨班迭棉吉（Banteay Meas）地區的總督後，便帶著軍團返回暹羅，因他擔心國外冒險會影響國內脆弱的政治情勢。[29]潮州－暹羅人對河僊鎮的控制在一七七三年結束，越南人經由談判解決這個危機，占領軍遂撤回暹羅。此地最終納入越南，然而這個政體並未從暹羅攻擊及西山（Tayson）叛亂（一七七二年）中恢復，此後則持續衰微。

潮州商業力量在暹羅灣的崛起，與區域內幾個重大轉變同時發生：半島上的建國行動，崛起強權之間的激烈戰鬥，及歐洲殖民主義的強化。為了追求自己的經濟與土地利益，潮州人參與許多暴力事件。他們協助鄭昭擊敗緬甸人，鞏固他的王國野心，也支持他在暹羅灣東岸的軍事擴張。他們從河僊鎮附近的山岳高點，將堡壘轟成殘磚破瓦。身為此時期商業勢力的一分子，不只要能做買賣、駕船航海、在任何地方跟當權者交際應酬，或者募款蓋廟，還需要操作武裝力量的能力。我們並不清楚這些商業勢力結合的過程（是否歃血為盟或成立幫會？），但我們知道是原鄉連結讓他們形成一個具有凝聚力的團體，此一連繫更透過海外生活經常發生的戰爭與和平行動加以強化。正如安東尼．瑞德（Anthony Reid）提醒我們，越南與暹羅的建國者仰賴來自中國的商人與勞工，「擴展疆界與收入根基」。過程中，曼谷港崛起，成為加爾各答與廣州之間的首要港口。[30]此一相互有利的關係，反映出南洋新興國家的政治前途裡，華人的緊綳糾纏關係。

鄭昭肯定感謝他們在戰場上的堅定支持，然而單純軍事團結並無法解釋潮州商業力量在區域內的崛起。領域性作為控制資源的空間策略，不能單純與暴力及政治控制畫上等號；還涉及種種不同措施行動。在此案例中，潮州商人透過在政治上臣服於暹羅的控制者，以取得經濟領域的控制權。他們之所以能夠成為暹羅境內具有主導地位的華人同鄉團體，鄭昭與其繼承者拉瑪一世國王（Rama I，一七三七至一八〇九年，一七八二至一八〇九年在位）給予的經濟與行政優惠，也至為關鍵。鄭昭登基時，暹羅經濟處於崩潰狀態，他知道發展王國對外貿易，特別是對中國貿易，將是復原之路。中國－暹羅貿易行之有年，但在鄭昭登基後大幅增加，潮州商人則是這股貿易擴張中的主要受益者。[31]王室恩寵讓潮州人成為暹羅境內的特權經濟團體。除了出任中央朝廷與地方官職外，鄭昭還任命潮州人為港口官員、獨占事業及貿易代表，最終掌控了暹羅的對外貿易。反抗者在一七八二年暗殺鄭昭，拉瑪一世繼承王位，但新王國保留了前任國王的多數潮州裔朝廷官員，確保他們持續控制財政、王家倉庫與朝貢貿易。此舉讓他們得以持續主導中國－暹羅商業往來——這是當時直到十九世紀，南海利潤最為豐厚的雙邊貿易關係。[32]這段時期，曼谷開始取代福建人的商業重鎮——巴達維亞，讓後者成為一處東南亞區域港口。

潮州人財富的變化，在關鍵的稻米貿易中明顯可見。暹羅的熱帶氣候與肥沃土壤，適合種植稻米；一般時節，農民一年可有兩穫。當時的觀察者對於王國在生產這種高熱量穀糧的能力上，「不亞於世上其他國家」，驚豔不已。[33] 一七六七年後，來自潮州府澄海縣的商人開始取代廈門、廣州商人，成為暹羅稻米的主要碾製與運輸者。吳漢泉已經指出，清朝定期表揚由東南亞進口大量米糧的華人，而一七六七年前，受表揚者行列中並沒有潮州人。例如，一七五八年，七位受到表揚的廣東米商，都來自廣州區，無人出自潮州。到了六七年，鄭昭篡位登基這一年，九位受到表揚的商人裡，兩位出自廣州，七位來自澄海。自此，澄海商人主導了暹羅稻米貿易，長久超越了當時在中國南方的競爭者。[34] 他們不再仰賴廈門運輸業者提供米糧。此外，隨著米糧穩定，潮州農民也得以專注在更有利可圖的經濟作物甘蔗上。

十八、十九世紀從暹羅國王恩惠中受益的，不只商人。鄭昭僱用華人藝師工匠，打造他在春武里的首都。他的繼承人拉瑪一世將首都移到河對岸的曼谷，繼續仰賴技術精良的華人勞工，建造這座繁忙港市。因而導致大批中國勞工受到工作保證吸引，蜂擁而來。[35] 暹羅的華人人口持續上升，從十七世紀約五千人，到了一八三〇年，則有十萬人。這些十八世紀華人主要是來自潮州的商人、工匠及勞工。考慮到當時潮州府人口約為一百四十萬五千一百八十人，許多移民出發的澄海縣則有約九萬五百一十一人，這些旅外者代表著潮州人口中龐大但無法確認的比例。[36]

暹羅建築業不只仰賴華人勞力，也仰賴中國建築材料，反映出曼谷與潮州愈來愈相互交纏的經濟關係。十八世紀的觀察者注意到，中國船隻送來大量造磚黏土、上釉地磚，特別是貝殼灰。[37]潮州海岸是一大片廣袤的沖積平原，累積了千百年來堆積的貝殼。澄海居民專精採收貝殼，製成貝殼灰，因為此地就位於韓江與諸多淤積支流的河口。光是汕頭港附近兩處大型貝殼床，就在十九世紀為三百五十艘單桅河船主提供工作機會。這些船上的七百名勞工運用一種穩定長篙、大型網袋以及鐵叉蒐集貝殼；鐵叉用來鬆動沙土中的貝殼，讓它們順流進入網袋裡。貝殼透過焚燒，製作成用於建築上的石灰。這三百五十艘河船蒐集來的貝殼，每年足以產出一百零五萬擔（六萬九千九百九十八噸）石灰。[38]除了貝殼採集者外，還有不明數量的人力參與石灰製作、運送及銷售。暹羅的都市與商業公共設施建設，因此嘉惠了潮州老家的經濟。隨著時日過去，華人也在曼谷當地發展出貝殼灰產業。[39]

其他在潮州生產製造的產品則出口到東南亞的商店，刺激當地經濟。一艘載重六百噸的中國船，在一八二四年駛出樟林港，通常會載運價值七萬到八萬（墨西哥銀幣）的當地貨物。另一艘船據傳運送了三萬一千兩百件「包裹」，包含六十四萬兩百五十件不同大小種類的陶器，以及九十五籃裝的兩萬個杯子。貨品還包括一萬塊地磚；一萬兩千把紙傘；五十箱果乾；一百匹南京棉布；多箱糖果、金線、麵線、線香及乾菸草。[40]這艘船載運的貨量，不只反映農業經濟，還有地大張旗鼓，這也是其來有自：一七二九年起，販運鴉片在中國是違法的。但從英國報告中我們得知，一八二〇年代中國近海的鴉片走私活動，通常涉及整組船員：共同利益才能確保守密，那些年裡，光是從新加坡出發的戎克船都得帶上八到十箱鴉片。歐洲資料中可以發現，華人參與麻藥貿易是整個區域中常見現象。[46]

由樟林港出發的搭船乘客，也是這些中國海船頗有利潤的生意。一八二三年出航的船隻，可以載運一千兩百名乘客；英國外交官克勞佛德知道每年約有七千華人前往曼谷。他認為這趟航程應該相對不貴，並稱六銀元的價格是「小錢」。然而這個價格卻約略是暹羅農工一個月的薪水。[47]

這些乘客成為水手、勞工、工匠及店員。隨著時日過去，更大量的人口在暹羅及馬來半島往南的華人蔗糖及甘蜜莊園裡，找到農事與作坊的工作。暹羅種植甘蔗的時間悠久，然而透過莊園體制大規模種植，則是由潮州移民開啟，獲得暹羅政府開放的生產特許，在萬佛歲（Bam-pa-soi）、那空猜西（La-Kon-chai-se）、曼谷及北柳（Petriu）等地種植；大量蔗糖莊園開始出現在鄉村地景上。[48]曼谷以西，土壤肥沃的那空猜西（Nakhon-Xaisi）縣裡建立了超過三十座這類莊園。每座莊園都僱用了兩、三百名華裔工人。北柳附近地區也可以見到約二十間華人產業。[49]克勞佛德相信這些產業產出「（東印度）最白、最好的糖」之一。所有作坊都是華人所有，到了一八二〇年代，他們出口約六萬擔（超過三千六百噸）到中國、印度、波斯、阿拉伯及歐洲。[50]產量擴增不只是華裔商人勞工受益，暹羅人也種糖蔗，國家每年在糖稅上就入庫了約二十萬泰銖。[51]

潮州人也建立莊園來生產其他現金作物，包含黑胡椒、藤黃（gamboge）與甘蜜。十九世紀初，他們年收成八百萬磅的黑胡椒，雖然有義務將三分之二的收成，以每擔八泰銖的價格，賣給暹羅國王。藤黃是一種用於染色的樹脂，通常是由暹羅東岸潮州人主導的莊園生產。[52]暹羅稀疏的人口遭到緬甸戰爭摧殘，然而人口逐漸過剩的潮州地區鄉村勞力與商業投資者，卻受益於取得王國土地與資源的特權。至少，在十八到十九世紀初，各階層華人都從這些安排中受益，暹羅本身卻只有上層階級得利。

潮州後裔的泰國歷史學者尼提·尤西翁已經指出，華人將暹羅自給自足的生活方式，轉變成市場經濟。然而直到十九世紀下半葉，這些轉變仍舊圍繞著「薩迪那」（sakdina）社會階級制度演化，這個制度是由國王貴族主導，下面則是平民及奴隸。比較富裕的曼谷華人很快被納入菁英階層，透過婚姻與其他社會宗教條件，完全融入暹羅文化。經濟市場化產生的多數資本，仍舊留在華人及暹羅人菁英手中，薩迪那菁英的權力從階級轉到經濟控制時，也變得「更加中產階級化」。相對地，暹羅的技術勞工並未從經濟成長得到太多好處，因為他們的勞力是以強迫勞役及其他低報酬的義務方式，控制在菁英手中。平民與奴隸是便宜的勞動力來源，也是小農生產者。技術勞務中幾乎所有高報酬工作——包含火礱（碾米廠）、航海、造船與建築等，都留給人數倍所以被吸引到新加坡，正因為此地已經位於「中國貿易的直接路徑上」。廖內與新加坡的農業經濟主力是莊園生產的甘蜜跟胡椒。這些園主以及在莊園工作的人，幾乎全都是潮州人。[60]

到了一八四〇年代，新加坡約有三萬九千七百名華人。其中潮州移民占了大宗（一萬九千人）；接著是福建人（九千）；廣州人（六千）；客家人（四千）；來自麻六甲的海峽華人（一千，其先祖許久以前來自福建）；海南人（七百）。一萬九千名潮州人中，一萬名是甘蜜與胡椒莊園的勞工或園主，兩百名是甘蜜與胡椒交易商。另外兩千人則是各類「農民」。雖然有三千九百名潮州人在都市及鄉村地區經營商店，大多數仍舊受僱於甘蜜與胡椒莊園。[61]馬來亞南方，就像暹羅，是潮州領域擴張之地。

新加坡最有影響力的潮州人，一開始也是從甘蜜與胡椒生產起家。甘蜜植物的萃取物被用在工業鞣皮與染色。從甘蜜取得的膏狀物，加上檳榔葉口服後，有溫和的麻醉效果。胡椒跟甘蜜經常種在一起。甘蜜樹葉過煮萃取樹脂後，剩餘的葉渣就會灑在胡椒樹下，作為肥料，也保護樹根。新加坡潮州人將甘蜜產物外銷到英國、印度、爪哇、暹羅、交趾支那、柬埔寨、婆羅洲、荷屬東印度群島，當然還有中國。克勞佛德估計到了一八三〇年代，光是廖內島上的潮州投資人，每年約產出四千噸甘蜜。[62]至於胡椒，雖然荷蘭及英國東印度公司試圖在自己的貿易範疇內獨占銷售，但華人仍舊在這些商業經濟體外，開創出自己的體系，從廖內島重建胡椒的生產與自由貿易。到了十八世紀末，潮州農業生產者已經在暹羅東南部與馬來亞各地，建立甘蜜與胡椒莊園。十九世紀初，潮州庵埠港鄉間的村民，已經主導了婆羅洲西北部砂勞越的甘蜜與胡椒生產。其中一員的劉建發（一八三五至一八八四年）富裕的程度，甚至成為當地英屬殖民政府的私人銀行家。這些華人成為東南亞的主要莊園農業生產者。[63]

甘蜜與胡椒生產世界的忠實守護者之一，是令人敬畏的佘有進（Seah Eu Chin 或 She Youjin，一八〇五至一八八三年）。這名澄海人曾是南洋華船上的文員，這些經驗讓他熟稔馬來亞地理，以及基本的商業活動。一八二三年，他建立了新加坡最早的甘蜜胡椒莊園。由於生意非常成功，他成為海峽殖民地中兩位最有影響力的潮州人之一。[64] 一八三七年，他跟當時海峽殖民地中另一個具有影響力的潮州家族——陳成寶（Tan Seng Poh 或 Chen Chengbao，生年不詳至一八七九年）家族結親。陳成寶的父親陳阿漢（Chen Yayang，生卒年不詳）曾是霹靂州（Perak，馬來亞北部一州）華人社群的第一任甲必丹（kapitan，領袖之意）；他的財富部分來自對新加坡及柔佛地區鴉片農場的掌控。陳成寶繼承這些農場，成為十九世紀新加坡鴉片經濟的重要勢力。陳成寶的鴉片集團控制了廖內、新加坡、柔佛與麻六甲地區的農場。就像其他海峽殖民地的潮州人，他也大量涉入甘蜜與胡椒生產。[65]

由於甘蜜與胡椒生產控制在這些潮州莊園主手中，潮州農民工便移到此地為他們工作。砂勞越也出現類似的移民模式。商人返回家鄉，向鄉下勞工宣揚海外工作機會。能為操持同樣方言，來自同鄉（經常還是同宗）的雇主工作，也鼓舞了他們長途跋涉前往遠方的勇氣，同時說明了潮州旅外人士之間的強烈牽繫。[66]這也點出了潮州海域的現代階級，部分是跨越地方的形成。

一旦立足在新加坡，甘蜜與胡椒的種植者開始往附近的馬來亞柔佛蘇丹國擴張。陳開順（Chen Kaishun, 1803-1857）首開先例，在一八四〇年代中期建立了成功的屯墾莊園。驚人的是，陳開順也是柔佛義興會（「祕密會社」）的領袖，當麻坡（Muar）的馬來人反抗時，陳開順招募了一支由潮州工人組成的「軍隊」來「平息」反抗者。蘇丹感謝之下，遂將警務職責交付陳開順，並賦予莊園主大量地方權力。也就是說，莊園主的力量受到幫會軍事力量的支持，推進潮州人在馬來亞南部的經濟利益。他們也開始掌握柔佛許多土地資源。[67]

到了一八七〇年，柔佛的甘蜜莊園僱用約十萬名農工、種植者、船夫與店員。正如卡爾．特洛基（Carl Trocki）指出，跨越柔佛、新加坡及廖內群島的整片土地，可以形容為由潮州商人與勞工主導的「甘蜜經濟」。到了世紀中，此一經濟的「資本化與控制」，是掌握在佘有進跟陳成寶等富有的「頭家」（taukeh）手中。各地方由江主（jiangzhu）經營管理；特洛基聲稱，多數江主一開始都是領著一群打手的「祕密幫會頭子」出身，後來才演變成商業領袖。[68]

潮州人初期在馬來亞南部的土地與資源控制擴張，是基於祕密幫會的武力與自治效率。諷刺的是，被視為馬來半島發展源頭的幫會，卻在清朝中國被視為政治威脅。雪倫・卡爾斯頓（Sharon Carstens）指出此時在海峽地區崛起兩種海外華人領袖：一種是「富裕、慈善的商人菁英」，通常住在城鎮裡；另一種則以「武術技巧與組織群眾的能力」聞名，住在「柔佛甘蜜莊園的高風險動盪世界，或錫礦裡」。[69]再一次點出了潮州領域擴張中，商業力量與組織性武力的相互關聯性。

新加坡作為英屬自由港開港後，更刺激了潮州人的跨地域貿易。英國海軍巡航海域，殖民地官員靈活管理商業。中國水手謝清高在十八世紀末跨越南海的旅行紀錄《海錄》（一八二〇年）中，觀察到雖然英國人是港口的晚來者，他們「打開這片土地，邀請各方商人來此貿易開墾。他們的稅收不重，因此港口成了各方海路的會合地。（墾闢土地，召集商民貿易耕種，而薄其賦稅，數年來舟船輻輳。）」[70]

在此看似為華人而啟動的英國殖民地上，勞工也受益。克勞佛德的紀錄中，新加坡的華人勞工每月賺得八個墨西哥銀元，工匠則有十二銀元。他估計一位都市日薪勞工的每月支出，包含食物在內，為四點八銀元；每月的衣物花費為一點一銀元，住宿為二十分。因此他結論一名勞工每年應該能夠存下至少二十二銀元（年收入九十六銀元扣除支出七十三點二銀元）。[71]這些數字並未包含其他可能支出，同時一八四〇年代城鎮外甘蜜莊園裡的工人每個月只賺三到四銀元，雖然他們的支出應該也比城鎮住民少得多。相比之下，一八〇五年，廣東家鄉的糖廍技術工人每月所賺，不到一個西班牙銀元。[72] 扣除在赤道馬來亞這類熱帶烤爐工作的艱辛，前往新加坡旅外工作，對當時的潮州鄉下勞工來說，似乎是筆值得的投資。

婆羅洲淘金熱

一八四七年，政治改革家魏源觀察到在前一個世紀裡，「嘉應州（位於廣東省東部）的人前往（婆羅洲西部）的山區，開採黃金。他們建立自己的國家，選出自己的領袖，稱為公司（gongsi）……每年都有數艘來自廣州與潮州的華船抵埠（坤甸〔Pontianak〕），進行貿易。（嘉應州人進山開礦，穿山開道，自立國家。擇其長老者，稱為公司……每年廣州、潮州，船數隻到港，開行貿易。）」[73] 魏源簡要描述了婆羅洲西部的華人經驗。荷蘭人與英國人後來占領了島嶼的部分地區，但在十八世紀與十九世紀初期，西部區域是由大潮州區的客家華人金礦工主導。此地的經濟透過潮州與廣州商人，少部分透過福建商人，與新加坡、曼谷、廣州及潮州等商業節點連結在一起。

他們獨特的政治組織形式——「公司」（gongsi 或kongsi），被稱為「殖民地」（梁啟超語）、「國家」（魏源語）、「村落共和國」（高延語〔J.J.M. de Groot〕）或「民主」（袁冰凌語）。[74]瑪麗．索默思．海德修斯（Mary Somers Heidhues）曾形容這些實體為「幾乎以獨立國家形式運作的宗教、經濟與政治體制」。「公司」一詞源於中國東南部，是由參與者匯集資本形成的合夥關係，每個人都能分享事業的利潤。同時代的觀察者形容它們是「經濟上的民主」，因為它們展現出相對平等的精神：即便分額小，最平凡的礦工也是生產工具的擁有者之一。每位股東都享有與投資分額相當的利潤，同時也能在礦場領袖選舉中投票。他必須繳交入會費，並許下誓言。在西婆羅洲的礦業經濟中，部分公司組成數百、甚至數千人構成的聯盟。這些大型聯盟稱為「總廳」（zongting，「集合大廳」之意），維持疆域邊界、收稅，並透過選舉產生的領袖，管理轄下公司。主要決策由公司派往總廳的代表投票表決。此處雖然強調它們的政治經濟活動，但這些組織也對中國村落的宗教教派與廟宇網絡十分忠誠。他們敬仰土地公，其他共有儀式將他們融合成為一個宗教社群。[75]「公司」一詞實際上擁有相當廣的意涵，明顯用來指涉一種兄弟會或「祕密」幫會。這些公司則推進兄弟情誼的經濟、安全與精神利益。

一七四〇年代，婆羅洲的馬來蘇丹開始鼓勵華人落腳在島嶼西部。這些統治者深信華人就是刻苦勞工的刻板印象，但更重要的是，他們知道華人的開礦效率比起本地人來得好。他們使用機具，根據專長分組工作，同時還擁有資本與勞力來源。隨著華人控制開礦，這些蘇丹期待更多收入。他們將米鹽與其他產品賣給開墾者，因此希望自己獨占的農產品可以獲得更多收入。然而到了一七七〇年代，華人已經能夠自給自足，並掌控了婆羅洲西部的經濟與政治。[76]

羅芳伯（Luo Fangbo, 1738-1795）是最知名的公司創辦人。梁啟超（一八七三至一九二九年）稱他為「坤甸國王」，並大讚他是現代初期東南亞華人聚落的「殖民八大偉人」之一。羅香林（一九〇六至一九七八）則描述他是建立「獨立共和國」的遠見領袖。[77] 羅芳伯於一七三八年生在嘉應州一處圍村中；嘉應州位於潮州府內陸山區，此處居民幾乎都是客家人（一七三三年前，組成嘉應州的五個縣在行政上是屬於潮州府跟惠州府的一部分；此後才重組成另一個行政單位）。[78] 羅芳伯本有科舉之心，卻在七二年跟著數百名親友出發前往婆羅洲，可能是受到金礦的吸引。擔任教師一段時間後，他也開始挖礦，最終成立了蘭芳公司（Lanfang gongsi）。自此開始尋求經濟主導，與其他公司及當地原住民的達雅人發生暴力衝突，最終控制了整個東萬律（Mandor）周遭的礦區。他自居「大唐總長」（DaTang zongchang）的頭銜，並掌權直到一七九五年過世為止。他死後共有九位繼任總長，直到一八八四年經過冗長戰鬥後，荷蘭人終於占領了東萬律。歐洲勢力試圖征服華人移民的過程中，也經歷數次軍事挫敗。這解釋了他們的繁榮與成功為何讓二十世紀初的華人驚豔不已。[79]

這群西婆羅洲華人的人口組成，也反映出潮州族群的複雜程度。客家人是漢人的一個次族群，擁有自己的方言，住在中國南方大片地區，多半在山區。他們是中國最有經驗的礦工，許多金礦事業的先鋒，都出自潮州內陸客家山區（嘉應州或潮州府大埔縣）。許多十八世紀婆羅洲的礦工、商人與米農仍舊來自潮州沿海縣分，及附近的惠州府。這些礦工中，部分是福佬人（Hoklo，說潮州話的潮州人），其他則是「半山客（Banshanke）」——住在潮州與惠州沿海地區丘陵地的客家人。「半山客」在語言及文化上，同時具有客家與潮州傳統。雖然婆羅洲有各種不同職業，一般來說，福佬系潮州人通常是農民、商人、水手及工匠，傾向住在城鎮裡；客家人與半山客則是礦工。[80]

荷蘭殖民官員在一八五八年進行的人口普查中，指出住在婆羅洲礦區部分華人的來源。檢視他們在拉臘（Lara）與魯馬（Lumar）鎮蒐集來的資料，拉臘鎮有百分之二十三點七、魯馬鎮則有百分之三十點九的居民來自潮州（揭陽、惠來、普寧、潮州城、豐順與大埔——後二地為純客家區域）；另外各有百分之二十六點一及二十一點六來自嘉應州；各有百分之四十六點五與四十六點九來自惠州（主要是陸豐）；以及百分之三點五及零點五來自廣州。類似的情況，經營打嘮鹿（Montrado）外圍金礦的大港公司（Dagang gongsi），則主要是由潮州沿岸惠來縣跟惠州沿海陸豐縣的半山客所組成。主導這間公司的族姓為吳、黃、鄭三姓。三條溝公司（Santiaogou gongsi）擁有八百名成員，主要是從惠來跟陸豐來的朱、文兩姓。[81]

我詳細說明這些細節是因為我們將會看到，這些潮州與惠州的沿海區域，與「天地會」

（「三合會」）意識形態進入粵東客家與半山客區域的主要傳播路線重疊。事實上，數十名三合會成員在十九世紀上半葉因為「意圖顛覆政權」遭到逮捕，他們跟許多婆羅洲礦工的姓氏相同，也來自相同區域。這些區域也跟鴉片走私進入中國東南客家腹地的主要路徑重疊。事實上，十九世紀初年，許多潮州貨運業者早已走私鴉片、鹽及火藥，進入公司控制下的婆羅洲港口。這個時期，鴉片走私與旅外生活是相互關聯的現象。

這些婆羅洲公司設有常備軍，也經常採取暴力鬥毆作為解決方式。以袁冰凌的話來說，這些成員被要求「加入公司民兵，以生命護衛『共和國』。」有些軍事行動被稱為「公司戰爭」；雖然此處我們並不討論細節，但驚人的是，這些婆羅洲血腥爭執的起因，跟同時期中國東南家鄉的衝突十分相似：因為爭奪土地、水權及資源而起的無情戰鬥。[82]更驚人的是，在這些流血衝突的過程中，我們首度看到潮州海域的另一側提及反清會社「天地會」（Tiandihui，簡稱ＴＤＨ）。事實上，東南亞最早提到這個組織的資料，是來自於一七七〇年代西婆羅洲的荷蘭人。[83]例如，十八世紀打嘮鹿礦工向華人農民買米跟豬肉，後者自行成立一個稱為「天地會」的組織。這些農民在食物供應上的獨占，造成跟礦工之間的緊張關係，因此爆發兩個團體間的衝突。一七七五年，十四家礦業公司終於組織成一個較大聯盟，攻擊這個幫會，殺死領袖與五百名追隨者。這些天地會幫眾「都是農民」，除了供應礦工外，他們也從事開發大片「荒地」的前鋒工作。十九世紀，他們還發起對抗荷蘭人控制島嶼的軍事行動。[84]

除了由華人移民組織之外，我們所知的資訊，並不足以確認這個幫會是否跟中國有關。雖然學者傾向認為天地會基本上是個商人與旅外勞工的組織，但很明顯地，即便如此早期的年代裡，農耕屯墾社群已經受到這種組織形式吸引。正如我們將看到，潮州沿岸社群也有同樣情況，而此地是婆羅洲部分華人的原鄉。到了一八四〇年，潮陽縣大多數農戶都至少有一名家庭成員加入反清的天地會分支組織——雙刀會。

這些礦區開採出來的大量黃金，必然有安全顧慮。雖然無法追索細節，但當時觀察者宣稱，西婆羅洲出產的多數黃金，都換成白銀，最後進入中國南方。荷蘭東印度公司派駐坤甸代表帕姆（W. A. Palm，生卒年不詳）在一七七九年回報，戎克船每年都會運送布料的商品，拖走四千里爾（real）金幣，約當四萬五千（西班牙）銀幣。到了十九世紀初，這些黃金的去處則擴展至其他華人控制的經濟體，特別是新加坡與曼谷，金屬在此交換鴉片、鹽、菸草與織品。[85]曾在爪哇與馬來亞出任不同英國官職，最終建立新加坡殖民地的史丹佛・萊佛士（Stamford Raffles, 1781-1826），估計一八一〇年這一年，婆羅洲產出價值達三百七十萬西班牙銀幣的黃金。這些金額裡，有一百萬用來在新加坡等地購買鴉片及其他商品；一百萬則花在補給食物、鹽油上；七十萬匯回中國；還有一百萬則是由返鄉華人隨身攜帶回中國。[86]

雖然這是有問題的估計數字，但大批銀元被帶回中國；而且不只是到「中國」，而是進入東南部的特定縣區：潮州沿岸上的潮陽、惠來及揭陽；附近惠州府的陸豐與海豐；以及客家山區的嘉應州與大埔縣。這些金錢同時也進入特定氏族：例如惠來的鄭姓、吳姓、黃姓、文姓與朱姓，以及嘉應州與廣東省其他地區的人。如此驚人的資本移轉，至少對參與其中的家族來說，肯定抵銷了十八、十九世紀粵東地區人口增加帶來的挑戰。此外，其中還牽涉許多需要保護的金銀與鴉片。

潮州海域與現代早期鴉片貿易

在十九世紀中國吸食鴉片蔚為風氣，代表著四大洲跨國商業往來數百年來的累積。鴉片首先在七世紀由突厥人跟阿拉伯人引進到中國西部，並在明代的東南亞朝貢體系裡作為商品流通。到了十六世紀，爪哇、暹羅與孟加拉經常將鴉片——或所謂的「烏香」（wuxiang），作為給皇帝的貢品。雖然歷史上加爾各答（Calcutta）市場一直被視為英國人的罌粟泉源，藉以讓中國人沉溺鴉片之中，實際上早在英國人殖民此地並使之成為全球麻藥貿易一員之前，掌控加爾各答的孟加拉蘇丹從十五世紀初期就開始向明皇室供應鴉片。[87]

屈大均（一六三〇至一六九六年）在一六九〇年代觀察到，明代的朝貢使團前往北京時會繞過廣東，來自暹羅與爪哇的使團行李中就包含鴉片。這些運送貢品的使節跟該省商人祕密進行「私下」交易。[88]也就是說，在現代初期的廣東沿岸，鴉片是自由貿易商品。鴉片進口在官方朝貢體系內，基本上是合法的；同時也是沿岸地區的走私偷渡商品。

到了一七二〇年代，官員們開始抱怨鴉片貿易在粵東海岸造成不良社會影響。一七二八年，碣石衛所總兵蘇明良（一六八二至一七四二年）回報閩粵船商帶著麻藥返鄉，販售圖利。鴉片間蓬勃發展，「良家」子弟遭「無賴闖棍」引誘吸食。他們四處閒晃吸食鴉片，直到「暈迷似醉」。這些年輕人身體「頗健」，卻「淫蕩非為」，甚至難以控制。然而經過數年放蕩後，他們的健康惡化，家產敗空，許多人遂訴諸犯罪。為了一勞永逸「根絕」問題，蘇總兵上書雍正皇帝「嚴禁」海外船商進口麻藥。清廷因此「將庶民命拯」，同時降低不法問題。[89]

這類對於娛樂鴉片使用的憂慮，導致清朝在一七二九年禁止鴉片販售，然而中國與東南亞的貿易擴張，水手商人與勞工的海外旅行卻破壞了禁令效果。由於澄海縣人首開區域的經濟擴張，因此也不意外地在十九世紀初期地方志中，報導了鴉片嚴重上癮人口的大量上升，明白地將地方麻藥問題連結到這個區域大量涉入海洋貿易的現象上。[90]

鴉片使用是一種跨地域現象。種植潮州甘蜜的先鋒佘有進，曾在一八四八年寫下，新加坡的多數華人勞工預計在海外工作個三到四年，但只有百分之十到二十的人可以在這段時間內回到中國，其他人則將收入浪費在鴉片上。「在這邊住久了以後，他們學到一個習慣。」大批工人能在新加坡及鄰近區域住了七到十年後，返回中國。十年之後仍留在當地的勞動階級，通常放棄返鄉的念頭。無論如何，每年約有三千華人返回家鄉，其中為數不少的人已經習慣吸食鴉片。[91]因此中國東南方鴉片吸食常態化並不單純是因為麻藥進口量的增加。這種習慣是旅外者在國外養成的，他們的居住地中，鴉片既合法又取得容易，返家時可能還隨身帶上一些。

潮州也成為中國境內鴉片種植的主要地點。道光皇帝對於鴉片生產擴張十分憂心，因此於一八三一年下令地方官員懲戒參與種植或無視縣城內鴉片種植的村長或家族耆老。[92]這份詔令並無成效，直到一九四九年，鴉片種植都是潮州經濟主力之一。

旅外華人首開也主導了現代初期進入中國的鴉片走私，然而歐洲人在整片南海地區扮演著重要角色。葡萄牙人與西班牙人是十六世紀將鴉片帶進中國的第一批歐洲人。鴉片是荷蘭東印度公司行銷的主要商品，其商業帝國以巴達維亞（位於爪哇島）為基地，透過東印度群島、暹羅與臺灣的遙遠貿易站進行貿易。英國東印度公司（ＥＩＣ）最終在一七五七年控制了生產鴉片的孟加拉區域，並在一七七三年後獨占印度生產的鴉片。[93]

英國東印度公司並未參與潮州海疆的走私生意。相反地，它在加爾各答將自己的鴉片拍賣給「各國貿易商」（country traders）——亦即將鴉片東運的私人英國公司。這群公司裡，渣甸洋行（Jardine Matheson）成為中國沿岸貿易中首屈一指的英國公司。一八三二年由威廉・渣甸（William Jardine, 1784-1843）與詹姆士・馬地臣（James Matheson, 1796-1878）成立，這兩位蘇格蘭人已經擁有多年廣州鴉片貿易的經驗。一八三三年，渣甸洋行在南澳島上建立貨棧。公司在當地的代表暨「楊上校號」（Colonel Young）船長約翰・里斯（John Rees，生卒年不詳），獲得知名的基督教傳教士郭實獵（Charles Gutzlaff, 1803-1851）的協助，郭實獵年輕時在暹羅傳教，曾習得潮州話。郭實獵的目標是希望在中國東南方爭取轉宗者，這裡是他許多東南亞教徒的故鄉。協助渣甸進行一些翻譯工作，是進入中國的代價。郭實獵嫻熟多種方言，反映出海疆地區跨地域的宗教動能，卻也確保走私活動的財務成功。[94]

華人買辦與銀師也是公司業務的重要一環。他們跟海上陸上的地方走私客與船商進行溝通、討價還價、安排交貨點，並鑑定交換的銀幣品質。銀師特別重要，因為走私世界中交換的銀，是非標準化也非貨幣，包含銀兩、銀角、銀錠及墨西哥銀元的各種混雜；鑑定銀含量需要專業技術。潮州走私者偶而會試著以劣質貨幣及假銀錠來搪塞不知情的外國人。[95] 在某些方面，走私行動完全是中國人的生意，這些洋行代表得謹慎觀察。

渣甸洋行將部分最傑出的廣州買辦放在南澳島。他們會在船上連續數日招待潮州地區的鴉片揹客，每個月的娛樂預算達到七十銀元（每月食物預算的一半）。一位渣甸洋行代表貝里斯（H.

P. Baylis，生卒年不詳）對買辦鳥人湯姆（Tom the Birdman，生卒年不詳）的奢靡感到憂慮；後者招待潮陽「海灣掮客」享用的盛宴裡，包含葡萄酒、白蘭地、鵪鶉、蔬菜、魚及蛋。[96]鳥人當然是在強化他跟這些貿易商之間的「關係」（guanxi，友好連結），畢竟公司的商業成就最終還是要靠這些人來達成。中國人的商業活動牽涉個人關係、互惠及殷勤款待。從船到岸走私貨物需要信任與忠誠，渣甸的買辦正與這些潮州沿岸的貿易商建立專業及個人關係。廣州人與多數來自潮陽地區的走私客之間的熱情互動，也許成為後來上海港勢力龐大「潮惠會館」（Swatow Opium Guild）背後潮陽－廣州幫的基礎。

即便英國人在中國東南部的鴉片貿易中愈來愈活躍，旅居東南亞的潮州商人持續進口大量鴉片，不只進入潮州，還進入廣州、上海、寧波與天津。到了世紀中，潮州人一次可以進口數百箱的量，最終將英國走私客完全逐出潮州鴉片市場。[97]這段期間，無名的中國運輸業者、商人、水手及旅人在國際鴉片貿易中，積累了驚人的資本。

無論是在海外或地方取得鴉片供給，中國商人掌控了中國東岸的鴉片貿易。正如菲普斯在一八三六年注意到，福建廣東沿岸商人在葡屬澳門附近的島嶼購買鴉片，並帶著大量的糖與其他商品，北航前往上海。他們會帶著北方生產的商品南返。潮商在這群商賈中占了很大的比例。一八三〇年代北上之前在澳門海域活動的八百四十六艘戎克船隻裡，三百艘來自操持潮州話的潮惠地區，兩百三十艘來自使用福建話的廈門（八十艘）與漳州（一百五十艘）。[98]雖然一八三九年前，這些勢力強大的商人很少被逮捕，偶而會看到幾個案例裡，富裕潮商因為向洋船購買生鴉片而在澳門附近被捕。[99]

無庸置疑，華人也在東南亞鴉片經濟中相當活躍。即便在殖民秩序崛起，重劃東南亞地理之前——例如將「英屬馬來亞」從「荷屬東印度群島」中分出來，潮州莊園主就透過建立自己的鴉片農場來增加收入。鴉片農場擁有銷售麻藥的獨占權利。到了一八二五年，潮州甘蜜與胡椒生產者已經在民丹島（Bintang Island，新加坡南方）上到處建立農場。超過一萬三千名華人居住在五處聚落，經營維護好幾處鴉片農場作為額外收入來源。[100]歐洲人最終也建立自己的鴉片農場，富裕的潮州集團偶而會承作這些獲利單位，讓大量收益流入殖民地財庫。[101]

潮州商人、水手及勞工長期以來參與東南亞鴉片貿易，同時也將他們的家鄉轉變成國際麻藥商業貿易的主要熱點之一。這也讓我們回到跨地域幫會的主題。這段期間內，這些幫會演變成索取保護費，確保鴉片運送銷售及金銀幣安全轉運的組織。潮州本地的早期「祕密幫會」案例並未提及鴉片，也許因為當局更關注這些團體的黨派跟明顯「叛亂」性質。然而一八三〇年代開始浮現明確證據，此時官員更加關注鴉片議題。一八四〇年，稱為「紅會」的幫派被舉報到省府當局。這個集團可能在十九世紀初年組織起來，也許更早，以促進贛閩邊境上潮州內陸客家區域鴉片商的利益。紅會別著一顆紅色或綠色毛扣作為識別標誌，將鴉片藏在鹽袋裡，從潮州的大埔縣溯河北上進入中國內陸的江西省。紅會在粵閩贛邊境擁有兩到三萬成員，當地官員稱自己不敢招惹，因為他們以「強悍及攜帶刀械」聞名。[102]

這種「恐懼」解釋了，建立初期鴉片貿易為何跟高度國際貿易連結區域內的幫會崛起有關，細節資料卻如此稀缺。廣東省各地，鴉片商僱用「保鑣幫會」（dang fanghu），驅走多管閒事之人，並讓當地官員平民對民間的犯罪行為三緘其口。[103] 模糊鴉片貿易與幫會成形之間的關聯上，暴力威脅是股重要誘因。

鴉片貿易只是崛起中準殖民經濟的的特色之一。潮州部分產業的外包海外，海外莊園企業的建立，以及持續不斷的旅外傳統，都進一步讓這個區域與東南亞政治糾纏不清。在這段交纏關係中，既沒有母國也沒有內地，而是由華人主導的愈來愈相互連結的跨地域經濟；他們經常是受到殖民者、國王與蘇丹的邀請而來。曼谷及新加坡等港口的城市發展，對潮州人與本地人的未來而言都至關重要。海疆邊界的膨脹，也反映出潮州企業家與勞工開始跳出彭慕蘭筆下「生態絕境」的能力。跟歐洲人一樣，他們也有自己形式的領域擴張。家鄉隨著人口增長，也許土地跟自然資源都在消失，但潮州海域卻提供了資源、商品、工作與投資機會，讓跨地域經濟得以蓬勃發展。潮州並未困在十九世紀的地方生態中。

第三章　刀劍會鄉：農民知識分子與反抗行動 一七七五至一八六六年

富德堂前，爾等起義。滅清復明！

——〈詩〉摘錄，一八一三年

十八世紀之中，潮州海域成為兄弟會盟、互助會社以及鄉幫聯盟等組織的場域，這些組織被中國與殖民地官員形容為「祕密」或「異端」。這些會社為旅居海外的兄弟提供相應保護，最終也延伸到定居人口。它們將家族團結的邏輯延伸到多族姓網絡，以應對無法預期的挑戰。這些會社讓個人得以屏退威脅，獲得財務支持，並與志同道合的同胞共享儀式化情誼。然而，這種保護策略偶而會衍伸為逐利的機會，幫會情誼的儀式影響並成為地下犯罪世界的一部分。到了十九世紀，透過血誓結合的犯罪幫派，在跨地域的潮州海域裡稀鬆平常。透過激化個人所面對的威脅，

互轉換。

潛藏的反清情緒

修正派學者的先鋒秦寶琦（Qin Baoqi）點出這些會社於十八世紀中期在東南沿海崛起的兩大主因。其中之一，由於區域的地形是山脈直接入海，缺乏足夠耕地，隨著人口成長，許多男子被迫離鄉背井到外地尋求工作機會。這種「流離人口」轉向互助組織，並與孤獨旅外人生遇見的他人結為兄弟。[4]

十八世紀的潮州府並沒有可靠的人口統計資料。林德侯指出一七三〇年，潮州至少有二十萬四千四百零一人，這可能是人口低點。然而他推估一八一八年有一百四十萬五千一百八十人，暗示著驚人成長。人口挑戰只會持續增強：一九二八年人口已經成長到約有四百六十一萬八千兩百七十十人。中國學者將十九世紀的大規模外移歸咎於，大批增長的人口試圖在狹窄的沿岸土地上討生活。[5]秦寶琦的著作也在這個傳統脈絡中。

鄉村人家透過捕魚、碼頭工、出海及蒐羅其他海洋產品來增加收入。旅外者也從海外匯入大筆金錢。例如，十九世紀初在潮州人經營的甘蜜與胡椒園工作的勞工，匯回澄海與海陽村落的金額，從四萬到七萬墨西哥銀元左右。一八三〇年，一支從曼谷出發的船隊，運送了六萬銀元。[6]

沿岸的生活機會消解了人口成長帶來的部分問題，有利可圖的工作機會也引誘地方子弟外移。

秦寶琦也將幫會的崛起，歸咎於區域橫行的械鬥。他引述地方志記述，描述這種情況是「大（族）欺小（族），強（族）凌弱（族）。組織豪強以強化己方人數，逞勇鬥狠。」[7] 幫會盟誓增加可以參與打鬥的人，並得以組織防衛進攻策略。

這種械鬥情況無法單純歸咎於人口壓力，同時也是遷界時期的餘韻。危機之中，家族若非崩解，就是返回家鄉後耗費多年重建。然而要取回田產並不容易，因為區內未遭遷界的人自然開始耕種遭棄置的田地，這造成了侵占田產的趨勢。一六六〇年代的沿海遷界，對潮州沿海地帶的田產所有權發展，造成重要的斷層。所有權的成立，部分取決於不只能在法律上，還有武力上伸張所有權的能力。由於人口減少或與地方官員連結薄弱因而勢弱的家族，在此情況下自然較為不利。[8] 其他文化中關於械鬥的紀錄顯示，一旦開始以武力解決問題，不消多時就會在其他事端中重燃衝突。械鬥會自我強化，隨著時間過去，最初引發爭端的原由已經無關緊要。地方械鬥會創造出鼓勵更多械鬥的社會秩序與人格特質。[9]

因此孕育出幫會誕生的械鬥風氣，不只是回應人口壓力而已。其所反映的漫長複雜歷史，牽涉到出海禁令衍生的社會迴響，包含村莊的武裝建築，不穩定的生態環境，及有限度國家建構時期中大型好鬥家族組織的脫序衍生發展。到了十八世紀，治理潮州的官員發現，強大家族相關的爭議裁定相當具有挑戰性。情況不只是富裕大家族欺壓弱小團體，弱小行動者有時也會採取具有想像力的訴訟策略，來攻擊強大對手。[10]在官員無力控制的械鬥文化中，幫會既是保護也是掠奪勢力。

那麼這些團體是否反動呢？王大為（David Ownby）與穆黛安（Dian Murray）的論點建立在中國修正派學者的研究之上，主張天地會傳統中的幫會不應被稱為「祕密」會社，或被判定為積極反清。多數都是互助社團，以增進成員利益，其他村民通常也知曉他們的儀式。此外，這些幫會起事通常都是由政府迫害引起，又或者是部分成員掠奪性犯罪的意外副產品。[11]

這些論點自然有其根據，但若審閱犯罪紀錄中所保存，加入幫會的潮州人的說法時，將開始質疑這些幫會對旅外者的吸引力。有些人明顯覺得自己被迫加入，以避免受到自身所屬的幫會攻擊。例如，一七八六年，來自饒平的小販許阿協（生卒年不詳）到福建做生意時遭到幫會攻擊。當地朋友也是生意夥伴建議他加入天地會，以避免未來的傷害，也許還能取回他的銀錢。他依照建議行事，神奇的是，銀錢確實回到他手中。明顯地，他遭到朋友的「關係」搶劫，一旦他加入組織，就不再受到騷擾。他也學到兄弟間使用的手勢，來避免其他人的攻擊。[12]根據許阿協的說法，他入會只是為了擺脫這些騷擾。

天地會是個跨地域現象，到了十九世紀，幫會控制了外移生意。他們也在「苦力」這一行中聲名狼藉。旅外者對他們的態度相當矛盾，也是其來有自。勞工確實在海外加入互助組織。一八七〇年代，光是在海峽殖民地的會社登記在案的華人，就超過三萬四千七百七十六人。[13]然而許多東南亞華人已經有家族或同鄉可以倚靠，也對加入幫會敵對毫無興趣。最靠近新加坡的馬來國家柔佛蘇丹國曾回報，好幾名潮州甘蜜與胡椒園主在一八五〇年代抱怨，以新加坡為基地的「祕密會社」領袖以武力威脅他們加入幫會。其中一名領袖派遣「武裝精良人士」跨過新加坡海峽，靠著武力在這些聚落中設立支部。[14]當我們檢視二十世紀初的口述證言時，不願加入幫會的情況變得更加清楚。陳錦華移民到暹羅鄉下，他的回憶中，潮州人與泰國人基本上熱愛和平，「他們那邊以前的私會黨也是很厲害……各人有各人的範圍，這個地方是你的界線，那邊是他的界線。經常要爭執，常常與發生殺人（事件）。」移到暹羅鄉下的人，就會被迫加入幫會，陳錦華極力避免此事。[15]跨地域潮州的某些部分，確實會因為修正派所羅列的種種理由加入幫會。然而加入的好處跟缺點一樣多。

至於它們是否具有反清本質等被視為沒有根據的主張，仍舊令人著迷的是，一旦這些幫會遭到挑釁，經常就會顯露出反政府信念。當人們宣稱「反清復明」時，必然在某些層次上有其意義，即便他們並不認為自己是確實踐履此一信念。這句話為何在海內外誓詞中誦讀，它又反映政治文化到何種程度？中國東南方對滿清征服的反抗力道既強力又長久。倘若遷界一事在族譜中被記憶為滅族大難，部分識字族群肯定長久抱持著反清情緒。族譜記錄下苦難失落的可怕故事：永遠消失的族人、屍體滿街遍河、村落遭到焚毀而涕泣的農民。雖然這類紀錄已經讓學者得以重建沿海地區正統霸權的歷史，然而征服者手下的苦難悲劇仍隱含著某種反抗之意。時至今日，泰國的潮州人仍持續譴責遷界是族群歷史上最可怕的災難之一。[16]

改朝換代後，潮州人組織或加入的反抗活動，充滿反清訊息，或對政府軍展現出狂烈的反抗。一七二一年，海陽人杜君英（一六六七至一七二一年）組織了一個幫會，支持臺灣的朱一貴（一六九〇至一七二二年）起義。王大為指出這起反叛行動是由缺乏敏感度的官員錯誤行為所引起。然而，一旦起事，不消多時，這些起事者（多數來自潮州與福建）就開始扛著「恢復大明」的旗幟。[17]無論反叛起因為何，為何在清朝已經「綏靖」東南沿海的三十七年後，突然又出現要求復明的口號？誰讓這類想法生生不息？明顯有些人持續同情前朝。即便起事者因為其他原因而行動，這股潛伏的反清情緒擁有潛能激發出更加政治化的運動。

除了潛伏的反清情緒外，天地會的組織者在政治上致力於這些宗旨，雖然不一定會承認。天地會的反清教誨透過口語傳布，錄寫這些教誨的書籍在十八世紀末、十九世紀初的粵東保存下來。這些書籍明確表達反清訊息，例如「反清復明」。即便禁止擁有這類反動物品，人們仍舊留存這些書籍。這些人裡包括小販刁盛和（Diao Shenghe，音譯）。他在一八一三年承認自己在嘉應州老家的「老舊書櫃」上「發現」一本書。他抄寫了好幾份在書中發現的反抗「詩」，帶著它們前往四川，加入在那裡開旅店的兄弟。他在貴州遭到逮捕，當局在他身上搜出這些詩。他宣稱自己打算在路上將詩賣給他人，「訛詐金錢」。也就是說，就像許多帝國晚期法庭上的罪犯，他承認犯下較小的罪行（詐欺取財），以避免更嚴重罪行（顛覆）的懲罰。[18]

刁盛和算是信仰虔誠的幫派分子嗎？他算「反清」嗎？官員當然認為他是，特別是他被發現推諉後就改了證詞。除此之外，他的家族保留了記錄那首「詩」的書，他明顯相信前往四川的路上會充滿願意花錢買詩的人。官員所稱的「誦詩」，事實上是熟悉的天地會入會誓詞，無庸置疑充滿顛覆性。刁盛和的版本，部分寫下：

> 既入洪門，必以忠心義氣為先。
> 以天為鑑，我等立誓……
> 忠義堂前，領八萬弟兄進入城中。
> 富德堂前，爾等起義。滅清復明！[19]

政治訊息無庸置疑，明確指向消滅清朝。同時還反映出反都市的鄉村感性：大批兄弟，攻進城市，後者是清朝權力代表所在。田海（Barend ter Haar）已注意到，幫會誓言中提到都市中心，反映出將城市視為幫會的「安全天堂」。[20]然而城市的「安全」，得等到三合會的軍隊「起義」並征服它們之後。書寫下來的誓言是由厭恨清朝的人所保存，他們願意冒著言論審查法律懲處的風險，一代又一代保存散布這些訊息。從他家族書櫃上「發現」的整本書中，刁盛和複寫打算「出售」的這首詩，告訴我們一些事情。倘若他並非為天地會招募會眾，那麼他肯定是根據供需法則採取行動。他明顯知道，沿著粵東往外遷徙的路線上，存在著一個渴求天地會反動誓詞的龐大市場；此時比一八五〇年代太平天國起事早了幾十年。

刁盛和的世界穿梭著客家人與福佬－潮州人移民。「詩」的各種版本不單在中國流傳，也進入東南亞各地。[21]幫會得以興盛，是因為像嘉應州刁家這樣的無名識字守護者，保存、複製且傳布他們的反清憤恨。這些家庭擁有書櫃；這些人能夠讀寫。他們有其他職業，卻也致力於推翻清朝的志業，這是他們廣大宇宙觀的一部分。更重要的是，他們是可以四處遊走的人，是中國鄉村地區的農民知識分子。

刁盛和身為小販一事，更指出幫會成員厭恨清廷的世俗理由。許多早期會眾都是四處遊走的人，以小販、挑夫、船夫、勞工與僧人為業。由於旅外者來自社會底層，他們是更經常受到帝國晚期清朝當局騷擾的人。我在其他地方指出，十九世紀上半葉因為散布及／或消費鴉片而遭捕的人當中，有百分之六十二是旅外者或在家鄉以外遭到逮捕的移民。百分之九十四點八因販售鴉片而被捕的人，以及百分之八十五點五因消費鴉片而遭判刑的人當中，若不是小商販（小販、魚販），就是社會底層人士（勞工、僧人、船夫、水手與妓女）。旅外者與鄉村勞動階級比較可能穿越清帝國管控森嚴的區域，遭到不停盤查與小額勒索：他們會進入城門、離開碼頭，並遭遇（或閃避）海關。政府官員會搜查他們的行李。他們休息與吃飯的地點——旅店、廟宇及茶店，都會不停受到盤查。這些居無定所者更可能觸犯正式法律，同時被控犯罪。[22]被視為幫會的社會組織經常受到官員騷擾，有種種在日常中憎惡政府的理由。即便絕大多數人缺乏完整的反對朝廷思想，當他們見到政府人士時便暗暗咒罵也不令人意外。

天地會儀式將清廷妖魔化，始自長期以來對政權的厭惡之心。修正派學者對於幫會的論點確實有憑有據，他們的武裝爆發明顯經常是為了回應政府的壓迫，而非受到意識形態啟發，為了某種模糊想像的末世未來，要推翻滿清。然而這些論點無法解釋，為何根深柢固的反清意識會於一七六一年在中國東南方崛起，倘若這類主張一直以來都未在主事者的政治意識中傳布。反清情緒也許不是組織動員的核心，卻仍舊是這些團體的重要儀式特徵。透過批判王朝權力而集結的幫會，以幫會的崇高，映照統治者與其奴才的不堪。這是在多族姓幫會中強化個人連結的方式；幫會中的成員確實為了互助而集結，但也會因為走私、海盜，甚至是反叛而集結。反叛思想是由動機強烈的個人傳布，他們穿梭在這個跨地域經濟體的商業路線上。

小混混

如前所見，到了一八三〇年代，像紅會這類幫會沿著廣東的鴉片走私路線興盛了起來。這個現象是更長過程的一部分，暗示著幫會在整個海疆地區跨國地下犯罪世界中的崛起。[23] 考慮到天地會進入潮州的傳布路徑之一，是來自福建，當我們發現十八世紀幫會一開始是為了沿著邊界地區劫掠而成立的案例時，也不需太驚訝。[24] 十九世紀之後，這些幫會相關的犯罪案例開始沿著海岸往南出現。

潮陽記錄下的第一個案例著實引人注目，因發生在送出許多西婆羅洲移民的區域，而天地會最早出現在潮州海域的記錄正是在西婆羅洲。一八〇二年，鄭阿明（Zheng Aming，音譯，生卒年不詳）說服海盜幫派成員鄭阿陽（Zheng Ayang，音譯，生卒年不詳），幫忙組織天地會支會。他後來坦承，鄭阿陽之所以同意是因為「他想利用這個機會劫掠村莊，獲取戰利品」。他們招募了好幾個姓鄭的人。在選定的時辰裡，十八名入會者在洪厝村集合，宣誓入會。隨後鄭阿明很快就離去，但離去前，他建議兄弟們開展自己的分支，招募更多人來擴展規模。小型分支可以納入更大的聯盟中。其他人聽命行事，在親族友朋之間，聯同其他人一起立誓。當年稍晚鄭阿明回來時，各隊在土庫地區集合宣誓，承認鄭阿明為總會首。現在這個總會已經大到可以「劫掠地方村落」了。然而在他們展開行動前，潮陽縣令就進行調查，並派兵逮捕立誓者。不久後，縣城一片腥風血雨，因為主謀者在市集上斬首，追隨者則送往吉林的滿州流放地。[25]

這個案例反映出支會建立在層層社會網絡之上的過程。這個聯盟由兩個姓氏團體主導，主要是鄭姓，跟次要的蕭姓。記錄在案的二十二個人名裡，九人姓鄭，其中包含多數領導人；蕭姓則有四人。其他姓氏皆未重複出現。鄭阿明在最初的立誓典禮上，盡可能拉攏了他可以影響的人。他的同黨接著從自己的網絡招募其他人。這些同志忠於個人，而他們則效忠於聯盟領袖。不像區域內富裕家族的成員，這些小混混也許無法吸引大批族人。但是一小群遭到權力剝奪、處於社會邊緣的男性，仍舊可以聚集他們認識的人，形成一個潛在威脅社區的集合。透過層層個人關係迅猛擴張的能力，是潮州地下犯罪世界的標誌。這同時也鏡射出中國東南沿海海外華人的基本社會組成，小規模夥伴關係聚集成更大型的聯盟或「大會」。

惠來最早的案例也反映出類似的社會動能。一八〇一年，一名來自福建同安的陳姓男子前往赤山地區沿戶幫人算命。他遇到一名守衛方鎮西（Fang Zhensi，音譯）以及其他六十名鄭姓、陳姓、高姓、黃姓的男子，談起要組織天地會支會。他鼓勵他們改姓洪，並且「敬天為父，崇地為母」。除了宗教議題外，他還告訴眾人組織支會讓他們得以劫掠鄰近村落，因為「沒人膽敢反抗」。他編纂了會員名冊，交給方鎮西保管，保證當他回來參加入會儀式時會揭露自己的完整姓名。

就像鄭阿明，陳姓男子也是傳布意識形態訊息的漫遊信徒。穆黛安在她的天地會歷史著作中，提到一位來自同安的「陳師父」，他的名字從未揭露，卻將幫會傳入廣東西南部的雷州地區。[26]「陳師父」跟案例裡的神祕陳姓男子相似；倘若兩者是同一人，他在雷州的入會儀式則明顯具有政治性質，呼籲「恢復明朝」。

一八〇二年，方鎮西陷入經濟困境，因此決定是召集團體，開始劫掠村落的時候，然而這些人卻手無寸鐵。這暗示著這些人可能相當窮困，也讓蒙上了最終失敗的陰影。缺乏武裝的盜匪不過一群不幸的集團，阿Q式想像著搶劫鄰里，然而他們的鄰居卻可能武裝更精良，也更有組織。他們決定邀請一位當地鐵匠入會，他在赤山一間破廟裡打造武器。問題解決後，他們在山上集合立誓，並稱方鎮西為「大師兄」。燃燭捻香，方鎮西跟另一位門徒鄭阿惠（Zheng Ahui）手持一對剛打造出來的刀。每個人歃血、飲酒並立誓相互忠誠。同時間惠來縣令風聞行動，在他們動手前出手逮捕。因此非但未能聚財，首腦遊行示眾後步向刑場，追隨者遭到流放。[27]

這起潮州沿海區域的案例中，全是經濟邊緣人明顯運用幫會意識作為犯罪工具。雖然無法證明，但明顯地，這些人效法的組織倫理與儀式作為，屬於一些很少被逮捕的人，他們是在中國到處遊走的船夫與小販，或海船貿易中的水手，或是前往東南亞的勞工。更值得注意的是，許多經營西婆羅洲金礦的礦工與商人，也是來自潮州的這些區域，同樣是鄭姓、黃姓、朱姓、吳姓、蔡姓與劉姓。有些是講潮州話的「福佬」，但多數是半山客——通常住在潮州話範疇內，潮惠沿岸的山坡地帶。在此情況下，赤山附近的村民可能是半山客，只是記錄案例的官員並未特別留下犯人的「族群」認同。這些山坡起伏的沿岸地區，以及嘉應州內陸的客家地帶，是西婆羅洲旅外華人的原鄉；西婆羅洲也是與潮州相關的天地會首先崛起之地。[28]我們並不知道方鎮西的幫會是否擁有海外經驗，卻明顯受到他們之間四處遊走的成員所影響。

政府對付這些非法幫會的行動中，特別關注客家人主導的粵東地區。潮州商業沿岸福佬人主導的區域中，幫會組織散布的記錄並不多，然而在粵閩贛桂幾省邊境地帶的客家與半山客區域中，卻留下大量記錄。[29]當然客家人可能熱心參與幫會，但也可能是因為政府線人保護區域內主導的福佬次團體。

因此我們可以輕易辨識出天地會相關案例的地理散布模式，從潮惠沿岸的半山客區域，延伸進入內陸。有趣的是，這些模式跟兩條進入客家內陸的鴉片走私路徑一致。例如，在一八〇三到一八一八年的嘉慶年代軍事行動中，特別常見跟海豐、長樂、永安與新寧等縣有關的天地會案例。[30]這些案例坐落在幾十年後回報給廣州省府官員的走私路徑上。其中一條始於惠州海岸上的海豐城，往北穿越永樂縣，接著進入嘉應州的長樂、新寧與嘉應州城。第二條路線從沿岸的淡水出發，陸路前往寶梓的定期集市，穿過惠州城，由此緣水道北上到河源、龍川及岩下（Yanxia）定期集市，「江西交易商在此購入贛南所需。」[31]這些很可能就是紅會會眾輸入的路線。

相對地，可能源自澄陽樟林國際港或海陽庵埠港的福佬走私路線，卻未列入。這些客家走私路徑是由英國人舉報到廣州，他們因一八五八年後未能滲入潮州鴉片市場所苦。他們相信自己跟走私者之間的競爭並不公平，因此要求汕頭華商指出區域內的走私路徑。英國人並未說明線人的族裔，然而汕頭的貿易與生活是福佬人主導。[32]這些線人對於自己所屬團體與區域的走私路徑三緘其口，卻將客家競爭者出賣給當局。

我們在一八三九到五八年的清廷反鴉片行動中也看到如此現象，很清楚地，無論政府何時要打擊犯罪，主導地位的福佬團體就會犧牲客家人來保全自己。[33]雖然潮州的次要族群團體必然成為官方搜查的目標，然而很清楚地，在所有族群團體之中，幫派主義與鴉片走私是讓中國東南與東南亞經濟進一步交纏的相關力量。

雙刀會起事

鴉片走私與組織犯罪的演化，反映出潮州在海疆的位置。邊疆社會產出自己的社會錯位。一八四四年，潮陽黃悟空（一八〇八至一八四五年）領導的起事，正是十七世紀以來種種社會趨勢的總合，也是反清事業的開頭，此一發展將在區域內不斷產生迴響，直到一九一二年清朝終結。更特別的是，它還反映出此刻天地會意識形態在沿岸鄉村社群中滲透的程度。

黃悟空是來自廈林村的工人。幼年喪父，母親改嫁後，他跟祖父母同住。他的祖父是鄰近衛所的守衛，教導他武術要訣。祖父去世後，家族陷入財務窘境，黃悟空遂到別人家擔任幫工。某個時間點上，他跟一位名叫黃英聲（Huang Yinsheng，音譯）的地方流氓走得很近，後者組織了一個抗稅的幫會。雖然黃悟空是黃英聲最信任的下屬，出於某些原因，他殺害了老大接掌組織，並將之轉變成令人聞風喪膽的雙刀會。雙刀會的入會儀式也有熟悉的天地會誓言與儀式，他還加入十八世紀流傳下來的傳統教誨。黃悟空的下屬隨即開始建立支會，幫眾遂日漸擴張。

天地會入會儀式中用到雙刀，黃悟空建立自己團體時，無疑受到當地幫會傳統的影響。在菁英文化中，刀劍已經很長一段時間不被視為帝國法統的象徵，然而在幫會組織裡卻仍是強大的象徵，在天地會的「劫變末世思想（demonological messianic paradigm）」中更是重要。一則傳說中，明朝最後皇帝的兒子為忠僕所救，他還同時帶走跟皇室有關的兩把寶劍。因此預言中，明室皇子將重返人民，雙劍也會再現。[34] 潮州幫會的入會儀式中用到刀劍，同樣地，黃悟空也訴諸這些明室復興的強大象徵。

雖有其宗教性的一面，雙刀會的吸引力更來自白話的抗稅訊息。黃悟空下令追隨者拒繳田賦，卻避免劫掠村落或殺人。這個運動吸引了一群鄉村地主追隨者。一開始，潮陽地區四村加入行動。最終會眾高達數千人之譜，多數來自潮陽及揭陽，甚至包圍了揭陽城。當縣令領軍打算逮捕幫眾時，爆發了更大規模的反抗。[35]

這場起事遭到鎮壓後，清廷官員發現天地會滲透潮州社會的程度。廣東按察使孔繼尹（生年不詳至一八四八年）找到雙刀會眾名冊，估計「十戶中九戶（有人）入會」。[36]到了一八四〇年代，天地會傳統滲入所有社會階層，它不再是以邊緣人為主的旅外者經驗，而是鄉村生活的基本特徵。由於這個區域充滿具有西婆羅洲僑居經驗的男性，因此兩個組織間可能有關聯（卻難以驗證）。東印度群島的荷蘭官員經常感到疑惑，早期幫會窩藏在華人農耕社群，而非比較熟悉的商業社群。[37]黃悟空的反抗反映出旅外生活型態回頭影響了東南中國的村落生活。

當地官員此刻面臨困境，要如何抓捕完全遁藏在鄉村社會裡的數千反徒。廣東按察使認為這麼多人不可能全都被脅迫加入起事；他們應該是出於自願。要如何處理這些人呢？他決定要專注在領袖身上。黃悟空輕易被捕，拉到潮州府城處決。當局將其他三百名追隨者判處不同刑度，接著宣稱組織已遭成功「鎮壓」。其他人並未遭到處刑。大批失敗的黃悟空追隨者搭上「紅頭船」，前往海外。許多人終老於新加坡，五虎祠的神主牌上銘刻著明朝「義士」。[38]

雙刀會起事的動機與手法都有其驚人之處。此役係由反抗者發動，幫眾採取行動，而非對官方盤查的反應。他們拒絕繳稅，攻擊縣城。也就是說，他們實踐了自己的反政府情緒。最後，反抗勢力的規模導致官員不得不放過許多幫眾，即便已經知道他們的身分。這跟數十年前追捕幫會的手法截然不同，當時幾乎每個有名有姓的人都會被無情追擊。在此案例中，官員基本上將被迫對潮州兩縣大片區域宣戰，而此地是以家族團結聞名。

許多人受到雙刀會的抗稅訊息所吸引，因此反抗行動裡也包含繳稅的地主。雖然很難驗證區域內「十室有九戶」都有人加入反抗（名冊已經佚失），孔繼尹明顯感覺到多數家戶都有人涉入幫會。連浩鋈（Alfred Lin）以熟悉的主張回應這個議題：中華帝國晚期的地稅並沒有特別沉重。但至少在廣東，確實是個負擔。日常交易的單位是銅幣，然而稅卻總是以白銀繳交。一七一三年後（康熙皇帝宣稱永不加賦），銅幣對白銀的價值下貶。一七一三年，兌換率是一銀兩兌七百銅幣；到了十九世紀中葉，兌率已經來到一銀兩兌兩千兩百銅幣。事實上，在一世紀間，土地稅已經上升三倍。[39]

然而稅務問題為何突然間激起一八四四年的大型暴力反抗事件？簡短的答案是國際事務與帝國時代邊疆農民承擔的額外負擔。廣東省的地主與商業菁英承擔了一八三九到四二年第一次鴉片戰爭中對抗英軍的財務壓力。正如赫志清與吳兆清注意到，這場戰爭超過百分之八十的支出，完全由廣東省財庫與稅關支付。戰爭結束後，為了重建省府收入，遂提高地稅。[40]在潮州，至少農民反對這些額外的榨取。

我們將看到，雙刀會之所以受到歡迎的另一個因素，是因為清廷在一八三九到五八年期間暴力推動的反鴉片行動。到了一八三〇年代，沿岸地區所有村落市集社群都高度涉入非法鴉片貿易。商賈、小販、漁民及他們在鄉鎮村落的親友生計都遭到威脅，吸食鴉片取樂的人也遭遇地方當局前所未有的騷擾。一八三八至五八年間的清朝鴉片戰爭，實際上極度不受歡迎，甚至激起反政府敵意。

土崩瓦解：嶺東起事，一八五四至六六年

雙刀會遭到鎮壓的十年後，這個區域陷入程度不一卻逐漸增強的反抗之中，對商業蓬勃的沿海地區帶來負面影響。這些反抗行動的爆發，部分反映出潮州地區持續面對人口挑戰，相對於可耕地，人口仍舊持續成長。然而這些人口並非單純仰賴土地生活。多數沿岸及沿河居民結合了農業生產與漁業、採蚌及其他河海事業。例如潮陽的農民只用半數精力務農，漁業長期以來都是地方經濟的支柱之一。女性的工作之一是採集海岸的海產，來填補家用。[41]此外經濟中的商業也提供了穩定的港口工作。事實上，在甘蔗和稻米收穫季節裡，有時候貨運業者很難找到足夠的碼頭

苦力。[42]關於人口壓力的論點並未考慮到沿海商業經濟提供農耕以外工作機會的方式。人口壓力是相關，卻非決定因素。

天地會的崛起與區域內鴉片貿易的興起同時發生，清朝從一八三八到五八年的「鴉片戰爭」深深激怒了這些在鴉片生意中獲得經濟利益的沿岸家族。例如，兩廣總督記得潮陽鴉片商在一八三八年遭到地方官員審訊時，「表達了深刻憤恨」。[43]鴉片商、種植者與使用者並不認為鴉片的娛樂使用有任何問題，政府騷擾嚴重激怒了當地人。

然而，這些動亂的最重要成因，是在意識形態上受到太平天國（一八五〇到一八六六年）點燃；這是中國歷史上最嚴重的社會動亂之一。有時被稱為「內戰」，太平天國的爆發是個熟悉的故事：洪秀全（一八一四至一八六四年）是一名客家農人之子，先祖在一六八〇年代從嘉應州移到廣州北邊的村落。他一再科舉失利；一八三七年一次精神崩潰後，躲進房裡痛苦抽蓄，他陷入難以解釋的幻象。洪秀全最終痊癒，卻持續受到這個經驗糾纏。一次偶然讀到基督教福音派的宣傳冊後，他終於得以詮釋這些惡夢，並開始結合基督教與中國民間信仰，宣揚一種新的末來盛世主義反清教派。到了一八四四年，他為客家鄰里施洗，砸碎跟儒家有關的塑像。他帶著追隨者搬到廣西的紫荊山，他們在此組成拜上帝會，將附近的客家村落轉變成一個超大型的宗教營地。這些發展的同時，客家人和廣東本地人之間的衝突也上升，後者造成愈來愈多客家人逃進山

八五七年放棄太平天國的主力將領，當時他發現洪秀全打算暗殺自己。石鎮吉是太平天國領袖群中最不受限於教條，也是最有軍事能力的人。因此部分最好的軍隊隨他而去，對南京的太平天國是嚴重一擊。[49]到了一八五九年，石鎮吉的軍隊被迫退出福建，進入潮州，他們圍攻大埔城跟嘉應州。太平軍重創這個區域，少數留下來的官員也大遭屠戮——包含嘉應州令，激起大批難民沿著河川逃向海岸。這些難民中包含黃遵憲（一八四八至一九〇五年）的整個家族，當時才十歲的他，未來將崛起成為晚清的重要政治改革者。血腥的恐怖童年讓他終身都不相信清廷的治理能力，因而在世紀末發展出影響深遠的「地方自治」理論。[50]

到了一八六四年，汪海洋（一八三〇至一八六六年）帶領九千多名歷戰的太平軍占領嘉應州，預備苦戰到底。清軍雖然包圍了汪軍，卻於一八六五年大敗；半數軍員在山區死於鼠疫也加速這次潰敗。清軍持續推進攻勢，輾壓太平反抗軍，直到一八六六年二月一日，最後一位從南京逃出的太平天王汪海洋死於頭部創傷。被擊敗的軍隊剃髮後四散。到了二月九日，清廷重新奪回受到重創的東南海岸客家腹地，重建某種和平。[51]

太平天國這把大火點燃了潮州其他失序。潮州知府吳均（生年不詳至一八五四年）在一八五三年遞交總督的早期報告中，評估了這場亂事的影響。他描述天地會在這區域內常見的吸收成員方式，由一小群領袖高舉反清大旗，同時仰賴較不具反清意識形態的同志所形成的網絡。他們利用反叛開啟的機會，滲透為了對抗太平天國而招募的鄉勇，這有利於傳布他們的「異端思想」同時也壯大自己。「狡詐」的幫會人士會鼓動兄弟，讓後者從村落裡招募他們的追隨者。事實上，整個鎮壓反叛的過程，反而招致反效果，激起更多對當局的反抗。潮州當地仕紳商賈聽從兩廣總督葉名琛（一八〇七至一八五九年）的指揮，招募鄉勇對抗跟太平天國同時出現的諸多反叛團體。然而幫會也利用此機會「以假鄉勇遂行其私利」。一旦鄉勇成立，就會脫離正規軍，甚至經常給予後者一記重擊。更嚴重的是，一般農民被納入這些非法鄉勇之中，受其意識形態影響。「長期以來聽從官員指令的普通人，現在卻改聽令於叛徒。」官方鄉勇的成立過程，反而導向由幫會罪犯控制的平行武力，後者可能同情太平天國，又或者利用混亂遂行私利。

此外，潮州民勇被徵召進入湖南省剿滅太平軍。七千民勇後來解甲歸鄉，「幾乎所有人都可被視為沒有前途的亡命之徒，嫻熟戰鬥並對正規軍極為不滿。」他們的歸鄉更加激化潮州的失序。吳知府抓到一名「幫會首腦」與其同謀，以清朝鎮壓反叛的常見做法，刑求並凌遲處死，以達「震嚇」大眾的作用。然而知府已經開始懷疑，此舉並非處理幫會的有效方法，反而強化大眾認定政府「失義」的信念，只是讓反叛者更容易招募壯大而已。官方暴力「只是煽起更多動亂」。藉由這些觀察，知府釐清了政府的暴力行動對人民觀感造成負面影響。政府自身作為也導致粵東暴力文化，這樣的認知非常罕見。吳均的分析反映出官方開始意識到，此刻國家與幫會正在競逐潮州人的忠誠。[52]

政府政策同時也激起商業菁英的反感。潮州商人通常會募集大量金錢來支持鎮壓行動。光是一八五七年八月及九月分，他們與當地仕紳合力募了三十萬墨西哥銀元，支持當地平叛行動，同時在第二次鴉片戰爭（一八五六至一八六〇年）中對抗英法軍隊。[53]然而他們全都激烈反對新式釐金——一八五八年在所有商業交易上開徵百分之四的稅金（由買賣雙方各付一半）。一八六三年，仕紳領導的「公局」加入商賈，向潮州府公署進行抗議遊行。慌張的官員召來軍隊，群眾慌亂逃逸中，三名小男孩遭踐踏死亡。此事進一步點燃群眾怒火，一群村落因此組織聯防，對抗當局。商店關閉，衙門遭到劫掠，釐金稅官的房產遭到焚毀。最終秩序雖然重建，村落聯防卻從未解散。[54]

商賈並非一直抗稅。事實上，此危機後不到一年的時間，汕頭港商會就對出海船隻徵稅，以支應港口安全費用。[55]危機之中，他們也願意提高稅收，只要收稅方式是由他們設計掌控。他們反對新商業稅制度的形式化，這種敵意則在大商家與地方當局之間結下心結。汕頭地區的英國商人及長期居民愛德華．文森（Edward Vincent，生卒年不詳，娶了中國妻子並生下英中混血孩子）向香港同事回報，一八六五年時多數他在港口碰到的中國人，都對清朝的命運毫不關心。「縣裡的滿人，」他注意到，「似乎是唯一懼怕叛徒的人。」[56]這樣的情緒反映出鎮壓行動如何激怒商業階級。

十八世紀及十九世紀初的天地會故事，與潮州的商業擴張有所關聯。我們將看到，到了十九世紀中葉，明顯擁有東南亞連結的幫會案例成為家常便飯。中國官員厭惡這些華工所帶來的負面影響，他們曾在新加坡與其他地方工作，進而接受天地會教誨。諷刺的是，同樣抱怨在其征服領地上的「祕密幫會」的歐洲殖民地官員，將此問題歸咎於從家鄉帶來儀式行為的旅外華人。[57]這些在海域世界裡四處遊走的理想主義者愈來愈普世化，也保存維繫這些幫會思想的活力。這些幫會的演化是跨地域進行的。潮州地區最早的天地會相關案例發生在一七八六年，但潮州海域各地最早的天地會組織案例，卻是一七七五年的西婆羅洲紀錄，早了十年的時間。[58]這並不表示潮州版的天地會源於海外，然而此運動的地方歷史卻不能脫離商工階級潮州旅外者的跨地域經驗。到了十九世紀，海疆各地的男性組成武裝團體，為了自保、同鄉情誼、領域擴大及經濟利益，也支持太平天國的反清行動。省府官員已經意識到，這些反清團體現在已經成為沿岸鄉村社群的常態。因此在一八六〇年代，他們決定採取一些反制行動。

第四章　清鄉：海疆綏靖

一八六九至一八九一年

方耀……是個具有魄力、天分且聰敏的策略家。他驅走犯罪分子，保護好人。軍民同樣敬畏於他。因此很適合擔任一省總兵的職責。

——兩廣總督曾國荃，一八八三年

一八六九年十二月，綠營軍區域指揮官方耀在潮州沿岸地區發動激烈的清鄉行動。最血腥的階段在一八七三年結束，此時超過三千名海盜、反叛者、幫會首領、走私客及參與械鬥的鄉勇都遭逮捕斬首。部分村落被清空焚毀，其他則被迫清繳稅金與「罰款」。數萬人被迫流亡遠方。贊同此舉的省府官員稱呼這次行動為「清鄉」——消滅陳年舊案，清除區域內的不法與反動分子，最終靖平自一六四四年清朝入主以來政府一直未能掌控的沿岸區域。

了外砂在鴉片貿易上的獨占地位。不過，部分進口鴉片到汕頭的中國人也仰賴這個村落的武力提供強大保護，將他們的麻藥走私到內陸更大的市場。一八五八年當鴉片貿易合法化後，這些交易商持續仰賴「外砂走私客」來閃避持續上漲的鴉片關稅。[1]王家很可能是蜑家，受到社會鄙視的「船民」。一八五七年證言具結回應問題時，王興順指出他的村人「可稱為定居的船戶」。[2]倘若如此，這可能解釋他們跟其他比較傳統的鄰居之間的疏離關係。

涉入全球麻藥貿易，讓這個村落變成一個令人聞風喪膽的政治實體，不顧清朝統治章程。一八三八至五八年清朝打擊非法鴉片貿易的行動（以及五八年後對於鴉片開徵的高額稅收），都不受這個區域的歡迎，因為許多中國家族都有經濟利益牽涉其中。關於中國南方動盪的歷史紀錄，傾向忽視政府鎮壓毒品走私行動的經濟影響。但論及此刻潮州爆發的反清情緒，這個因素必須被納入思考。

一八三九年，一位名叫王萬順（生卒年不詳）的澄海船商在山東外海遭到逮捕。離開澄海時，他的船上載著蔗糖與東南亞奢侈品，前往北方港口的路上，他跟停在外海的洋船買了五箱生鴉片。接近膠州灣時，嚴密官方防衛讓他很緊張，因此決定在這裡只賣糖。就在南轉前往上海時，他遭到逮捕。[3]我們並不清楚他跟王興順是否有關，但兩人都是澄海的鴉片走私者，還同姓擁有同樣行輩，就暗示著可能有家族連結。不論如何，王興順對清廷的厭惡，不只是普遍觀感，還可能有個人緣由。

一八五四年，王興順前往河上游海陽縣的彩塘集市，加入吳忠恕的行動；這位幫會人物發動起事，支持太平天國。跟這場起事有關的歌集指出賭場老闆吳忠恕經常造訪外砂王家。王興順誠心相信吳忠恕幫會的宗教理念——民間佛教的未來盛世主義與天地會儀式的結合。他們的反抗歌謠反映出運動的目標：「首先攻下潮州，接著推翻廣東，然後太平天王進入首都！」此時無視洪患肆虐，強收土地稅的政府舉措更是火上加油。[4]

兩人發下血誓；一八五四年七月，王興順宣布自封外砂反軍的元帥。他將自己的人組織成十支旗軍，每支都由親人或村人領軍。任何關於這些軍事組織的分析，都必須考慮外砂居民涉入鴉片貿易之事。專門從事走私與毒品販運的團體，出於必要，傾向「緊密結合、團結一致且單一族群」。[5]麻藥販運涉及大量金錢及閃避政府監視哨的奸巧操作。這一行裡，信任是核心，需要透過多年合作來形塑。外砂村民在抵抗清朝政策時已有合作紀錄。

王興順堅稱自己深信吳忠恕的宗教教誨，他的村人則單純是為了劫掠機會而加入幫會。也許他是為了保護他們免於更嚴重的叛亂罪，但他的證詞證實了網絡理論對犯罪組織的解釋力：領袖們受到意識形態驅動，但被他們吸收進入運動的人，則是出於家族或友誼關係，又或者是經濟機會。正如一位人類學者描述反抗起事的普遍性質：人民起事傳統上是透過「預先存在的社會網絡

駛出香港的一艘渡輪，開心地打劫船上貨物。然而這些海盜卻犯了致命錯誤，王興順在自白中回想：「誰想得到渡輪上的人會跟香港的洋鬼子舉報？鬼子擔心他們的船在香港商路上遭劫，會影響生意……誰想得到鬼子會抓了……我跟七十二人，將我們交給中國軍隊？」[11]最後是英國海軍終結了王興順的四年海盜反抗生涯。

這段時期，他在澄海的村落幫會並未解散。一八五四年末或五五年初，他們跟福建小刀會的領袖黃位（生年不詳至一八七七年）結盟，並在靠近南澳島的萊蕪建立基地。這是個完美的藏身之地，此地位於潮州與暹羅的航運路線上。到了十九世紀，這條路線是南海利潤最豐厚的商業路線之一。[12]他們攻擊了澄海與南澳的堡壘、福建的東山、廈門與基隆（臺灣）區域後，繼續劫掠漁船並攻擊商船，一度控制了兩艘大型船隻，並將船上貨物劫掠一空。[13]這是典型的邊疆無法狀態。這個案例的「事發地」牽涉到兩省四縣。最終他們被綠營軍跟當地商業仕紳菁英組織的民兵聯合鎮壓。

小刀會是個跨地域組織。一八五四年小刀會在上海起事，試圖要「反清復明」。他們奪下城裡好幾個區域，燒毀官署，暗殺當地知縣。[14]此外，上海、閩南與潮州的小刀會還聯合東南亞的其他兄弟組織。上海小刀會自稱「義興公司」，因此承認其與東南亞主要幫會之一的「義興公司」（Ghee Hin kongsi）之間的關聯。到了一八七六年，光是海峽殖民地就擁有一萬七千四百四十三名成員。[15]上海跟海峽殖民地幫會的盟約儀禮都出自閩南與粵東。[16]這些文字與實踐在一世紀中從未改變，因為幫會組織者持續維持一致性。就像嘉應州的刁盛和在一八一三年將這些內容傳到貴州，其他人也在南海區域內傳布天地會的信念。海外華人也定期返鄉強化這些信念。事實上，福建小刀會的組織人陳慶真（一八二九至一八五一年）是在一八五〇年代初期，由出生地新加坡返回故鄉廈門，領導當地組織。[17]因此幫會信念在南海四處流布，並由陳慶真、刁盛和與王興順這樣的理想主義者一代接一代維持下去；他們也是廣大海疆中四海為家之人。當一地過於危險，難以持續推行他們的信念時，這些幫會的招募者就轉往他處。

方耀總兵的崛起

外砂村的王家代表了清鄉行動中被鎖定的社會類型：受到跨地域旅外人士散布的幫會思想影響，沿岸圍寨中出海的居民。他們多年來從事鴉片走私、海盜、反叛、逃稅及／或與械鬥有關的犯罪行為（綁架與謀殺）。這些都是陳年問題，卻受到十九世紀中葉動搖社會的反抗行動所激化。一連串反抗起事，加上政府無力在反清情緒燎原的區域中維持秩序。許多參與反抗行動的人，並非出於完整清楚的意識形態信念。然而，心有不滿卻仍保持緘默的農民經歷政治動員後，反抗起事行動改變了政治文化。現在他們高舉旗幟，宣稱自己是「忠義」之民，必須「推翻清朝」。在潮州，無處不在的幫會信條，獲得公開討論且廣為傳布。同時，並未反叛的多數人民，經歷一段很長的王朝失格時期，朝廷的脆弱無能被攤在所有人面前。[18]清廷也許鎮壓了起事，然而更強大的對手卻又從混亂中崛起。他們可以利用比一八五〇年代之前更加明顯的反清情緒。這些地方上的麻煩製造者——海盜、走私者、械鬥家族首領——的統治權威，比過去更令人難以忍受。

省府官員認知到這一點，並決定採取行動。兩廣總督瑞麟（一八〇九至一八七四年）在一八六九年上報中央政府，他已經下令在潮州進行綏靖行動。他有感於因為反叛及械鬥衍生的大量犯罪事件，多年來遲遲未能肅清。抗稅橫行，這個區域至少欠稅達二十萬兩白銀。瑞麟多年來在兩廣地區鎮壓反叛行動，擔心這些陳年問題可能會激發對抗王朝的新一輪暴力行動。他想要肅清舊案，壓制犯罪分子，「消滅失序的源頭」。[19]也就是說，省府官員現在從政治角度來看這些問題，認為這些活動會提高地方有權人士組織追隨者成為反抗武力的能力。因此他們決心要將政府統治伸進粵東圍寨之中。

行動之初，方耀（一八三四至一八九一年）是潮州綠營兵的總兵。他不只是個軍人，還是普寧縣豪強家族的繼承人。方家宣稱是方廷範（生卒年不詳）的後人，這位大官在唐朝覆亡後，遷至福建莆田。方廷範的後人之一遷往普寧，建立了這一支方家。這支方家蓬勃發展，並在潮州府城建立了祠堂。他們的家族連結延伸廣東各處，更伸向東南亞。[20]我們將看到，方耀將女兒嫁進英屬海峽殖民地最富裕的潮州家族之一。藉由這種方式，方家在南海的資本主義豪強菁英之間站穩腳步。

即便有此家世，方耀在開展軍中事業之前，並未接受太多正式教育。一次與潮陽菁英的通訊中，他哀嘆「自己長在不幸的環境，從未獲得村中塾師教導。（余固不幸而生長於潮，不獲與鄉先生）」[21]倘若他的教育成就不高，絕不是因為財務限制。一如其他潮州世家，方家的多數收入也是來自商業貿易。方耀的父親方源（生卒年不詳）繼承了兩間普寧城內的當鋪——源源及源盛。其他親族也擁有當鋪，表示方家控制了區域內數量龐大的資金。同樣地，糖蔗是潮州當地的主要商業作物，方家也大量投資這門生意。方耀的族人方家治（Fang Jiazhi，生卒年不詳）在汕頭的義安糖行（Yi'an tanghong）跟上海的厚安糖行（Houan tanghong）都擁有蔗糖事業。[22]因此方耀出身的家族，不只是傳統上顯赫的家族，更在中國沿岸的商業世界中有其角色。

方耀在一八五一年進入軍隊，協助父親組織六百五十名普寧鄉勇，對抗太平天國與其他反徒。一八五〇及六〇年代中，年輕的方耀展現出武裝對抗叛亂分子的資質。一八五六年他獲得高官賞識，當時陳金釭率領的三合會叛黨將民兵圍困在清遠，方耀返回普寧招募一千多名村人，趕回對叛黨施以致命一擊。之後沒多久，他就被納入正規軍，在閩粵兩省不斷對抗太平軍與三合會勢力。一八六四到六六年間在中國東南殲滅太平軍的戰役中，方耀表現優異。一次大埔勝仗後，朝廷授與總兵的名譽官職。[23]

到了一八六六年，方耀已經經歷了十六年的激烈軍事對抗，並經歷了世界歷史上某些最堅決的農民反抗者。他也引起瑞麟的注意；瑞麟是正藍旗滿人，屬於葉赫那拉氏，也就是說他是慈禧太后的族人。[24]兩廣總督瑞麟對方耀的軍事才能印象深刻，也成為他在廣東政治世界裡的主要支持者。隨著太平天國威脅散去，粵東持續無序及沿海村落逃稅的情況令他憂心。[25]倘若後太平天國時代的秩序在於建立國家制度，政府需要彰顯在軍事力量上的獨占性，同時從潮州等地活躍的商業中心榨取更多收入。瑞麟決心要提高收入，驅除犯罪分子，他認為方耀就是實踐此事之人。

清鄉

一八六八年，瑞麟獲准將方耀調到潮州府，這裡是方家的大本營。方耀後來宣稱技術上並未違反清朝不許官員在家鄉任職的「迴避本籍法律」。整個清鄉過程中，他仍舊是紹州南紹連鎮總兵，只是非正式借調到潮州。[26]一八六八年，他在附近惠州的陸豐地區發動清鄉。

綠營軍任其指揮，背倚野心勃勃的家族，又有廣州諸上司授予絕對自主權，方耀立刻成為地方豪強。事實上這正是瑞麟對方耀的信心，瑞麟在一八七三年向軍機處斷言，他「私下」賦予方耀全權能使方耀「全力以赴直到成功」。這一點也在一八九〇年由潮州知府曾紀渠（一八四八之一八九七年）確認，宣稱：「方總兵……獲得生殺大權，抓捕處決人民將近二十年。（方軍門……于以生殺之權禽獮草雉垂二十餘年）」[27]

一八六九年二月，方耀宣布「嚴申軍律」，這是一種邊疆地區的戒嚴；清鄉最嚴厲的時期，從一八六九年八月延續到一八七三年。[28]他並未讓廣州上司失望。到了一八七三年，瑞麟與廣東巡撫張兆棟（一八二一至一八八七年）向北京呈報行動徹底成功。數千名「匪徒」、「不法幫會餘黨」、綁架犯與其他罪犯都遭處決。清鄉行動的第一階段，一八六九到七一年間，潮陽附近的沙隴、田心、上田、金埔與華陽區域內，共有兩百八十八名罪犯遭到處決。另外兩百三十四人則在揭陽的棉湖村附近處決；惠來與普寧則有一百五十六人。清鄉行動的下一階段延續到一八七二年七月，方耀的軍隊返回潮陽，逮捕了另外兩百七十二名罪犯。根據方耀本人的估算，軍事行動持續到一八七〇年代中期，最終清理了上千件陳年舊案；處決了三千名「不法之徒」；回收一百萬兩的欠稅；沒入超過千件武器，包含六百門火砲。[29]到了一八七三年，總督與巡撫都認為這是徹底成功，他們寫道：「每個案件中被捕的罪犯，毫無例外，全都在審判中坦承劫掠、殺人及綁架，均在現地根據法律處決……此為展現軍威，各村莊聞風降伏的時刻。」[30]

被處決者包含所謂的沙隴王鄭錫彤、同樣出身沙隴的鄭挑仔（Zheng Tiaozi，音譯）、出身棉湖的吳阿桃（Wu Atao，音譯）、「惡名昭彰的澄陽匪徒」陳謝矯（Chen Xieqiao，音譯）、殺害官員的幫會領袖陳獨目及「惡名昭彰的澄海匪徒」、犯下燒殺擄掠的謝崑碉。多數遭到處決者據傳都曾參與一八五〇年代各地的起事行動；或者在械鬥中奪取田產及／或綁架、傷害或殺人；或者從事搶劫海盜行為。[31]

官員特別關注潮陽縣的沙隴海岸區。早在一七二〇年代，一連串官員已經強調潮陽是帝國中最暴力的區域。[32]此區是鴉片走私與械鬥頻仍的中心，最有名的事件牽涉到鄭家。如前所見，沙隴鄭家的崛起，傳統上歸因於鄭象德的成就，他在十七世紀由一介魚販建立起沿岸運輸公司。他的後人在這一行持續成就，到了十九世紀末、二十世紀初，已經是上海、香港、暹羅與英屬馬來亞的強大商業力量。[33]沙隴同時是個城鎮與村落，位於大南山山腳下，因此鄭家得益於森林及漁鹽業的利益。數名鄭家人擁有這片肥沃區域的多數土地，沙隴被認為是「最富裕的潮州鄉村地區」之一。[34]鄭家跨地域生意的成功自然也提升了族人在故鄉的經濟及軍事力量。

清鄉行動之時，沙隴是由鄭錫彤領導。方耀與鄭錫彤是死敵，他稱後者為「沙隴王，反抗官方的綁架殺人犯」。[35]對這個未經一般審判就遭處決的人，方耀就說了這麼多。今日沙隴鄭家卻有他們自己的民間版本：方耀在峽山都（鄭家的一處據點）建立總部，但「這個所謂公署實際上是為了（收取）及送交補稅。官銀被無情繳送，直到大量銀兩堆滿他的房舍。」鄭家人持續抗拒他們眼中的非常態課稅，因此方耀派出軍隊，想要「消滅沙隴」。他的幕僚認為這不是個好主意，因為沙隴鄭家以武力聞名。

就像區域內其他富裕家族，鄭家組織民兵維持秩序。這支民兵稱為「日出沙隴鄭」，其口號宣稱「方圓三十里內無反徒！」鄭家的軍事力量讓他們得以主宰領域之內的村莊，導致十九世紀中葉的「十三鄉械鬥」。這場械鬥起於一名潮陽小販前往惠來南部時，遭到搶劫殺害。沙隴鄭家運用這起命案作為攻擊石坑鄉的藉口，宣稱此地藏匿搶犯。事實上，鄭家長期以來就眼紅石坑鄉。石坑鄉聯合鄰近的十二鄉對抗鄭家，且不意外地讓整個區域陷入暴力之中。調停者無計可施，官員也不敢插手。最終鄭家得勝，占領了全部十三鄉，將數百家戶轉成他們的佃農。「鄰近村落對沙隴心生畏懼。」[36]

因此方耀有了鎖定鄭家的一切理由。他們是商業圍寨裡的抗稅者，對弱小鄰里發動械鬥，基地還能窩藏犯法的鄭家人。也因此，清鄉行動中，潮陽沿岸受到特別嚴厲的對待。行動頭兩年遭到處決的六百七十八人中，有兩百八十八人（超過四成二）來自沙隴或緊鄰的區域：田心、上店與金埔。這些地方特別血腥的原因，不單純是因為鄭家作為另類勢力，長久以來對抗中央權威，同時還對抗方耀的軍隊。甚至經過一八七〇年方耀毀滅性的攻擊之後，他們仍舊拒絕臣服，迫使他隔年增軍一倍。

方耀開始執著於消滅「沙隴王」。鄭家覆滅的民間故事中，方耀一開始與鄭錫彤交好，兩人甚至歃血為盟，因為鄭錫彤較年長，方耀認其為兄。多數鄭家長老以為這是傳統的綏靖行動，旨在消滅反賊，而非像他們這樣遍布沿海的地方豪強。這些人認為，「沙隴就像洪陽（方家村落）方家」，同時也為方耀所言迷惑：「沙隴與洪陽方家聯手，就能統治潮陽。」在這個鄭家覆滅的民間故事中，鄭家與方家這樣的豪強以準軍事化手段控制著鴉片走私，鄭家單純認為清鄉行動可以鞏固既有的勢力範圍。在此想像中，鄭家是跟另一個豪族建立聯盟。

然而他們卻錯了。一日，方耀邀請鄭家人前往他在峽山舉辦的宴會，慶祝方母六十歲大壽。他派出十八頂轎子，去接鄭錫彤與其兄弟耆老，前往他的總部。當十七人抵達時（一名起疑的叔父佯病逃脫），方耀的軍隊逮捕眾人。方耀接著歷數眾人罪狀：十三鄉械鬥中傷人無數，奪取他人田地，以及抗稅。他讓眾人自清，但眾人所言無法滿足方耀。因此他在現場處決了所有人，後來更搗毀鄭家祖墳，占據鄭錫彤所有財物，並送往他在洪陽的祖宅。[37]也就是說，指控沙隴鄭家占據他人財產並以此處決鄭家後，他立刻占據了鄭家財產。

我們有理由相信鄭家滅亡傳說的歷史可信度。一八八〇到一九二八年間，一位住在當地的傳教士莉妲・史考特・艾許摩爾（Lida Scott Ashmore，生卒年不詳）在回憶錄中觀察到方耀「有時……會邀請領導人去宴飲。他們不敢拒絕。他們都知道那將是賓客的最後一餐……隔天他們的無頭軀體會倒在外面。」這強化了鄭家的故事，事實上鄭家故事也許正是她的資訊這同時也跟方耀自敘對抗鄭氏豪族的簡述一致——他在自己的峽山軍事總部抓捕了鄭錫彤黨羽」並處決了他們。[38]

那麼沿岸更往北的外砂村王家又是怎麼回事呢？我們記得，在王興順的領導下，他們就一八五四年的吳忠恕反抗事件，也跟小刀會結盟，還參與鴉片走私並劫掠船隻。即便一八五曾遭受重創，他們仍舊持續海上劫掠，攻擊貿易利潤豐厚的港口，同時維持械鬥的傳統。外砂水道持續作為重要的走私路線，以閃避新的鴉片釐金稅；釐金是反抗四起的年代中省政府用來增加收入的新制度。[39]一八五八年後，英國人開始在汕頭條約港建立勢力時，王家人找到了新的騷擾對象。他們加入十八鄉反洋聯盟反對領事，成功地讓外國人的生活備感艱辛。其中一位領事阿查理（Chaloner Alabaster, 1838-1898）惱怒地描述，「滿州人」的權力在外砂只是紙上談兵，「沒有真正的管轄權」。他還回報，瑞麟坦承此地官員已超過五十年未能徵收土地稅。[40]

因此外砂成為另一個清鄉目標。一八六九年七月，方耀派出軍隊召集村長到他的總部，要他們和平投降。然而就像沙隴居民，此地鄉民並不想投降。據說一名村長輕挑回應自己不便應召，另一人「則承諾等六、七年後他（村落）的物資耗盡時。」[41]我們並不清楚這些村落只是虛張聲勢，或真的相信自己可以承受政府軍圍攻。方耀的年度軍事考評讚譽他是「有天分且聰敏的策略家（才敏智略深）」。[42]因此這個案例中，方總兵決定等待，他先向惠來跟揭陽挺進，將反抗村落焚燒殆盡，處決數百人。現在再返回外砂時，方耀已因全面暴力而惡名昭彰。一八七〇年五月他抵達外砂後不再等待，而是以全面暴力席捲村落。大火日夜焚燒，當時的英國領事固威林（William Cooper，生卒年不詳）對於激烈攻擊非常好奇，因此搭上砲艇進行調查。如他後來所寫，外砂遭到徹底毀滅。上千建築與廟宇被焚，僅見的少數居民「陷入恐懼順從的狀態」。驚人的是，他繼續寫道，「只有屬於王家的屋舍遭毀，其他三家立刻向當局降服。」王家人則「逃離……寧願看著他們的屋舍房產遭毀，也不願接受所謂的滿州人勒索。他們相信此刻建立維持秩序的強力手段不會長久。」[43]

外砂最終遭到鎮壓，王家也降服了。驚人的是，他們選擇不向方耀的權威投降，不向他的軍隊繳納不斷要求的「罰款」。相對地，就像多年前王興順所做的，他們逃走，可能逃往上海或東南亞——這場敗戰中多數逃離者遁逃之地。然而他們不知道的是，他們將有一段很長的時間無法返鄉。

軍事化與法律程序

一八七三年兩廣總督瑞麟向北京回報時，方耀已經完成清鄉行動表面上列出的目標落遭到鎮壓，「最惡名昭彰的盜匪反徒」遭到處決或流放，蒐集欠稅或「罰款」。在瑞麟建議下，朝廷於一八七三年十月三日，賞賜方耀黃馬褂——清廷最高的功勳獎賞之一。[44]

清鄉造成的後果之一，就是方耀與族人的權力大幅擴張。本應是綏靖鄉村的短期軍事行動，卻演變成單一宗族在軍事跟經濟上的擴權。這項行動從一開始就招來抱怨，然而一八六九年之後最尖銳卻也最隱晦的批評，來自一八八九到九〇年間的潮州知府曾紀渠，知名政治家曾國藩的姪子。對於方耀篡奪政府的法律和財政權威而深感不滿的一眾官員之中，曾紀渠是最新一位。這些官員向省府抗議、上告中央政府及請求英國人介入在內，諸多試圖讓方家屈服的行動皆未果。曾紀渠採取不同做法。他寫下一份寓意精妙的長文，假裝是發給下屬的文告，接著轉而於一八九〇年二月十日在《申報》上刊載。《申報》是當時中國最具影響力的報紙。由於曾紀渠的文章涵納過去二十年間許多前人批評，因此獲得大篇幅刊載。

一開始，曾紀渠駁斥方耀濫權且圖利本人的指控，宣稱不接受對方耀本人的指控。因此曾紀渠維持政治傳統，保護方耀不受粵東暴力清鄉行動的政治餘波影響。此時，方耀是廣東綠營軍的水師提督。身為省內重要性僅次於兩廣總督地軍事官員，他已成功地將軍事行動延伸到廣東省內其他部分，且從一八七〇年代開始受到幾乎每任巡撫跟總督的捍衛，包含曾紀渠的另一位知名叔父曾國荃。曾紀渠看似同樣為方耀開脫，卻是運用這個傳統裡才能解讀的隱晦批評，宣稱方耀獲得「主宰生死的絕對大權，將近二十年的時間裡抓捕和處決人民（于以生殺之權禽𤢪草雉，垂二十餘年）」，並迫使民眾支付特殊款項高達「數十萬兩白銀（勒繳花紅數十萬兩）」。曾知府對於方耀處決罪犯或課取收益沒有意見，但認為過程實在耗費太多時間，同時也破壞了行政程序。至於方耀看似解決的陳年積案，他問道：「遭到處決的罪犯是何姓名？案件是否上報到刑部？未能逃過法網之人是否仍待審判？這些特殊款項究竟存於何處？如何使用？這些事都未曾依法記錄，也沒有任何紀錄送到府城或縣城衙門以供未來參酌。（所辦各犯是何姓名？曾否報部？有無漏網尚待偵緝？花紅存儲何處？抑已動用作何支銷？均未照例造冊移送府縣備查）」承認前人對方耀的指控都是誤控的同時，他也順便指出這位軍事將領並未留下個案紀錄供行政當局評判。

然而曾紀渠的文告並非為了擊倒無懈可擊的方耀。相對地，他將怒火指向在權力不斷擴張的方家身上，暗示長輩也許相當正直，他的下屬親友卻濫用關係，行使法外權力。他憤慨地說，「那些沒出息的低階鄉勇及方家的下層姻親，竟敢利用衛所裡還未審定的案件，向他人詐取錢財。（不肖勇弁及方〇無賴親族姻戚，取以營案未銷藉端勒索）」軍隊變成另類法庭，成為攻擊個人宿敵的新場所。[45]

曾紀渠隱晦指控方耀未能控制自己的貪婪族人。他指控「方家放縱豪族年輕一代施行不法（同時）視衛所軍隊為其爪牙，濫行暴力劫掠。（方氏無賴戚友若再聳，使世家子弟不知守法，

曾國荃提醒皇帝，方總兵的行事嚴格遵循省府官員的命令。方家族親也許掌控了綠營兵，但他們終究是由一八七四年去世的前總督瑞麟起用的。清鄉行動之所以激烈，是因為瑞麟認定「綏靖」潮州需要這樣的震懾力量。透過一般司法程序追索陳年舊案是不可行的，因為瑞麟已經認定壞分子是不可能平靜上堂。這些事情是瑞麟決定的，而非方耀。[55]透過提起慈禧太后已過世族人之名，曾國荃讓瑞麟持續從墳墓裡保護方耀。顯然地，這些回憶訴求對象是慈禧太后本人，她從一八六一年起就大權在握。事實上，當一八六九年同治皇帝同意清鄉行動時，「他」才不過十三歲。事實上，方耀清鄉行動的授權來自慈禧太后；她就跟麾下官員一樣，很清楚許多人告發方耀在潮州專權。

省府官員對方耀的缺失睜一隻眼閉一隻眼，因為他對這些陷入困境的官員來說太好用了。曾國荃擔任總督的兩年內，已經對法國在印度支那坐大有所警覺。在一八八二年開釋方耀後不久，即令他在八三年前往欽州，協助對抗法國入侵的邊防。當年，曾國荃薦方耀為廣東水師提督。方耀獲得拔擢，統理綠營兵的陸軍與水軍，在廣東軍隊的現代化及一八八四至八五年中法戰爭中閩粵地區的防務，扮演關鍵角色。[56]有些時候，省府官員似乎需要他即刻現身各地。例如，一八八四年，他奉令鎮壓會州的「幫會匪徒」起事，卻又立刻奉令返回廣州，以備法軍可能攻擊守衛省府的虎門要塞。無怪乎自強運動主導者之一的張之洞（一八三七至一九〇九年）也在一八八六年的年度報告中寫到方耀：「他以廣泛才能長期聞名。同時擅長軍事與民事，因此賦予如此重責大任。（才局恢閎，聲望久著；情形熟習，軍民倚重。）」另一位知名官員劉坤一（一八三〇至一九〇二年）早前也在一八七七年時稱方耀「是一個聰敏、熱誠且有能的官員，擁有傑出的才能。（精明強幹，自是傑出之才第）」；一八七八年時稱他「十分優異（頗有才氣，亦識機權）」。[57]

在地方上，方耀維持潮州地方的和平，更忙著在一八八〇年代間，將清鄉行動延伸到廣東省各處，「靖平」惠州、廣州、雷州、瓊州及港澳水上的盜匪或海寇。他的許多勝利成就裡，包含在一八八九年擊潰跨國海盜「堂口」——聯義堂。過去二十年間，這群盜匪攻擊廣東到東南亞及新加坡海路上的商業往來。[58]南海上的犯罪行為很少僅限於「當地」。方耀加入發展此地域的跨國計畫，意欲馴服「狂野東方」，建立有規範的商業秩序。

潮州正是這個新秩序的一部分，因此省府當局絕無可能容許一位自命清高的知府，將大批流亡的鬧事者迎回家。正如兩廣總督張樹聲（一八二四至一八八四年）在一八八一年對方耀的軍事評估中承認，「潮州長期為混亂之地，此官員帶領軍隊進行調查，清除積案。鎮壓民眾時雖手段粗暴，也不乏惡行與過度嚴厲的懲罰，但近年來他確實將此由危險之地轉變成安全之地，降低偷盜暴力。」[59]超過二十年的時間裡，廣州官員保護方耀；這就是他權力的終極來源。

交纏的國家：清鄉與鴉片

官員們欣賞方耀的軍事能力。然而他的行動還有另一項未曾言明的目標：將利潤豐厚的鴉片貿易收歸政府控制，為省府財庫增加進項。一八五〇年代的動盪驅使好幾個省分針對所有在本土市場交易的貨物課取稱為釐金的新稅，包括鴉片在內。鴉片釐金跟第二次鴉片戰爭（一八五六至一八六〇年）敗北後，中國對印度鴉片課徵的進口關稅不同。停戰條約中訂定了每擔鴉片徵收三十兩白銀的進口稅，並由海關代表中央政府徵收。相對地，鴉片釐金則是由中國各省官員自由訂定，以增加收入用來擊敗威脅朝廷的反抗者。釐金最早是江蘇於一八五三年訂定，一八六〇年擴大到其他省分。此後，隨著釐金金額增加，省政府愈發依賴這筆收入，「鴉片的政治經濟」開始在接下來的幾十年中演化。[60]「鴉片走私」在概念上與行政上都從販運私貨，轉變成逃避現代國家稅收的行為。

一八五八年，廣州省府當局下令潮州官員開始徵收每擔二十兩白銀的鴉片釐金。早年地方上對於新稅的反應疏疏落落，比起其他港口，稅金徵收在汕頭條約港較為一致。[61]這對中國人比較有利，因為不像外國人，他們的貿易不限於汕頭港。無論如何，當地商人仍舊抗拒稅收的暗中擴張。檢查被視為打擾、費時又費工。一八五三年，粵海關在媽嶼（孖嶼）設立潮州新關，以便在這片從未設過稅關的海岸收稅。島上新建海關官署，當關員於一八五九年開始檢查貨物以收取釐金時，一群歹徒趁夜偷偷闖入毀壞新設施。[62]一八六三年當釐金制度終於擴展至內陸，進入富裕的潮州府城時，商業界爆發抗議潮。憤怒的商人發起「市場罷工」，因此貿易停頓，大批群眾在釐金官署前聚集抗議。軍隊應召而來，然而當有兒童在推擠中遭到踐踏後，憤怒的暴徒打砸官署。[63]危機過後，官員持續要求徵稅，令商業界十分不滿。

釐金也激怒地方官員，不只是因為被迫面對憤怒動盪，他們發現釐金讓他們更難徵收傳統的落地稅——這類稅收是用來支應地方的行政需求。他們也未從新關稅或釐金中受益。[64]一八六九年，一位道員在對話中的憤怒評論讓阿查理嚇了一跳。這位道員張顯（Zhang Xian，音譯）堅稱他也對釐金感到不滿，無奈仍得徵收。瑞麟對此卻「相當熱衷」（阿查理語），因為他相信當年的釐金稅收將達到二十四萬兩白銀，他正急於補足省府財務赤字。整個區域的官員都清楚，釐金有助於省府及北京的財庫（後者也許要更高一些），而總督對於釐金的「熱衷」也是正確的，當年度最後收入了八十九萬五千兩百五十九兩白銀。[65]

方耀則是潮州稅捐的終極強制力量；清鄉行動在一八六九年發起，跟瑞麟決心要提升不受歡迎的釐金徵收是同時發生的。潮海關副監督稟報總督，收入遭到「詐取」，而且只要「沿岸動盪村落……受到仕紳迴護……對抗鴉片釐金」，則情況將會持續下去。[66]瑞麟決定要針對稅收進行基進變革，要求所有從汕頭進口的鴉片都須繳納四十兩白銀的稅收：三十兩為海關關稅，十兩為省釐金。此後中國商人在傳統港口也必須繳納與汕頭條約港相同金額的進口稅與釐金。[67]廣州知道要在幾百年歷史的鴉片貿易上新增規定，必然將招致反抗，便派出好幾艘蒸汽輪船，並提升方耀的軍隊人數，確保新稅能在軍事強制威脅下完成徵收。阿查理回報：「（新）艦隊名義上是為了阻撓海寇而創建，實際上完全是作為課稅（釐金）的手段。」[68]洋商與中國商人在所有港口支付相同稅額，一般來說會激怒商界，然而此時方耀已經針對「非法」分子展開行動，燒毀村落並斬首反抗者；如前所述，「各村莊聞風降伏」。方耀清鄉行動的主要目標，還包括潮州幾個主要的鴉片走私中心，包含外砂及潮陽沿岸的海門、沙隴地區。[69]他的行動鎮壓了這些地區。方耀鎮服這些沿岸村落，確保稅款清繳，並迫使商界遵守在所有商品上課徵釐金。

他的行動帶來驚人成功。整個一八七〇年代，潮州的汕頭條約港成為鴉片進口與稅收的中心。廣州官員保證當地的麻藥釐金稅率，永遠比鄰近的條約港稅率低上許多。一旦福建提升廈門的稅率，廣東就會降低汕頭稅率，透過鴉片貿易讓省府收入最大化。雖然汕頭人口規模很小（人口為四萬兩百一十六人，相較之下廣州有一百六十萬人），此地卻在一八七八年成為全中國收入第五高的條約港。總收入的百分之四十五，來自鴉片稅收（見附錄）。[70]

在廣東，鴉片進口、國家建制與軍隊防務，是方耀權力的不同展現，卻相互連結。他的清鄉行動促使潮州被納入「鴉片的全球政治經濟」中。這片區域逐漸與歐洲人在東南亞殖民地的國家建制動力相互交纏，自然與鴉片的可觀稅收有關。這種稅收機制在潮州透過軍事暴力實現。

全面自強

方耀是廣州省府在潮州的人馬。他不只維持和平，並確保收入源源不絕進入省府財庫。他還提倡當時代的自強政策，推展經濟軍事發展及意識形態上的提升。今日中國的觀察家會發現此時跟後毛澤東時代的政治發展有其相似之處，後毛時代執著的經濟成長與社會穩定，最終仍得透過軍隊保證。事實上，多年來中國人對於方耀的歷史評斷，已經從毛主義者痛罵他是斂財自利的「地方惡霸」，轉變為當代對忠誠官員的褒揚，稱許方耀促進地方安寧，強化國家實力。[71]

方耀最重要的事業之一，就是牛田洋一帶水利控制、填海造地的野心計畫；牛田洋是沿著潮陽北境的廣大內陸海灣。榕江的沖積物流入這一大片水體，農民再將泥濘地轉成農田。地方政府自一五六三年就開始推動水利改善工程，然而方耀在一八七一年開展的規模與複雜度，卻是史無前例。他對潮陽的珠浦與直浦開徵勞役，要求年輕人必須對此計畫貢獻一百二十個工作天。他們心懷不快地建設洩水閘門、灌溉溝渠及一條從揭陽縣境往南通往桑田港的運河。在運河與海灣之間，他們築起二十公里長的堤防。成千上萬畝新生土地遂被納入稅務田冊，多產生了三萬石（約一百九十噸）穀稅。[72]

方耀還持續推動其他公共建設計畫。他清浚潮州三條主要河流，提升洪患控制能力，並改善內陸重要經濟區跟海洋之間的交通。他興建或重建輸水道、堤壩與橋梁，並開始重建因為數十年動盪而年久失修的城牆。他在汕頭興建新堡壘，保護港口不受海寇與外國入侵者攻擊。[73]這些工作都促進了經濟復興與軍事防衛。

然而它們也都十分昂貴。為了支付這些計畫，方耀建立了數項非常規課徵體系，尋求地主商賈的「志願捐獻」。除了他自己的宗族外，方耀還高度仰賴地方菁英中的親密合作夥伴——出身海陽縣庵埠港區郭隴村的郭廷集（一八一二至八〇年）。郭家一直是社會上的顯赫宗族，到了十九世紀，郭家的財富更因為海峽殖民地海外族親的商業成就而更加豐碩。一八五四年時，郭廷集曾招募民兵協助鎮壓吳忠恕叛變。[74]身為傳統的「紳董」，郭廷集不只募款，同時還監造許多方耀（及其族人都司方鰲）推動的建設工程。郭家與方家合作，在牛田洋新生地的南北兩岸收租。[75]方耀跟海陽地主、商業菁英都建立緊密關係。潮州府城位於此地，海陽區則是政治與知識分子秩序的中心。不意外地，此地也是許多公共工程改善計畫的受益者，從洪患管控、橋梁、廟堂到學校。[76]

然而不是每個人都這麼喜歡方耀的計畫。他從地方大眾搜刮大量資源，許多人宣稱他從公共支出中撈油水。兩廣總督曾國荃的一八八二年調查中，他認為至少有一類榨取方式，即所謂的

「花紅名色」，並非由方耀而是由地方仕紳控制。他們先前已經成立「公局」並自願捐助，以持續鎮壓「匪患」。曾國荃認為「前匪患家族不願捐款」，還總是厭惡這個制度。然而曾國荃本人親自看過帳冊：捐款共有三十一萬兩白銀；九萬兩為了「公益」支出；帳上仍有二十二萬兩。他宣稱仕紳向他保證，「尚屬可信」。[77]

可信度究竟如何，有待檢驗。曾國荃並未指明仕紳來源，無疑肯定包含郭家，亦即方耀推動這些計畫的夥伴。曾國荃也未考慮方耀的軍事力量想必讓眾人除了「自願」捐助外，別無他法。此外，曾國荃也許看到一份帳冊，然而還有許多發展計畫進行之中，而前任總督瑞麟在一八七四年時曾獲皇帝許可，不需製作「詳細收支紀錄」，因為「資金是自願捐贈而來」。[78]事實上，當方耀推動這些潮州的公共工程轉變時，並未受到太多監督。

這些計畫反映出廣州與方家的利益交換。例如，在一九四九年前，牛田洋周遭新生地被當地人稱為「大人田」（大人是方耀在家鄉與海外的暱稱）。方耀、方鰲與他們的仕紳夥伴將這些田地，轉變成中國南方與東南亞常見的魚米共生水田。方耀收租後，向廣州繳納田賦。[79]然而根據當地傳說，方家人表現得彷彿擁有這片田產。方耀在一八七九年建立一處公署，向此地耕種的佃農收租。雖然他一開始將公署命名為「致和堂」（Zhihe tang，音譯），當地人後來都稱為方厝公署（「厝」通常用來指涉宗族財產）。方耀派他的親族來監督從這些稻田收取的佃租，一開始是人稱方四（Fang Si，音譯）老爺的方繼賓（Fang Jibin，音譯，生卒年不詳），後來則是方四甫（Fang Sifu，音譯）。最後方四甫將「致和堂」改成處理蝦子的工廠，並在海鮮生意上大賺一筆。[80]佃農耕種的土地產出佃租、稅收與公共資金，理論上佃農應該由新生地獲利。然而方家明顯認為這是一片他們可以隨意建設的土地，並透過其他產業獲利。

地方傳說當地人反對這項計畫。多年來，農民一向在此地自然形成的淺灘自由養魚。清鄉行動中受創極深的華陽村民據說曾經反抗——不是針對清鄉行動，而是方耀圍地並將之轉為菁英、軍隊與國家主宰的田產。[81]曾國荃為方耀開釋免於侵占與自利的指控時，並未提到這些事件。廣州創造了一份書面上的「現實」，承認現行土地控制者的所有權，然而這些措施未能澆熄那些自認蒙受不公者的怒火，憤怒將代代相傳。

方耀巧妙地融入潮州經濟事務之舉也跨出地域向外延伸。一八七一年，他首開先例在廣州建立潮州八邑會館。他不只向廣州與香港的潮州商人募捐建館費用，還下令所有在廣州交易的潮州貨物必須繳交強制稅，每千元價值的貨物必須繳納一元。到了一八七六年，他已經從香港、佛山、汕頭及廣州本地的商賈徵得五萬零兩百七十一兩白銀。總部設在香港的潮州商行付出最大份額，三萬兩千六百六十兩；他們還須「出借」一萬零九百兩白銀給同鄉會館。[82]許多潮州商人聚集到附近的香港，到了一八七〇年代，這處殖民地已經成為廣州與汕頭兩地的商業核心。會館的最主要香港捐助者，包含源發行、乾泰隆行及其他二十五間所謂的南北行——即東南亞與中國之間的進出口國際貿易商行。同時源發行與乾泰隆行還成為總部在香港的主要潮州米糧商行，多數其他行號可能也涉及米糧貿易，因為潮州人是南洋各地米糧貿易中的重要角色。雖然多數從曼谷、新加坡與西貢輸出的米糧，一開始都先送進香港的倉庫，消費市場卻是中國（香港與新加坡是南海貿易的主要貨物集散地）。此時方耀染指廣東最大的兩個米糧進口港：廣州與汕頭。雖然商賈通常會自組同鄉會，潮州跨地域貿易擴張之時，他在會館成形上扮演了推波助瀾的角色。[83]

方耀在一切作為中將自己設定是帝國朝廷指派的偉大教化者，為愚昧區域帶來和平與正統。他與地方菁英合作，光是一八七三這一年，就募款在海陽興建（或重建）了四間義學，潮陽則建了五間新學校。他還募款在潮陽各地建立書院，鼓勵「地方望族」提供獎學金，好讓更多本地人能夠通過科舉。他鼓勵建廟祭祀潮州先賢，俾使人民見賢思齊。其中一間廟宇——「表忠祠」是為了供奉一八四〇至七〇年代間在清鄉行動中殉職的軍人。這些計畫的經費來自菁英認養及新生地收益。方耀幾乎插手了每一件計畫。[84]

方耀是個軍事理想主義者，他宏揚傳統的武人信念。在他的想法裡，若缺乏社會穩定，則道德秩序不保，而兩者的最終保證則是軍隊。他知道潮陽居民與民政官員因為清鄉行動初期的極端暴力而責怪他；但他也厭惡毫無實效的官僚制度。一八八〇年代一次行為調查的回應中，方耀回顧自己的成就，他稱潮州代代相傳的「陋習積弊」：

我自己曾在潮州村落裡碰到反叛盜匪……商人無法運輸貨物，案件積累……地方官員束手無策，苦難日深，伴隨著逃稅，高壓統治與拒捕成為常態。爭端從未解決。當時甚至沒有一兩名有志官員，願意竭盡全力為區域負責……我是潮州人，深知其好壞。因此我……擔起扶善除暴的沉重責任。那些因邪惡謀殺且殺人不眨眼而惡名昭彰之人，全都在這些陳年舊案裡，他們反抗我們，也不尊守秩序，（因此）他們的案件在衛所中審理。每個人都逃避繳稅，我們在衛所裡找出了收稅的方法，這是那些地方官員早該徵收的稅。[85]

他一一列出聲名狼藉遭他鎮壓的罪犯，並不屑地譴責官僚時，幾乎是高聲疾呼：「每件案子裡官員全無作為，也什麼都不敢做！」正是這些無效官僚將這盤混亂交給軍隊解決。「驅逐（這些地痞）是官府的命令，並非軍隊擅權的決定。」而軍隊完成了任務。最近幾年，區域感到「年復一年的歡欣」，「已不見反賊……械鬥消失，足夠的稅收入庫，商業稅收也達雙倍。」[86]因為行政當局無法確保公共利益，導致軍隊介入。

潮陽菁英譴責他強加軍事統治，但方耀卻不同意。一八七一年左右（一八八四年重新刊載在縣志中），送往這些菁英的一則訊息中，方耀承認對他的種種批評指教。「批評者說官爵應當給賢能者；公共事務的管理應當給有能者。自古以來，這些人由鄉野崛起，管理本府。（而論者謂任官惟賢，任事惟能。古來有起自鄉廬而治本州者。）」他宣稱這些批評並未考慮到潮州的官府管制持續失能的事實。「過去擔任官職者，是守法、除惡且（致力於）莊稼種植的賢者。那是潮州人的大幸，然而對他們的後代則沒那麼幸運。（所奉者法，所持者平，能鋤莠植禾，是潮民之大幸，則子之不幸而亦性矣。）」[87]對他來說，普通人已經無法有效統治，因此全然合理化他的鐵血手段。

方耀相信自己是中國長久歷史中化不可能為可能的果斷強人之一。歷史證明，鎮壓頑抗分子是繁榮道德秩序的先決條件。「鄭國的子產依靠暴力（鄭子產以猛）」他觀察到，「才有可能實行仁政。（而成惠政）」潮州也是如此。「統治始於恩威並施……我不是個聰明人，不敢說如何拿捏恰當的分寸……我只想請求仕紳撇開我的不足之處……體察（除了我道之外）並無他法。（誠所謂法立知恩，寬猛相濟……余不敏，而適當其會固不敢謂……惟願吾鄉士大夫略其短……鑑其無他。）」[88]

潮陽菁英從未真正原諒他，也許還對他自詡是子產（生年不詳至西元前五二二年）一事不滿；子產是西元前六世紀深受敬重的相國，孔子（西元前五五一至四七九年）稱其為仁官。然而，法家的韓非（西元前二八一至二三三年）批判思想界不成熟的著名論著中，關於子產的論述正是方耀的行事方式：

人們認為上位者就是暴力……大禹的努力裨益天下，而子產的努力則維護了鄭國。明顯地，人民的智慧並不足以成事。因此舉薦官員時，尋求賢者智者，管理人民時又期待要討好他們——這些政策正是失序的根源。（以上為暴……禹利天下，子產存鄭，皆以受謗，夫民智之不足用亦明矣。故舉士而求賢智，為政而期適民，皆亂之端，未可與為治也。出自《韓非子》〈顯學〉）89

就像偉大的上古名臣，方耀願意承受當時的罵名，深信自己的政策經得起時代考驗。怎麼不能？械鬥、海寇與反叛全都遭到鎮壓了；河道清淤、圍海圈地；農業產出大幅增長；建設學堂書院；國內國際貿易擴張；旅外者不再需要擔心國內家產的安危。也許在未來，潮州人回頭看這一代的繁榮時，會承認這一切全都要感謝方「大人」？

第五章 清鄉：村落綏靖的跨地及跨時餘波

一八六九至一九七五年

潮州人／歲月年年老／天蒼蒼，路茫茫／山也累了／雲也累了／眼裡淚裡都想家／潮州人，為什麼不回家？

——侯德健，〈潮州人〉，一九八三年

就潮州跨地域史來說，清鄉行動最直接的影響就是一八六九年後外移人口激增。方耀與他的軍隊不只處決了械鬥與反抗村落的居民。行動的進一步目標，是迫使不馴分子出逃。[1]可能有多達八萬之譜的難民，多數人輾轉前往東南亞與上海。成千上萬的反抗者、海寇、走私客與勇猛的叛軍自針對他們的軍事行動下逃離，這自然產生重大影響。方耀的清鄉行動因而成為南海交纏的歷史中的重要事件。其他地方的多數人即便不清楚中國當地事件的細節，也能感受到餘波。海峽

表 5.1　汕頭離岸人數，一八六九至一八九七年

年度	汕頭離岸乘客數	年度	汕頭離岸乘客數
1869	20,824	1884	62,551
1870	22,282	1885	59,630
1871	21,142	1886	88,330
1872	37,013	1887	68,940
1873	24,284	1888	65,421
1874	23,046	1889	71,429
1875	30,668	1890	65,427
1876	37,635	1891	59,490
1877	34,188	1892	59,247
1878	37,963	1893	89,700
1879	36,336	1894	75,068
1880	38,005	1895	85,157
1881	30,690	1896	88,047
1882	67,652	1897	67,180
1883	73,357		

資料來源：CSDQ，7–8。

水域上有大量船隻，對旅外新手來說，搭乘這些船隻是比較熟悉（也負擔得起）的做法。我們缺乏透過船隻逃離的難民人數，然而英國人很注意客運，不只是因為這是英國運輸業者有利可圖的生意，更因為香港與海峽殖民地的經濟生計也仰賴中國移民。因此英國的資料來源提供了跨海人類移動的全景式觀察。密切觀察中國人外移趨勢的英國領事嘉托瑪（Christopher Thomas

Gardner，一八四二至一九一四年）估計，到了一八七二年約有八萬中國人逃離方耀的清鄉行動。這些流亡者中，大批隱匿在馬來半島底端的外緣聚落——新加坡。[6]

外國觀察者相信，這場行動不只讓外移人數大幅增加，還改變典型移民的地理與族裔來源。正如海關在一八七〇年回報，「沿岸的（澄海與潮陽）縣，（通常）提供少量外移者。船運及漁業讓他們足以自給自足，據估計這些沿海縣有七成人口仰賴這些方式維生。」相對地，多數外移者來自潮州的客家與半山客區域。「這些區域人口稠密，貧窮多山，農業不足以養活這麼多勞力。」[7]

汕頭海關直到一八五八年才建立，當時這個城鎮成為條約港。擔任紀錄的英籍關員，誤把這一年到六六年之間逃離太平天國鎮壓行動的客家人，當成人口外移的「常態」。事實上，他們不經意間揭露了軍隊在一八六九年將綏靖對象從客家人轉向福佬人。方耀的清鄉行動確實開始讓潮陽福佬人持續外移，因為海外移民是在一八六九年後才成為常態。當地人記得方耀崛起的年代，正是潮陽人開始大批前往東南亞的時候。即便長期涉入沿海貿易的沙隴鄭家，也記得清鄉行動正是族人外移加速，主要前往暹羅的時刻。[8]因此清鄉行動對一八七〇年代移民的區域組成帶來某種變化。

海關資料顯示出在數十年之間，從條約港離岸的人數逐漸上升。它們同時也反映出導致外移人數激增的特定事件（雖然比較不戲劇化），進而形成外移常態化。這些統計數據反映出搭乘外國船隻出洋的意願愈來愈高，常態航班數量在二十年內基本上增長了三倍。表5.1列出離岸人數的幾次激增，如一八七二年（由於清鄉行動加劇，造成百分之七十五的人數增長）；一八八二到八三年（分別增加了百分之一百二十與一百三十七）；及一八九三年（百分之五十一的增長，多多少少維持到一八九六年）。多數增長是由自然災害引起。一八八二年的夏天，豪雨造成洪患，許多人失去生命。八五年的秋天，這個區域再次遭逢嚴重洪水，導致潰堤。九二到九六年這段期間，則是聖經等級的巨大災難：九二年夏天的洪水；（罕見的）冬季大雪及後續融雪造成山區蓄水池潰堤；九四年夏天的地震與洪災；九五年有另一次地震；因此不意外地，九六年盜匪為患。[9]

換句話說，即便外移已是常態，特定事件會促使更多民眾航越地平線尋求更好的生活。雖然海外機會長期都在招手，卻是在這些時刻的這些事件，讓民眾下定決心離鄉背井。另一個案例中，一八九七年有兩個潮陽村落——洋汾陳鄉的陳氏與洋汾林鄉的林氏——針對水源發起長達九年的大型械鬥。兩個家族共在血戰中失去超過一百五十名親族。這些鬥爭也導致一百名左右的陳姓與林姓族人外逃「到南海之地」。[10]這件事在中國人的東南亞遷徙史上，不過是件小事，但對那些外逃的人來說，卻是永久改變人生的災難。他們逃離的不是東南沿海的普遍「失序」，而是自身械鬥所導致的暴力。

潮州生活的長期挑戰，包含人口壓力與貧窮，並無法解釋個人為何會在任何時間點上，決定要到遙遠之地尋求財富。大大小小的特定事件，驅使他們踏上這些改變生命的旅程。方耀的清鄉行動正是一八六九到七三年間，潮州人口外移戲劇性成長的主要催化劑。多數逃離的個人，只要活著，就能重返家鄉。後續事件也在六十年間，同樣造成外移人數的突發性激增。這些激增通常會在一兩年中又降下來，長期來說仍舊構成前往東南亞移民人數的無情上升。隨著日子過去，即便最卑微的外移者也能匯錢回家，旅外生活的財務邏輯吸引了更多村民。這也造成鄉村地區海外移民的常態化。

遭男性遺棄的文化焦慮

外移人數突然增加，對於潮州造成深遠影響。沿岸地區的人口外移，不論在人數或長期趨勢都以男性為主，造成的影響之一就是許多沿海村落扭曲的性別比例，女性人口開始超越男性。可靠的統計資料始於一九三〇年代，將在第八章中討論。此處只需知道，像沙隴村這樣的清鄉目標，到了二十世紀已經成了女性人口占多數的村落。[11]

驟然驅逐數萬名男性，對留下的女性造成毀滅性的影響。許多女性必須一肩扛起被留下的孩子與公婆長輩，並擔心可能再也見不到自己的配偶。當時駐在汕頭的傳教士斐姑娘（Adele

Fielde, 1839-1916），留下一名婦女的哀嘆：

> 我丈夫是正直親切之人……我們有三個孩子，我丈夫很愛他們，對我也好，也很孝順老母親。
>
> 十年前，我二十五歲的時候，方將軍打敗宗族，燒毀不願停止械鬥者的屋舍，嚴厲懲罰許多人，以儆效尤。由於我丈夫供應彈藥給戰鬥者，鄰居把他供出來，因為村裡得有人受罰（即替罪者），他也沒錢付罰款，因而逃到新加坡。方將軍以此將他放逐十二年。他走的時候，因為與孩子分離而十分傷心，下跪拜別母親。當時最小的孩子才十個月大。他已經走了九年。我希望他能偷偷回來看看我跟孩子，再潛逃出去。（不過）有些被放逐的人因為太快返家，就被抓住斬首。[12]

當女人為丈夫描繪出一副道德正直的光輝形象時，婚姻情感的描述相當真摯，但她明顯仍為他的缺席而苦；她說，「我每天祈求，他可以活著回來。」最終讓她免於自殺的是，跟另一名不開心的嫂嫂一樣，改信基督教，渴望「前往天堂」。[13]然而孩子長大的過程中從未見過父親，不過他們都知道這齣家庭大戲中的壞人是誰——方家人。

清鄉行動之後，一八七一年謠言點燃了群眾的歇斯底里情緒：謠傳女人——特別是那些受到外國傳教士影響的女人——用「不死粉」對食物跟井水下毒。謠言一開始出現在英國的香港殖民地，這是許多逃離清鄉者的第一站。謠言很快透過告示傳進廣州的潮州人社群，最終傳回潮州。一張貼在揭陽的告示宣稱這些女性建議人們「將粉末混到餃子裡，拜過天地神明後，全家一起吃餃子。這種粉末據說可以驅散疾病，永保青春。」然而一旦吃下去，人們的胃將腫脹「如鼓」，接著死去。因為這些謠言的緣故，人們開始攻擊食物小販及中國基督徒——後者是明顯的問題根源。[14]

食物恐慌並不是新鮮事。事實上，潮州械鬥的脈絡裡，有指控他人在井水下毒的長久歷史。[15]然而這個案例明顯反映出男性對於將無助女性留在遊蕩男性、傳教士及暴力難料所形成的社會漩渦中的焦慮。汕頭碼頭充滿男人。民國時期的人口普查紀錄中，此地有一萬五千三百一十一名男性，只有十名女性。[16]這反映出了這座城市的海港文化，大排長龍為船隻裝卸貨物的裝卸工及充任出航人力的「汕頭水手」。這些離岸男性對於故鄉的最後一眼，是這些繁忙的碼頭，大批單身勞動男性，帝國晚期惡名昭彰的「無根浪子」。隨著沿岸經濟商業化，這些四處遊走的勞工人數逐漸上升；定居族群則認為他們對家庭秩序帶來性威脅。離家男人心中肯定充滿了對家鄉

地犯罪率的可靠統計數據，始自一八七〇年，因此我們缺乏資料可以佐證不法事件的上升。然而我們仍舊可以透過仔細研究殖民地預算，來尋找這波上升的數字證據，特別是一八六九到七二年之間的「預估」與「實際」支出。一八七一與七二年警察監獄的預算金額，與實際支出金額之間，有著龐大落差。特別是提供給囚犯與入監嫌疑人的食物與衣物支出，遠高於原先預算。例如，一八七〇年編制的七一年監獄預算是一萬六千美元，實際支出卻是兩萬零四百六十美元，有百分之二十一點七的差距。這是全部預算中最大的差距，過去預算中也從未發生這種落差。一八七二年的預算數字附有備忘錄解釋差距：「警方囚犯人數上升，卻因故未納入一八七一年補充估計，因此低估了矯正所囚犯所需要的配給數量。」[22]估計錯誤來自囚犯數量意外龐大因而增加的食物費用。

到了一八七一年，殖民地當局計算七二年警察、監獄及罪犯部門的「預算」時，他們開始規劃比一八七〇年前慣常預測數字高上許多的支出。一八七〇年，他們預估七一年新加坡矯正所的「囚犯配給」預算，是七千元。然而七一年的配給實際支出卻是一萬元，亦即食物消費無預期增加了將近百分之四十三。因此一九七一年，英國當局計算七二年新加坡矯正所囚犯配給的「預估支出」時，將預估值提升到一萬元。[23]這個統計數字顯示殖民地當局也針對一八六九年後罪犯數字上升的狀況做出調整。

一些軼事證據也顯示出殖民地當局對抗上升的犯罪率。例如，海峽殖民地立法局（Legislative Council）成員托馬士・史考特（Thomas Scott，生卒年不詳）在一八七一年五月的會議中發言，認為最近一連串幫派搶劫與綁架事件，事實上是「全面性廣泛流行的……犯罪與不法情事」更大趨勢的一部分。「政府」，他繼續說，「清楚犯罪情況正在惡化，他們也預備採取行動，改造警力以遏阻此一趨勢。」[24]

諷刺的是，就在同一時間，駐汕頭的英國領事向他在外交部的長官回報，方耀強制執行的軍法之下，「許多（潮州）最惡名昭彰的幫會盜匪領袖已經離開此地，前往上海或新加坡。」他還觀察到，因此「可見到府城竊盜與搶劫數量大幅下降。」[25]在南海這片交纏的世界裡，潮州的損失成了新加坡的收穫。

受到犯罪衝擊的殖民地官員對海峽警力展開大幅改革與擴編。一八七一年提出的種種建議，要求增加刑事偵查人員數量，同時聘任華人警員。後者被視為關鍵改革，因為當時的警方缺乏能操殖民地不同移民方言的警員，因而無法監控地下犯罪世界。[26]新加坡的人口現況促成了這類思考。一八七二年時，旅外華人已經占海峽殖民地男性總人口數的百分之六十二。[27]倘若不增加嫻熟華人文化的警員數量，實在難以維持秩序。殖民地當局在同年公布施行《警隊條例》（Police Force Ordinance）及《刑事條例》（Penal Code Ordinance），接下來數年則致力完善這些立法。

驚人的是，立法局後來在一年之中決定放棄在一八七一年看來十分必要的改革——訓練更多華人警力——因為立法局的華人顧問強烈反對。出生於海峽殖民地的華人陳開生（Tan Kay Seng，生卒年不詳），擔任警方及最高法院通譯長達三十二年，認為不可能仰賴殖民地的華人來拘捕自己同鄉：「福建籍警員可以搜捕潮州罪犯，但福建人不可能逮捕自己人……他們不會逮捕同鄉。他們全都屬於某個幫會。」倘若兩個團體發生械鬥，他們也確實經常發生械鬥，「華人也許會抓幾個敵對幫會的人，但絕不會抓自己人。」[28]

移民提升了潮州或福建鄉民的個人認同，而這種認同會受到跟地緣幫會的聯繫所強化。這跟家鄉幫會組織會跨越福建跟廣東省界的情況不一樣。海峽殖民地的福建人跟潮州人之間的敵對關係，讓僱用華人成為刑警變得不可行。多數旅外者都屬於某個幫會，甚至禁止成員向官方洩露兄弟的犯罪行動，更何況還要逮捕他們。最終政府選擇了一支由英國人監督，多數由馬來與吉寧（Kling，印度裔新加坡人）族群組成的警力，在殖民地執法中，他們被認為比較可靠。[29]驚人的是，在潮州這邊，一八五八年汕頭條約港「開放」後，英國商人遭到村民攻擊，因此他們也組織了一支「夜巡」警力，保護自己的生命財產。這支警力也全由馬來人組成。[30]在潮州海域各地，馬來人成為保護英國利益的跨國警力部隊。

以此方式，英國人設計出應對海峽殖民地犯罪潮的立法改革。無論如何，統治當局花了好一段時間，才了解到自己正在特定事件的深水中泅泳，這事件還是從海的另一端傳來的。因為殖民地激增的，並非一般的「華人」或「海峽殖民地」犯罪，而是潮州犯罪。直到一八七二年末爆發的都市暴力，官員才開始調查華人社群的情況，重新評估殖民地裡改變中的社會動力。

一八七三年，立法局成立委員會調查七二年十月震撼新加坡的暴動事件。這次動盪並非華人同鄉團體之間常見的衝突，而是起於一個失控的簡單問題，因為有許多近期到埠的失業潮州鬧事者四處遊蕩。調查者總結這場暴動是由路上的華人小吃攤（特別是熟食業者）跟缺乏經驗的警力之間的「誤會」所引起。殖民地當局在一八六〇年通過立法，管制街道攤販以減少交通阻礙，改善道路衛生情況。明顯地，似乎沒有人試圖——以中文——對攤販解釋立法內容。一八七二年，當警方——在未偕同調停者或有效說明政策的情況下——決定要開始更嚴格執法，攤販感到自己並未受到尊重，特別是這些「流動飲食店」已經在馬來半島為華人提供飲食多年，從未發生問題。有些巡警十分不願妥協，攤商後來提出證言，他們甚至會糾纏那些只是放下籃子小歇一會就要繼續前進的人。愈來愈激動的情況下，他們向華人商業領袖抱怨；十月二十九日，他們上街針對自己遭受的羞辱，發動和平抗議。然而出乎意料地，抗爭爆發暴力衝突，暴徒突然以石頭攻擊警察，將他們趕走。執法人員緩慢地失去控制權，更多的暴徒掌握了新加坡部分地區，發生一些蓄意破壞，好幾間商店遭到洗劫。

暴動高峰時，幾位殖民地最知名的華商菁英也遭到騷擾。鴉片農場主暨甘蜜莊園擁有者陳成寶當時是新加坡最有錢的潮州人，他的馬車遭到暴徒攻擊，雖然本人無傷逃出。傑出的廣東商人胡璇澤（一八一六至一八八〇年）住宅的窗戶也遭敲破（英國人稱胡璇澤為「黃埔先生（Mr. Whampoa）」，他既是立法局成員也是十九世紀唯一一位華人執委）。隨著暴力愈來愈嚴重，這群憂慮的菁英要求政府派遣軍隊鎮壓暴動。他們宣稱暴動者不怕警員，只會臣服於武力。正如陳成寶後來作證，「華人看到士兵就像看到老虎，才會怕。」[31]最終動用了軍隊，也恢復秩序。

官方調查暴動起因時，來自商業與勞動階級的華裔證人作證潮州發生的事件對於海峽殖民地造成負面影響。他們密切掌握家鄉村落的情況，因此能夠牽起潮州罪犯大舉出逃跟海外地區搶劫綁架案件明顯上升的關聯。商業菁英警覺觀察海峽殖民地充滿這些惡名昭彰的打手與黑道，這些人現在只是打打零工。菁英的觀點來看，他們利用攤販反對警察的和平抗爭，作為打劫的機會。他們堅持攤販只是暴力中的小角色，他們確實是「無害……的人」，憤怒抗議對他們來說不合理的生意限制。相對地，幾乎所有暴動者都是流氓（samseng）及「城裡的鬧事者，利用攤販之間的失望情緒……為了趁火打劫而掀起暴動。」換句話說，街道攤販進行抗爭；流氓則掀起暴動。[32]

英國人終於了解犯罪上升的原因。「海峽殖民地的『流氓』或打手數目，在過去兩年中明顯上升了」調查者回報，「這是因為過去幾年中，滿人清除許多作惡潮州的鬧事者及壞蛋，此地就在汕頭附近。這些流氓，」他們繼續說，「逃出生天後，搭乘帆船與輪船來到海峽，現在他們入侵了這個殖民地。這些人在母國就習以劫掠暴力為生，並帶來他們建立的非法規矩。他們並沒有明顯的謀生之道。」[33]潮州的跨地域交纏世界中，方耀的解決之道現在成了英國人的問題，後者正加速警政改革。

海峽殖民地的犯罪潮開始在一八七四年消退。愈發專業的執法人員也許更有效維持秩序。肯定的是，到了一八八七年，警察總監山謬．登路普（Samuel Dunlop, 1838-1917）大讚警方的效率，提到因為警察的努力，「一八八七年殖民地人民的生命與財產，遠較一八七二年安全許多。」即便這些年裡殖民地移民人數增加，但人均犯罪率卻是下降。「差別就在，」他宣稱，「警察部隊的服務。」[34]他認為，因應犯罪率上升而實行的改革，改善了政府維持秩序的能力。

回到一八七四年，另一方面，登路普還點出更重要的經濟因素讓犯罪率下降。「勞力需求，」他在報告中寫道：「為殖民地消解了很大一部分的罪犯階級。因此犯罪也大幅度下降。」他繼續說道，馬來半島更北邊的地區及荷屬東印度群島的蘇門答臘島上的勞力需求，「導致許多祕密幫會所屬（打手）退出幫會。」[35]換句話說，沿著麻六甲海峽持續遷移到他處，解決了中國清鄉行動在殖民地造成的部分社會問題。或者，更精確地說，工作機會讓這些男人可以將精力用在更傳統的經濟活動，將他們從中國王朝權威的任性挑戰者，轉變成東南亞艱困莊園經濟的歸順勞力。

這一點則提醒了我們，這些移民並非天生暴力，或傾向犯罪。多數人貧困，在沿岸的走私、海盜與械鬥生計上，仰賴家鄉村落裡的強人。他們被迫逃進殖民地經濟體，當地卻無法立即吸收數萬名逃離清鄉行動的難民。甘蜜和胡椒經濟特別因為勞力過度供給而受害。這些人無法找到有收入的工作，卻也不能冒著處決風險返鄉，因此在海峽殖民地的初年，設立各種勒索保護費的組織，或仰賴幫會維生。幾年過後他們終於找到工作，重新開始生活，愈來愈深入東南亞的熱帶地區，無疑也懷疑自己是否能再見到家鄉。

方耀的清鄉行動並非促使英國將殖民地管控建制化的唯一因素。客家與廣東幫派及其馬來盟友之間的拿律戰爭（Larut Wars，一八六二至一八七四年），就震撼了霹靂附近的採礦區域。多年來陸陸續續的暴力事件，導致英國人簽下一八七四年的邦咯條約（Pangkor Treaty），在馬來國家建立殖民地「駐紮官」（Resident），針對麻六甲、新加坡、檳城及天定以外的馬來半島地區，展開愈來愈直接的英國監管程序。這類事件彰顯出中國南部與東南亞之間的歷史連帶關係，特別是方耀清鄉的案例，點出中國的省政府體制與海峽殖民地的國家體制之間的連帶關係。畢竟拿律戰爭正是在中國燃起太平天國動盪的廣東人與客家人之爭的地理延續。[36]半島上的情況也反應出華人移民的複雜社會地理。所有華人同鄉團體不斷擴張的南方前線，也改變了殖民地政治的動能。

超越時間限制的歷史事件

方耀在一八九一年夏天去世，這是他發起清鄉行動的二十二年後。如此無情、講究效率的指揮官過世後，社會動盪再次影響潮州邊界。方家人仍舊是普寧望族，卻再也不像大家長統領綠營兵時，對軍隊擁有相同的控制力。[37]潮州再次走回老路。宗族之間的暴力鬥爭再度動搖社會，當地人將此現象歸因於「方大人強力手腕」的消失。[38]新世紀的頭十年，幫會反叛再度在搖搖欲墜的清朝掀起動盪。到了第二個十年，管理內陸貿易的稅關已經常遭到搶劫掠奪。[39]

這些夭折的反抗起事跟潮州海域各地的其他趨勢相關。新加坡華人致力追求民族主義理想，到了一九〇五年，與孫逸仙（一八六六至一九二五年）的革命黨同盟會合流。他們致力於推翻滿洲人，建立共和國，消除帝國主義的條約港口體系，並推動土地所有權的平等。[40]決心在家鄉掀起革命的諸多潮州裔新加坡人中，包含在海陽的庵埠港區成長、後來加入新加坡富商父親的林受之（一八七三至一九二五年），成為同盟會領袖；海峽殖民地出生的張永福（一八七二至一九五七年），祖父來自饒平；許雪秋（一八七五至一九一二年）則是海陽商人之子，熱中革命之事；還有陳芸生（生卒年不詳）。

在同盟會成立前，這些人就已經在家鄉組織祕密革命小組。一九〇四年，他們印製並散布五千份鄒容（一八八五至一九〇五年）的反清書籍《革命軍》。許雪秋在海陽建立一個運作基地，開始組織三點會的兄弟，並招募庵埠以外的人。他們在組織天地會相關的工人身上特別成功，當時這些工人正在建造汕頭與潮州之間的鐵路。同時間，許雪秋的家產讓他得以買下道台官銜，運用這個「地位」迎合縣令，獲准籌組一支四百人的民兵。[41]他藉此採取太平天國時代幫會的策略，表面上看似組織民兵鄉勇維護正統秩序，實際上卻致力於破壞秩序。他與同黨充滿了二十世紀民族主義的革命狂熱。

到了一九〇七年五月，革命人士的祕密行動已經延伸進入黃岡，此地長期以來被視為「三點會的茁壯中心」。[42]隨著攻擊潮州城的準備工作進行中，時時警惕的縣令與地方衛所軍官疑心日重，因此要求潮州總兵黃金福（一八四七至一九〇八年）增援兵力。他派出一營士兵進行搜查。軍隊入城後在市集上看戲時，有士兵騷擾婦女為兩人阻止，軍隊遂逮捕這些人，氣氛一時緊繃。此時許雪秋人在海外，革命領導的任務則留給三點會首領余既成（一八七四至一九一二年）及陳涌波（一八八二至一九一二年）。他們心知無論如何起事之舉迫在眉睫，因此決定要趁眾怒且軍隊尚未能增援之際行動。五月二十二日，他們提早在黃岡起事，領導一群七百弟兄，奪下城中衛所，輕易掌控港口。黃岡與附近柘林軍營的指揮官被捕斬首後，軍營指揮官也投降了；血淋淋的頭顱被插在桿上在市集示眾。[43]

雖然有這些勝利，時間卻未站在革命者這一邊。他們還沒準備好迎戰官軍，其他地點的盟友也未能快速馳援。黃總兵帶著兩千人軍隊趕往現場，激烈戰鬥後，所謂的「黃岡起義」（或潮州叛變）在五月二十七日遭到鎮壓，距離起事不到一星期的時間。約有兩百名反抗者遭殺害，然而多數仍舊得以逃出，日後再戰。[44]

一九〇七年反抗起事遭到鎮壓後，激發了熟悉的汕頭出走潮。加上附近惠州的革命動盪挫敗，當年外移人數成長了百分之四十點五，遠高於二十世紀初年的常態（見表5.2）。

進入二十世紀，海外的富裕潮州人再度返家，復興傳統的兄弟幫會。這種概念下的革命欲望彰顯出一種更古老的政治傳統，東南沿岸的邊界浪人在家鄉與海外傳播他們的信念。然而此刻他們融合了長久以來的反清情

表 5.2　汕頭離岸人數，一八九八至一九〇九年

年度	汕頭離岸乘客數	年度	汕頭離岸乘客數
1898	70,716	1904	103,202
1899	86,016	1905	93,645
1900	93,460	1906	102,710
1901	89,538	1907	144,315
1902	104,497	1908	112,061
1903	129,539	1909	84,246

資料來源：CSDQZ，7。

緒與現代民族主義意識形態。這反映出潮州歷史的新階段，帶著部分西方概念的知識分子，在革命破壞的廢墟上，致力於建設現代國家，明朝將不會被復興。相對地，將透過共和國的建立，重建「種族上」的漢人統治。許雪秋與其海陽同黨招募鄰里加入行動的口號是「推翻滿人，建立漢人統治」（倒滿復漢），因此將長期以來反對朝廷的標語，轉變成反對族群或「種族」上的敵人。[45]這一次他們不受阻礙。黃岡起義失敗後，黃金福在一九〇七到〇八年間，發起他自己的清鄉行動，將他異想天開的綏靖行動超越饒平及海陽縣，延伸到沿岸的潮陽等地區。然而這都是無用之功，因為清朝很快就在一九一一年的革命中，遭到中國其他地區的軍隊推翻。[46]黃總兵等不到黃馬褂了。

從一八九一年後的發展來看，很難主張方耀清鄉時代早已過去。一八六九年開始，到他去世為止，方耀所作所為擋下的問題，此時再度在區域內蔓延，更因為一九一六年後新生的中華民國在軍閥割據中解體，反而更加劇烈。一九二二年的毀滅性颱風之後，汕頭地區的海盜問題猖獗，港口幾乎無法使用。海盜聯盟主宰了南澳島、潮陽與揭陽的外海；成千上萬復員後的軍閥部隊更擴充了海盜人力。一九二三年貿易幾乎完全停擺，因為害怕遭搶的內陸商人拒絕將商品運往港口，區域外的商人則開始改往其他更平靜的口岸。劫掠對沿岸經濟造成嚴重影響，破壞潮州海關的收益。[47]彷彿方耀的行動從未發生。

儘管清鄉後產生一連串短暫的後話，清鄉行動與南海密不可分的關聯，提醒了我們地方事件的迴響不只跨越空間，還跨越時間。不可能不關注這個事件就能了解二十世紀歷史。一八九〇年，挫敗的知府曾紀渠曾對方家在區域中驕縱自大的作為感到不滿，「誰知道這些惡行長期會累積什麼影響？」[48]現在我們知道答案了。在方耀試圖拯救的王朝覆滅於一九一一年革命的許久之後，取而代之的共和國也在軍閥混戰中崩解，方家非凡的優勢有了新的政治意涵。中國共產黨於一九二一年創立後不久，粵東的基進組織者開始將方耀的清鄉行動詮釋為「封建」仕紳階級控制潮州鄉間的最新階段，而非以不可理喻殘暴手段建立秩序。方家在普寧縣及鄉間山區的誇張宰制形象，象徵了整個東南沿岸、甚至是整個中國社會結構的荒謬性。不顧潮州其他更富有的仕紳商賈家族，共產黨人在一九二〇年代的種種宣傳皆聚焦在普寧方家。方耀行動及後續種種都強化了階級鬥爭與鄉村革命的論述，可以說這場革命要為地方菁英「去方化」。

一九二二年，彭湃（一八九六至一九二九年）等共產黨人開始在廣東省東北部組織農村革命運動，最終於二七年在潮州以南的惠州家鄉建立了海陸豐蘇維埃。這些發展最直接影響惠州，但共產黨人也在潮州的惠來、普寧、揭陽與潮安縣（過去的海陽）成立小型組織。[49]不意外地，當時的共產黨痛責方家對普寧的控制，視其為「方大人」的遺產。他們注意到，到了一九二〇年代，普寧城裡兩萬居民裡，超過半數都姓方。民間流傳：「普寧每四扇門，有三扇都是方家的。

一般人的話是傳不進官府中。」上萬的方家人仗勢著擁有幾百把西方槍械，宰制縣城與郊區。他們包辦了縣長以下的政府官職，包含警力與市長。他們收取令人憎惡且不斷增加的「種種費用」用以扶持衰弱的民國政府和其軍隊；方耀的兒子方廷珍（生卒年不詳）據說依靠這些錢，送自己的兒子到北京就學。方家還主宰教育專業，例如公立學校的校長和教師，向下一代「宣揚家族主義」。[50]

共產黨人將方耀的繼承人描繪成典型的「邪惡仕紳與地方惡霸」，宣稱（以共產黨觀點是謊稱）農民的父執輩長期積欠方家債務，藉以向鄉間的困苦農民索取金錢。倘若農民拒絕支付這些「不公不義的債款」，方家就會以暴力從被害者身上榨取幾千元。[51]方耀之父與其他族親曾在縣城開設當鋪，因此城外農民可能在某個時間點上積欠金錢，催繳多年前積欠的債款更是令人深惡痛絕。在這些記述中，忍受這類騷擾的農民得到共產黨的海豐縣總農會鼓動，要來解決這樣的農村問題。他們要求共產黨協助組織他們自己的協會，「對抗方家壓迫」。[52]

農民聯合會的農民與不同方家人在一九二五及二六年爆發衝突。然而這個時期的共產黨人還太弱小，不足以推翻主導潮州的宗族，後者不只受到族親還有地方軍隊的支持。[53]地主商人組織自己的民兵，對抗這些組織的要求。方家特別召集了一隻強大的支持者軍力，包含從十九世紀初開始就是區內最強悍劫掠者的塗洋村方家。[54]

惠州的共產運動發展成一九二七年成立的海陸豐蘇維埃。蔣介石（一八八七至一九七五年）在國民黨內發動血腥的清黨行動後，地方共產黨員因而崛起，然而這個蘇維埃十分短命，一九二八年即遭到國民黨的武力鎮壓，距離成立僅僅四個月的時間。雪上加霜的是，一九二七年八月共產黨在潮州北方三百英哩處發動的短命南昌起事也遭到擊潰，幾個紅軍軍團往南逃竄，希望運用粵東作為跳板攻下廣州。他們抵達汕頭附近之後幾天，幾乎就遭到殲滅。正如一名受挫黨員後來所言，他們在潮州的農工大眾之間並沒有支持基礎，然而紅軍仍舊前仆後繼。「怎麼可能不敗？」[55]農民聯合會的共產黨員潰敗四散，逃入山間或渡海。

研究蘇維埃運動的學者傾向將城裡與鄉間的三萬方家人描述成一個堅不可摧的反革命群體，事實上，方家也跟潮州其他宗族一樣被政治爭議撕裂。例如，許多方家人實際上加入普寧農會。[56]此外，這個區域最有名的共產黨員方思瓊（一九〇四至一九七一年），以「方方」之名為人所知，其跟方耀有親屬關係，同出生於洪陽村。方思瓊的共黨傳記強調他來自方家「窮困的一支」，還「同受到官員和仕紳土霸的壓迫」。[57]方思瓊協助組織海陸豐蘇維埃，更於一九二〇年代之後在廣東、福建、江西持續地下活動。毋庸多言，他的親人因為他的基進主張蒙受惡名，甚至圖謀暗殺方思瓊。聽聞風聲時，據說他笑道：「不准我姓方，我就要姓方，而且連名字也叫方。」[58]此後他就以這個化名而聞名。

學者也傾向低估共產黨人與各方反革命者在地方發起鬥爭時對人民帶來的莫大傷害。海陸豐蘇維埃受到鎮壓後，許多共產黨人逃往大南山的新基地，這處山地位於普寧、潮陽、惠來與揭陽的縣界上。他們從這個藏身處對蔣介石的國民黨軍隊發動游擊戰，最終仍於一九三五年末敗在蔣介石軍隊攻勢之下。[59]普寧受到這些事件的嚴重打擊。一九三三年的旅遊指南描述了軍事暴力摧毀的經濟情況。仕紳、商人的精力放在保安，幾乎無力投資教育及其他社會服務（動盪影響沒那麼深的潮安，每年光是教育經費就有二十六萬元）。據說縣內只剩罌粟花長得好；即便政府禁止，仍舊廣泛種植。[60]

在這種暴力環境中討生活是個可怕的經驗。鄉村地區，經濟上過得去的農民常受騷擾，這段期間這些家庭經常永久遷移到汕頭，或外移。[61]流血衝突並不會跳過任何階級，而不意外地，外移人口更是劇烈增長。（見表5.3）

一九二〇年的外移人數大增，是軍閥陳炯明（一八七八至一九三三年）在當年占領汕頭，及後續國民黨試圖擊敗陳軍所導致的。此外還有其他事件：韓江泥沙沉積發生變化，導致一九二一年的土地爭奪械鬥；二二年的可怕颱風，奪走超過三萬條人命；以及共黨騷動與鎮壓反革命有關的戰鬥。[62]真正驚人的增長發生在一九二七年，離岸人數暴增到二十二萬兩千零三十三人，前所未見地增長將近百分之一百六十五，持續到二八年。這股出走潮反映出蔣介石的國民黨軍隊北伐

表 5.3　汕頭離岸人數，一九一七至一九三七年

年度	汕頭離岸乘客數	年度	汕頭離岸乘客數
1917	69,375	1927	222,033
1918	57,416	1928	211,977
1919	83,518	1929	無資料
1920	109,318	1930	123,724
1921	135,675	1931	80,202
1922	136,680	1932	36,824
1923	133,122	1933	44,858
1924	152,064	1934	56,293
1925	131,092	1935	130,766
1926	83,974	1936	91,157
		1937	68,661

資料來源：CSDQZ，7。

擊敗地方軍閥統一中國，以及武力鎮壓海陸豐蘇維埃所累積的影響。乘客人數的最終增長，發生在一九三五年。這一年國民黨軍隊終於殲滅大南山區的游擊隊。激烈戰鬥的這一年裡，汕頭港外移人數增長了超過百分之一百三十二，也是港口歷史上第二高的增長。

部分外移者是共產黨人，但不是多數。例如，普寧只有五百六十名黨員。惠州有更多黨員，光是海豐一地就有一萬一千五百人。[63]許多逃過一九二八年屠戮的黨員並未出洋，而是逃進山間繼續鬥爭。支持共產黨的農民可能占了逃命者中很大的一部分。共產黨紀錄顯示，一九二七年十二月到二八年一月的普寧「反革命」鎮壓中，就有超過一千名普寧農民逃往東南亞，因為害怕運動失敗後遭到地主報復。[64]然而政治活躍者不足以構成三年來的五十六萬四千七百七十六名難民，他們絕大多數都是為了逃離政治戰爭的暴力。

受難者之中還包括普寧的方家成員。方家在這些動盪中受創極深。方燕山（Fang Yanshan 或 Png Yen San，生卒年不詳）就是其中一位不幸的方家人。他家在普寧縣城，父親是普寧中學校長。幾十年後的一次訪問裡，他解釋他們是在一九二七年前往新加坡，當時方燕山才十三歲。「因為我們的宗族也是很不合氣……那裡的地方的政府也是很亂啦。」問題出自一處：

> 我們那裡舊時出了一個方大人……全部姓方，大約有三萬多人……大姓就吃小姓，大族吃小族、大（方姓）親吃小親，故此，他們的方大人的子弟呢，就是在姓方他就是最大了。我父親在那裡做校長呢，也是跟他們一家人不合，還有這裡有（國民黨）清黨（左派），他沒有辦法，他就趕快先跑，跑來新加坡。[65]

他父親無疑靠著家族庇蔭拿到職位，但他的經驗顯示出許多方家人本身也討厭方耀這一支；他的後代統治著自己親族。方燕山家則陷在這個衝突之中：

政治情況不好和親人宗族也不好。那我父他是教書人，教育界，他就認識這些左派的人，那我宗族就講我父親是左派……有一個叫做方方（共黨領袖）。這個過去是我父親的學生。方方……是敵派的人。那個時候呢，我父親他就先過來新加坡……就沒多久，我就從中國自己跟親人跑來。[66]

觸發他們出洋的因素是家族對於方父與方方關係的爭執。身為鄉下城鎮知識分子的方父，也許在左派批評普寧現狀時，帶著同情聆聽。方燕山細緻描述了那些年裡，身為一名普寧方家人的處境：

那個時候就亂去了。那我們是被搶，我們家鄉是給這外鄉人來搶，因為我們普寧（方家）跟那裡外鄉，城和城外的人殺鬥，殺有兩三年，到那個時候，這個共產黨聽到你姓方，他就殺掉。

當訪問者問起原因時，方燕山回答：「因為他（認為）我們姓方……講作族欺侮人，那個共產黨發生起來，他就針對姓方。」[67]就像一八六九年的方耀清鄉行動，這個區域的共產黨起事就像大型宗族鬥毆，只是現在對象換成方家。

方燕山注意到，在此之前，像他家這種人很難得外移。「我們是有田地、有厝，那我父親在做校長是不應該過番（出洋）。」至少在普寧方家人之間，只有「沒錢才跑來過番」。然而潮浪已經轉向。他們的敵人迫使數量不詳的方家人出洋。這裡要說明，部分家族成員已經因為商業理由外移海外。方燕山在安南（越南）有個親戚，在布料生意上「致富」，邀請他前來同住。相反地，他卻逃到檳城，在另一名親戚的店舖打工。68

方家不是唯一逃離亂局的人，船上載滿各種難民。本書以普寧縣益嶺村人陳錦華的生命片段開啟篇章。他的大家族擁有十五畝田地，雖然在潮州來說頗具規模，但一般而言卻非如此。陳家人產出的食物足以自給，還擁有一處果園。海外也有親屬。因為這些原因，他觀察到，「共產黨來，就說『富農，拿錢來。』」

一九三二年，他跟兄長決定外移到暹羅，「因為情況很糟。共黨基地就在附近的大南山上。」前往港口的路上，他們被共黨反抗軍抓住，問他們去幹什麼。腦筋動得快的陳錦華說他要去汕頭打工，他們就放過他。然而兄長卻說自己是農民，因此遭到一頓痛毆，用他帶在身上打算要上廟宇進香的線香燒灼他的前胸後背。當訪問者問陳錦華，為何只有他逃過一劫，他說：

住汕頭的沒有在家鄉，就不（可能）參加共產黨啦。我的哥哥（四哥）說他耕田，（問及）你有參加共產嗎？（哥哥說）沒有，說沒有就打……打到他哭得不能再哭，很淒涼。所以我們中國當時很可憐；很多不幸的人民很多，有的給打死，有的給打傷。[69]

陳錦華說明了很多住在交戰區的人所面臨的困境：「那個時候我去暹羅就是因為了這個事情。沒有辦法。就是因為我們是大家庭，我們有二、三十人，各自逃啦。沒辦法，不能逗留了……整天提心吊膽，怕這邊的兵來國民黨，也怕那邊共產黨來……所以我們自個兒逃啦。」[70] 他逃到暹羅；哥哥逃到潮安縣城；另一個哥哥逃到檳城；父親去了新加坡；其他親戚則逃去柬埔寨、新加坡、檳城跟暹羅。「他們各自兒逃，全分散了。」他整個家鄉有一千名男性，全都走光了：「叫做散鄉里」，剩下女人。將他從汕頭送到曼谷的輪船滿載一千五百名乘客，幾乎全數都是為了逃離潮州動盪。[71]

陳家也許比陳錦華願意承認的更有錢。他離開時，母親給了他二十銀元（當時往曼谷的船資是八元），他的姊夫在暹羅有一處甘蔗莊園；其他族親在檳城有些生意。然而這個家族似乎並非受益於方耀清鄉行動的菁英族群，他們沒有牛田洋的大片田產。他們似乎是擁有適當資源跟海外連結的「中農」，然而地方共產黨人仍舊將他們與「邪惡仕紳」標誌的方家視為一丘之貉。

這些受到動盪驅動的移民自然也對東南亞海岸地區帶來影響。例如，一九二八年，海峽殖民地立法局被迫發布新的《移民限制法案》（*Immigration Restriction Bill*），「限制或禁止不受歡迎的移民潮」。殖民地當局擔心大批革命者從「汕頭縣」湧入，形成「社會道德危機的可能來源」。殖民地發生罷工跟爆炸，導致警方加強管制。《移民限制法案》是好幾項導致海峽殖民地政治壓迫（多數反共產黨）惡化的立法之一（還包括《驅逐條例》〔*Banishment Ordinance*〕、《武器爆裂物條例》〔*Arms and Explosives Ordinance*〕及《煽動出版品條例》〔*Seditious Publications Ordinance*〕）。[72]殖民地再度陷入中國東南的社會政治亂局之中。

前所未見的大量難民在柬埔寨（法屬印度支那）落腳。前往柬埔寨的中國移民一直以來每年都在兩千人的穩定數量，這數字卻在一九二〇年代激增。一九〇五年約有十七萬華人住在柬埔寨；到了一九四一年，數字增長到三十萬。這些移民多數來自潮州，到了一九六〇年代初期，柬埔寨華人有百分之七十五來自潮州區域。幾乎全都來自揭揚、普寧與潮陽，也就是跟大南山接壤的縣。驚人的是，一九三〇年代以前，廣東話曾經是柬埔寨境內最主要的華語，潮州話卻在一九二〇年代開始取代它的地位。[73]這批大量的移民改變了柬埔寨海外華人社群。

同時還改變了柬埔寨的農村經濟。多數潮州人遷到鄉間小鎮；到了一九六七年，幾乎所有柬埔寨鄉村商店店家都是潮州人，他們構成了鄉間華人人口的百分之九十以上。[74]正如威爾默特（W. E. Willmott, 1932-2021）所觀察，潮州商鋪店主「構成了高棉（柬埔寨）農民與外在經濟世界的主要連結」。他注意到部分法國觀察者將這些店主描繪成農民的「剝削者」，但這種汙名反映出印度支那法國人對華人的典型偏見。即便討厭華人的法國學者，如尚・德爾維（Jean Delvert, 1921-2005）也承認，若少了這些創業者，高棉「農民無疑將……難以為繼」。那些「村中的店主」，德爾維寫下，「與村民共存」。他們購入農作，將鄉間不易取得的商品供應給村民，包含鍋、鹽、火柴、壺、犁頭等等。高棉生產者通常無法以現金購買這些物品。相對地，他們用稻米、玉米及其他農產，在稍晚的收穫季節時支付。[75]德爾維強調這個體系將柬埔寨農民轉變成消費者的方式，與潮州移民到來之前的方式不同。他也注意到，這些店主是以信用方式向批發商購入物品，因此若收成不好，或農民就是付不出錢來，批發商與零售業者都會蒙受巨大財物損失。事實上許多店主「自己也挺窮的」。他們通常是金邊或其他城市成功商業家族的窮困潦倒遠親。[76]

一小群潮州人愈發富裕且有影響力。即便沒那麼令人驚訝，但有些成功故事正是來自普寧縣洪陽村的方姓移民（以其姓氏的潮州話發音「Pung」知名）。方僑生（Pung Kheav Se）是柬埔寨當前最有錢的銀行家，他的家族就是在民國政治動亂時期逃離普寧。就像方燕山，他的父母親都是縣城裡的教師，移到柬埔寨後仍持續這項專業。由於收入不夠，因此他們便轉行建立了菜市公司（Caishi gongsi），販售植物蔬菜種子。生意逐漸興隆後，他們開始向印刷與製造業延伸。等到方僑生在一九四六年出生時，家族財富已經穩固，方家也崛起成為柬埔寨潮州社群的領袖。[77]

方僑生的其他親戚甚至更為成功。他的叔叔方炳貞（Fang Bingzhen 或 Pung Peng Cheng，生卒年不詳）是一名富商，也是施亞努親王（Prince Sihanouk）的親近顧問。各種職位之外，他還在一九六〇到七〇年間擔任柬埔寨王位委員會（Throne Council）祕書長，七〇到七五年親王流亡北京期間的辦公室主任。[78]他的妻子本身也成就非凡。唐四英（Tong Siv Eng, 1919-2001）於一九五八年當選國會議員，五九年成為柬埔寨第一位女性部會首長。除了在五九到六三年間擔任社會行動部長、六三到六八年擔任衛生部長外，她更是婦女權益的倡議者。[79]由此可知，至少在共產黨清算的短暫喘息空間中，有些普寧方家人在流亡中飛黃騰達。

鄉下店主跟這些更顯赫的菁英被視為同一群人，並在一九七五到七九年的紅高棉血腥統治中，都被打為「階級敵人」。約有百分之五十的柬埔寨（此刻為民主柬埔寨）華人人口，死於波布（Pol Pot, 1925-1998）政權的「殺戮戰場」之上。一九七五年總人口四十三萬的華人中，約有二十一萬五千人死於處決、飢餓與虐待。正如班・基爾南（Ben Kiernan）指出，這是「東南亞華人族群遭遇的最可怕災難」。同時考慮到共產黨政策還禁絕華文語言或任何形式的文化差異表達時，消滅半數華人人口單純就是一場大屠殺。[80]絕大多數受害者都是潮州人，多數人為了逃離中國的共黨迫害或報復，又或者單純想在沒有戰亂的土地上找尋更好的生活，他們逃離了中國革命的劇變，卻在潮州海域的另一處陷入爭戰。方僑生的父親在驚恐中過世，但他跟家人成功逃出柬埔寨，首先前往泰國（此處有不少普寧方家人），後來前往加拿大。他的叔嬸最後落腳法國。方家人再度逃離了針對他們而來的共產黨；一代又一代登上亞洲政治頂峰後，卻發現自己得往更遙遠的地方逃命。[81]

柬埔寨「殺戮戰場」的暴行形成特定歷史事件，並產生相對應的可怕迴響。將方燕山、陳錦華、方僑生、方炳貞及成千上萬無名難民的經驗，連結到早已被遺忘的一世紀前的潮州暴力事件上有任何意義嗎？我們必須考慮更大的歷史脈絡，接下來的篇章會延此脈絡衍伸。獨立歷史事件能讓我們確認，一八六九到七三年間的方耀行動，如何在這片時空中迴盪出勝利與恐怖的回聲。潮陽村落的農民遭到梟首，因而改變了大洋另一側英屬殖民地的刑事司法系統。孩子成長過程中從未見過流亡父親，讓看似靖平的社會下，一股憤怒隱隱沸騰。嚮往烏托邦的革命者將怨憤投射在已逝總兵的後代，在角色對換之下，方總兵的族親被逐出洋，卻發現自己又被另一股革命災難的大浪淹沒。

若不曾細思方耀的清鄉行動，就很難理解潮州海域的結構轉變。這類轉變遠較單一事件來得複雜許多，肯定也不僅是單一「偉人」（即便是廣東的總兵「大人」）的行動後果。在十九世紀末中國最富裕省分的現代國家建構，透過粵東清鄉者的武裝暴力與無情課稅行動，延伸進了該省第二大商業區。辛亥革命之前的幾十年，典型的後太平天國時期地方菁英日益坐大的情況，一定程度上透過方耀帶領綠營兵推動的發展計畫在潮州實現。方耀驅逐了經常對抗官府的動亂分子，因而加速潮州人的外移。最重要的是，圍繞著區域港口數十年的軍事化社會秩序，有利商業發展，同時更進一步促成潮州人崛起為南海的主導者。方耀的清鄉行動促進了潮州海域的資本主義發展，雖然也激發了將來的革命破壞。在家鄉與海外，中國與歐洲的國家建制者都正在馴服野蠻東方，將國際貿易秩序規制化，裨益中國南方沿岸的大商人，也讓中國與殖民強權日益糾纏在鴉片的政治經濟中。

第六章 麻藥資本主義：箝制上海的英國人

一八三九至一九二七年

所有缺乏明顯來源的大財富底下，都有某種犯罪——看似體面而被忽視的犯罪。

——歐諾黑．德．巴爾札克（Honoré de Balzac）

許多人都因為中國的鴉片貿易而致富：英國人、美國人、帕西人，當然還有中國人。一八五八年以前，當鴉片販售跟娛樂用途遭禁時，財富是透過走私而來。中國南方沿岸是現代歷史上走私貿易最國際化的地方。英國人跟清朝打了兩場戰爭：一八三九到一八四二年的第一次鴉片戰爭以及一八五六到一八六〇年的第二次鴉片戰爭（即英法聯軍），認為自己替西方利益打開方便之門。結束戰爭的條約跟協定「開放」了十五個中國外貿港口（包含四二年的上海跟五八年的汕頭），同時在五八年後讓鴉片在中國取得事實上的合法化。

潮州幫在上海的崛起

「條約港」開放通商的很久以前，如我們所見，潮州商人早已涉入鴉片的國際與沿岸貿易。同樣地，潮州幫（「潮惠會館」）涉入上海鴉片貿易，也早在一八四二年英國人「打開」這個港口之前。潮州人自身常省略這段歷史。前鴉片商鄭應時（生於一九〇一年卒年不詳）根據「前人口述」於一九六五年寫下潮州掮客與他的宗族——鄭家，如何崛起成為上海的主要鴉片商之一的過程。根據口傳資訊，「鴉片戰爭之前，英國、美國，都是最初的販毒魁首……鴉片戰爭之後，上海成了帝國主義在中國公開推銷鴉片的主要基地；住在上海的廣東潮州籍鴉片商人，則成為帝國主義在上海推銷鴉片的主要掮客。很多人由此發財致富，成為上海灘的富商巨賈。」[4] 這段關於潮州幫崛起的說法，卻是有些誤導。他這一支鄭家確實在一八四三年，擔任上海渣甸洋行的掮客，然而此前潮州人在這個港口販售鴉片，至少已有二十年的時間（甚至更久）。這並不是要為英國人無視中國法律公然走私鴉片脫罪，而是要澄清英國人是怎麼轉變了這項存在已久的中國沿岸生意。

英國人與潮州人關係的建立，早在潮州的鴉片戰爭之前，也不在上海。一八二〇年代，渣甸洋行在南澳島上建立了貿易站。這島嶼的理想位置，處在兩大商貿省分福建與廣東的交界上。更重要的是，它也位於東南亞、中國南方與上海的航運路線上。對於前往北方市場的商人來說，此地是購買鴉片的方便位置。

蔗糖是十九世紀潮州的主要商業農作物，而上海則是主要市場。[5]商人會前往生產不同等級甘蔗的村落，直接買下作物。有時他們也會貸款給生產者，等到收穫的季節再收取甘蔗。接著將甘蔗送到地方港口，由當地的糖廊工人榨糖，裝上北行船隻。船隻則會滿載棉布與滿州豆粕，返回潮州。後者是粵東主要的肥料來源，潮州則是最大的市場。[6]

潮州海域交易的商品都不是獨立產物；所有貨物的商業貿易都是相互連結的。跨亞洲的潮州鴉片交易，跟蔗糖、豆粕、稻米、棉布、甘蜜與胡椒的交易之間有一種共生關係。鴉片的獨特性在於它是目前為止單位重量最有價值的交易商品。納入鴉片，讓沿岸貿易整體的獲利更好。蔗糖之類的商品出口，當然對潮州經濟至關重要，然而這類傳統貿易也是遮掩走私貿易表面上的幌子。

一八三〇年代到四〇年代初期，來往潮州和上海的船運商是南澳島渣甸洋行鴉片貿易站的主要客戶。[7]這些商人並不需仰賴此地的渣甸交易。他們已經是更大沿岸貿易的一環，將他們帶往澳門跟廣州的鴉片市場。然而糖商卻發現順路跟這些外國走私者做生意挺為方便。渣甸船隻巡航沿岸水域時，經常會碰到往北的「戎克船隊」，必然會有一、兩艘或更多船隻做起鴉片交易。一八三八年二月十四日，一支船隊經過渣甸洋行的船「楊上校號」，一艘船攔下他們，以兩萬七千已經在更南方的廣州區域建立，因為潮陽商人是一八二〇年代伶仃島洋商鴉片貿易站的常客。[14]

至少從十八世紀初起，潮州區域的商人就已經主導了廣東對上海的蔗糖貿易。他們不只控制潮州的出口市場，還獨占了廣東其他蔗糖生產區域的貿易，例如恩平。[15]到了一七五九年，這些貿易商在上海組成了自己的會館——「潮州八邑會館」。會館是由旅外同鄉商人所組成的聯誼團體，具有多種角色——貿易組織、慈善團體、社交場域等，也涉入不同活動：建廟、政策遊說、慈善工作、協助在外地去世的商賈勞工安葬或歸鄉。[16]會館成為支撐東南沿海經濟進入其他領域的主要機構。

潮州八邑會館是由特定縣的三個地緣幫所組成：潮陽－惠來幫（潮惠幫）、海陽－澄海－饒平幫（海澄饒幫）與揭陽－普寧－豐順幫（揭普豐幫）。十八世紀的大半時間內，澄海、海陽與饒平的商賈似乎主導了潮州進入上海的航運及會館運作。澄海人也領先建立跟暹羅的經濟聯繫，澄海跟海陽人早年就主導了海峽殖民地的潮州人生活，因此他們在上海商界的主導並不令人驚訝。[17]從澄海的國際港樟林及海陽的庵埠港出發，他們在海域貿易中占了先機。上海的中國觀察家認為，到了十九世紀中期，這群商人集體取代了福建人的地位，成為上海港最重要的航運業者。[18]

幾十年過去，潮陽縣的商人開始崛起，成為上海的潮州商界領頭羊。這從一八一一年會館新館的興建工程可見一斑。專精蔗糖與菸草銷售的潮惠幫，是興建費用的最大金主。[19]他們之所以能夠在公益資金（商人重要的體制內活動之一）上壓過澄海與海陽商人，正是因為他們持續涉入利潤豐厚的鴉片貿易。正如布瑞娜・顧德曼（Bryna Goodman）指出，潮惠幫覺得有必要否認自己在一八五八年鴉片合法化之前，就已經在上海從事鴉片貿易的事實。然而商界人人盡知他們涉入非法貿易，這也加劇大組織中的緊張氣氛，導致潮惠幫在一八三九年組成自己的會館——潮惠會館。[20]正如我們所知，澄海商本身也走私鴉片，因此他們為何也非議此事的理由不得而知。涉入沿岸貿易的潮陽糖商，有長久的鴉片走私歷史。早在一八一四年初，刑案紀錄顯示他們是生鴉片的重要批發商。[21]他們也是潮州當地渣甸洋行的主要客戶，因此在一八四二年前就成為上海的鴉片商，也不足為奇。

潮惠會館從一開始就由潮陽人主導。一八三九年建館時有七十二間商號支持，總捐款數有七萬三千六百六十一兩；惠來幫（兩名捐款人）僅貢獻十九兩。事實上，到了一八六六年，很少有惠來商人在上海活動，更沒人捐款支持當年的會館重建。然而原始名稱的「潮惠會館」則保留下來，作為尊重，也持續肯定在故鄉與上海的「地方社群情誼」。[22]一八六〇年代之後，潮惠幫內只有潮陽人。

德盛號為新會館的興建貢獻了最大筆捐款，六千四百二十兩。德盛號所有人是銅盂村的郭家，郭家是主導上海潮陽幫的三大姓之一。關於這個開啟鴉片貿易先河的郭家所知甚少，據說他們在道光年間（一八二二至五一年）發跡，到了十九世紀末，已經成為會館中的領導角色。[23]年輕一代的領袖郭子彬（一八六〇至一九三二年）生於農家，最終前往上海，在鴉片行裡當學徒。學習營生數年後，建立了多間公司中的第一間——郭鴻泰土行，專門在上海與長江沿岸銷售生鴉片。郭子彬是個親自打理生意細節的精明商人，從鴉片交易積累了大量財富。中文傳記作者宣稱，他開始後悔在這一行裡扮演的角色，在懺悔中展開多角化投資。一九一四年後，他成功轉進紡織品製造業、碾米業及現代金融與傳統錢莊。他們也點出他慷慨投身公益。身為民國時期潮州會館的主要理事成員，他大筆捐助慈善作為，協助上海與潮州兩地的窮人。到了一九二三年，他資助建立潮陽、汕頭與潮安（海陽）地區至少六間學校。一九二五年，他捐給上海復旦大學五萬銀元，以建立心理系。[24]郭子彬的公益貢獻相當驚人，因此傳記作者傾向忽略他在鴉片貿易中的角色，也不令人驚訝。他對上海潮州地區人民福祉的貢獻，可能超過當時代任何政府機關。

潮陽幫第二大姓鄭家的崛起，也跟郭子彬的生命軌跡相符，從鴉片大亨、合法商人到公益家。鄭家擁有鄭洽記土行，在一八三九年建立潮惠會館時，貢獻了第三大筆的捐款：五千兩。[25]少數提及鄭洽記早年歷史的資料來源宣稱，建立土行的鄭家是跟著渣甸洋行來到上海，當時一八四二年第一次鴉片戰爭結束後，上海正「開放」與外國通商。然而很明確地，在英國人進入上海之前，鄭洽記已經在這行立下根基。

鄭洽記是由鄭介臣（又稱為鄭四太爺，生卒年不詳）所創。鄭介臣是峽山都成田鎮上鹽汀村人，他的兒子鄭讓卿（生卒年不詳）也從事鴉片貿易，孫子鄭正秋（一八八八至一九三五）則是赤誠的民族主義者，極力避免涉入家族生意，並將部分財富導向新產業——電影。他是上海片場明星電影公司的創辦人，也是擁有些許名聲的先鋒導演。[26]鄭家三代展現出潮陽幫的家族模式；老一代在鴉片生意賺得財富，年輕一代則伸入比較「合法」的領域。

鄭介臣是某種地下社會人物，周遭圍著流氓與武術專家。這種黑幫大老的氛圍顯然讓英國商人留下深刻印象，讓他們抵達上海後，更傾向跟鄭介臣結盟。[27]然而，鄭介臣並非帝國主義者的「走狗」。事實上，一八七九年他遭到英國鴉片利益者指控，其領導的集團以武力威脅外國人退出鎮江的毒品生意；鎮江是一八六〇年時被迫開放的長江港口。他現身庭上，穿著捐官服飾，平靜聽著英國競爭者抱怨三名證人（三名買辦）害怕出庭，因為「他們說在汕頭人手中性命堪憂」。最終，中國官員決定支持鄭家集團（見下文所述）。[28]

鄭介臣崛起成為潮陽商人領袖的過程並不清楚，然而一八三九年他在上海的勢力已經相當蓬勃。鄭應時的父親遷往上海之前，曾在汕頭進行鴉片貿易，宣稱上海潮陽幫的其他鄭家人，基本上「藉著他的關係，投身鴉片業」。[29]支撐著鄭家人在長江下游鴉片市場的主導集團中崛起，卻沒講出口的那個「關係」究竟是什麼？他們全都來自潮陽峽山都，同樣都姓鄭。沙隴鄭家是這個大網絡的一部分，很可能他們認定（或宣稱）跟鄭洽記的鄭家有某種親戚關係。

我們對於上海沙隴鄭家的認識，要比這位傳說中的集團領袖多一些。沙隴鄭家的崛起，傳統上認定始自十七世紀出身魚販的航運大亨鄭象德。我懷疑這位巨擘的非凡成就，部分可能也來自鴉片貿易。懷疑擺在一邊，生意帶他前往寧波、上海與天津；一七三九年鄭象德去世到十九世紀初上海潮陽幫崛起之間的某個時間點，沙隴鄭家開始走私鴉片。令人不禁猜想，他們可能接受過鳥人湯姆的美酒美食招待。他們的故鄉領袖鄭錫彤可能靠著這生意致富，勢力大到成為以暴力建構國家體制的方耀眼中特別的目標。方耀杜撰出「沙隴王」的稱號，眼紅鄭錫彤的龐大宅第，稱之為「宮殿」。[30]

沙隴鄭家是潮陽幫中的有力者之一。他們是一群來自潮陽沿岸的城鎮沙隴的家族。他們在上海及長江下游建立四間家族公司：鄭建明（生卒年不詳，後來成為潮州會館中的一大勢力）管理的仁記；鄭石仁（生卒年不詳）領導的寶成；鄭石部（鄭石仁的弟弟，生卒年不詳）管理的寶泰；鄭堯臣（生卒年不詳）領導的永康。他們集體形成上海的龐大勢力。[31]

鄭堯臣生於一八七〇年代末期，他的故事是這些人的代表。如同潮陽幫中的許多人，據說他也來自貧困背景，遷到上海尋求機會，也許還為了逃避家族宿敵方耀的迫害。他的英語能力之好，獲得巴格達猶太人鴉片大亨哈同（Silas Hardoon, 1851-1931）僱用擔任翻譯，後來升為哈同洋行（Hardoon and Company）的買辦。一八四二年上海開港後，哈同洋行是進口印度鴉片的主要洋行之一（其他還有沙遜洋行、渣甸洋行及旗昌洋行）。哈同本人是上海外國人社群中一位有趣的人物。一如許多猶太家族，哈同家族逃離巴格達的迫害，前往孟買尋求安全與機會。哈同在此被納入巴格達猶太社群領袖大衛・沙遜（David Sassoon, 1792-1864）的旗下。此時沙遜已經建立了成功的三邊貿易生意，將印度棉與鴉片運到中國，中國貨物送到倫敦；一八六八年，哈同開始管理沙遜在上海的房地產跟鴉片生意。他最終成立自己的事業。就像許多在大英帝國東方勢力範圍內活動的巴格達猶太人，他的談吐服裝都已經英國化。到了二十世紀，哈同成為東亞最富有的人之一。[32]

哈同真正的興趣是上海的房地產，然而就像其他許多人，他也透過鴉片貿易籌募必要資本。他的買辦鄭堯臣操作公司的麻藥生意，十分成功。不消多時，鄭堯臣也追隨哈同的腳步，脫離生意上的導師，開辦自己的公司。他從寧波商人手中買下永康公司，仰賴上海跟鎮江的鴉片貿易利潤，買下長江下游大片房地產。永康公司在一九一〇到二二年間達到高峰，擁有上海、蘇州、九江跟鎮江超過五百處房地產。他們還延伸進入金融業，投資中國本地銀行聚康錢莊。鄭堯臣是上海潮州會館裡擁有影響力的人物，據傳晚年身家超過一百萬銀元。[33]一九一七年鴉片貿易遭禁時，他已經不再需要這樁生意了。

多數沙隴鄭家人都有類似經驗。他們在光緒初年（一八七〇到八〇年代）前往半殖民地上海。有些人在建立自己公司之前，先擔任大型洋行的買辦；其他人則用家族金錢建立事業。他們運用鴉片利潤，進入長江下游經濟的其他產業，主要是金融、房地產及建築業。他們也進入製造業，合資成立鴻裕紗廠跟鴻展紡織染廠。[34]

就像祖先鄭象德，他們也投資故鄉的土地。一九一六年，鄭堯臣在溪西村建造了「吉六里」豪宅後，這些看似比較窮的沙隴鄭家親戚，也開始過起鄉紳地主的生活。[35]

他們還貢獻地方發展。事實上，潮陽汕頭地方的的現代教育史，讀起來就像一則上海鴉片集團的公益寓言故事：一九二〇年，鄭淇亭（生卒年不詳）與郭子彬在汕頭成立汕頭大中中學；一九二一年，鄭建明在汕頭創辦啟迪學校，提供免費公立教育；一九二〇年代，鄭芹初（生卒年不詳）、鄭友松（生卒年不詳）與鄭國凱（生卒年不詳）在沙隴、潮陽與汕頭開辦公立學校等等。[36]這是潮州歷史上的混亂時刻，軍閥的軍隊爭奪權力，剛剛興起的共產黨挑戰社會秩序。這些一度貧困的族親慷慨解囊，開始改變潮陽的公共建設。然而他們的成功卻更誘使他人離開故鄉。正如一位地方史者所觀察，「碰到其他出身沙隴、前往上海討生活的人，帶來重大影響。」[37]

還有其他負面誘因，導致人們前往上海。雖然方耀清鄉行動最暴烈的階段在一八七〇年代結束，沙隴鄭家與普寧方家之間的關係在後續年代並未改善，因此地方軍隊與沙隴居民之間陸續又發生好幾次衝突。[38]此外，廣州在一八七〇年代建立鴉片包稅制度。一八七五年省府財庫將廣東省各地五年鴉片釐金的課徵權利，以每年四十二萬墨西哥銀元的代價，出售給商人黃近源（生卒年不詳）。一八八〇年，包稅資格則以每年九十萬銀元的代價，轉讓給另一名商人李玉衡（生卒年不詳）。一八八六年，釐金局以一百二十萬銀元的代價，將汕頭、廈門徵收釐金的權利出售給蔡伯齊（Cai Boqi，音譯，生卒年不詳）為首的公司。[39]這些壟斷權利主要是由廣州網絡控制，因此削弱了潮陽鄭家的利益。

由於部分沙隴鄭家人也在江蘇省擔任鴉片包稅商，因此有企圖心的親族北往上海（位於江蘇省）賺取財富是可以理解的，特別是受過教育者。上海的潮商仰賴識字同鄉擔任紀錄，應付條約港口生意經營的複雜過程。[40]地理移動讓潮陽鴉片商超越和克服在故鄉遭遇的挑戰，擴展利益進入上海的半殖民世界。

「聯合抵制」帝國主義者

直到一九二七年為止，成田與沙隴的鄭家，銅盂的郭家及成田陳家，主導了上海及長江下游的鴉片貿易。其他潮陽家族也投入鴉片生意，跟廣州人密切合作，後者通常擔任洋人買辦。十九世紀下半葉，單一同鄉團體主導了上海最有賺頭的生意，不可謂不驚人。潮陽人從進口商手中買下生鴉片，同時兼具鴉片的批發與零售商。他們將鴉片熬成膏，在鴉片房跟菸土行中販售。他們將印度鴉片從公租界運到城裡其他區域，再將麻藥轉運到長江其他港口。這些工作獲得各個潮州會館協助，擔任鴉片生意的分號。[41]

他們的權力不只在商業上，更在政治上。一八五八到八七年間，潮惠會館所屬商賈控制鴉片釐金徵收，這是對本地交易鴉片徵收的稅金。這項特權讓他們成為一股龐大勢力，幾十年間令上海的英國人憎惡不已。身負一世紀對於在地市場的認識，又有大批同夥，他們是比任何官員更有效率的包稅者，這也是省府當局讓他們壟斷這項權利的原因之一。另一個原因則是，上海的潮陽商人在太平天國動亂期間借給政府四十萬兩白銀，因此獲得鴉片與糖釐金包稅的特權。[42]

一個體系因此形成。潮陽商人從進口洋商買進鴉片，後者在停泊港內的「躉船」上販售貨物。這些洋商支付一八五八年上海關稅會議（Shanghai Tariff Conference）中訂定的進口關稅。當潮陽幫將鴉片賣給其他中國商人時，後者支付釐金以及其他稅費（一八七九年江蘇省徵取每箱鴉片二十兩白銀的釐金，其他稅費則從一兩到三點二五兩不等）。[43]此一體系在財務上對整個毒品集團有利，因為他們收穫一定比例的釐金，並壟斷了進口鴉片的本地銷售。

這個集團無情捍衛自己的領域。一位駐上海的副領事阿林格（Clement F. R. Allen，生卒年不詳）觀察到，「控告會館暴力威脅，甚至實際攻擊非相同（同鄉）會館成員的控訴不只一起，後者冒險（向洋人）直購鴉片。」另一方面，阿林格也發現潮陽集團還確保壓低走私。「我可以很肯定地說上海沒有鴉片走私，同時由於會館的運作，也不可能穿越內陸（海關）站點走私麻藥，因為內陸稅（釐金）在離港之前就會徵收。」[44]藉由將徵稅外包給潮陽幫，官員得以讓稅收最大化。

歷史學者已經注意到英國人想要超越上海與長江下游所謂的「汕頭洋藥公會」的經濟力量，卻徒勞無功。[45]一八七〇年代中，印度－英國公司沙遜洋行在上海往上游兩百五十公里處的鎮江條約港，成立了一間分號。每個月運送好幾箱鴉片到此，開始以低於市場價格出售，想要打擊潮陽幫的生意。這樣的做法也影響了江蘇省收入，因為沙遜洋行並未向顧客收取釐金。一八七八年，潮陽幫決定要採取行動。他們在沙遜的鎮江倉庫周圍組織大量糾察哨，監視進入倉庫的人，威脅任何敢跟沙遜做生意的中國人將罰款兩千兩。沙遜因此成了商界裡的「禁忌」，在鎮江的生意也一落千丈。沙遜向道台請願，主張自己在港口自由貿易的條約權利受到侵害。負責維持稅收的道台絲毫不同情，只說英國人不了解港口貿易量正在萎縮。行內老手的沙遜洋行看到牆上告示，遂以二萬兩千三百兩的價格，將鎮江分號產業賣給潮陽幫的二十六名成員。[46]

這不過是英商與潮陽商人之間的諸多爭執之一，外國人學會別激怒潮陽商人。在中國做生

（廣汕會館），開放給區域內各行當的商人加入，不完全著重在鴉片商的利益。因此根本就沒有所謂的上海、鎮江或其他地方的「汕頭洋藥公會」。條約並未禁止中國商人參與自行選擇的組織。[51]

這種防衛說詞也並不誠實，因為「汕頭公會」這個外國人用來指稱潮惠會館的詞，實際上是由潮陽的鴉片與糖商主導並資助會館的運作。此外，這些商人也控制了長江下游一帶的潮州會館。根據鴉片商鄭應時的回憶，「可以說，所有建有潮州會館的市鎮，都是潮州鴉片煙幫勢力到達的地區。各地潮州會館都成了鴉片商人的旅社、分店的代名詞。」[52]

潮陽的鴉片商想要壟斷國內貿易。關於這些中英衝突的西方紀錄忽視了潮陽幫徵納鴉片釐金的權利，並不只限於上海或鎮江。這些商人擔任江蘇省的鴉片包稅商，而這些港口全都在江蘇。他們對本地販售的鴉片徵收釐金，每個月將分額送交省府。從一八五八到八七年間，這都是政府的主要收入來源之一。[53]他們肯定是將這項權利理解為傳統威權授予其他事業的專賣權，例如鹽跟鐵。其他商業營運並沒有交付釐金給政府的責任，因此排擠他們符合潮陽幫的商業利益。也因此對於他們將「洋藥釐捐局」的招牌立在「潮惠會館」旁的舉動並不令人意外。英國領事未能「證明」這類政府安排的存在，只是反映出他比起擔文等律師的能力不足，而後者也開心地打蛇隨棍上。

透過壟斷釐金徵收，潮陽幫展現出全球鴉片貿易體系其他要角指出的獨占傾向。不消多說，在英屬印度，孟加拉鴉片的生產銷售是殖民政府獨占權利。這些收入攸關生存，少了這些收入，「印度就會瓦解」。英屬海峽殖民地也將鴉片銷售的獨家控制權包給華人集團。殖民地的維持也高度仰賴這些壟斷收入。[54]中國的省府當局也採取類似做法，將獨占權利轉給華商以確保穩定的收入來源。

此外，英國人本身也爭奪中國進口貿易的獨占控制。我們再回到潮州，一八三〇到五〇年間，渣甸公司代表與其主要英國競爭者——寶順洋行（Dent and Company）定期達成協議，維持鴉片走私的雙頭寡占制度，徒勞無功地想要驅逐其他外國競爭者。他們操弄印度鴉片的價格，尋求最大市占率。[55]渣甸洋行同樣在上海阻撓競爭。一八八六年，中英釐金爭議過程中，釐捐局及「潮惠會館」向四位英國進口商提出一項互惠安排。倘若英商同意依中方條件（包含共同徵收釐金）提出的解決之道，中國釐捐局保證所有外國平底船送進上海的印度鴉片，必須首先通過這些洋行的承接「躉船」，包含渣甸、老沙遜、新沙遜跟廣昌洋行（Cowasjee Pamanjeethi Framjee，帕西人的洋行）。

潮陽幫基本上是將中國本地鴉片生意的壟斷結構，延伸納入一小群進口商，自然皆大歡喜。渣甸洋行的上海大班耆紫薇（William Keswick, 1834-1912）強調該公司願意做出鉅額讓利，以取不同職種的勞工。[61]

英國領事官員十分藐視這些徵收員，視他們為汕頭公會毒品權力的暴力執行者。這些徵收員形同一支「私人警力」，讓潮陽幫得以騷擾中國與外國競爭對手，阿查理試圖「揭發他們的裝腔作勢」。在他看來，「包繳釐金的集團……運用這個位置取得貿易獨占……並以眼線包圍騷擾獨立商家，不斷不請自來，抓捕盤問銷售員，讓人心生憂慮。」[62]

阿查理的譴責出現在英中兩國當局的持續爭議脈絡中，亦即關於中國人是否有「權」在公共租界裡，徵收英國王室並未同意之稅收的爭議。根本上，這是關於多數外國人選擇居住的上海區域裡，哪個國家才擁有最終主權的爭議。透過強力主張中國政府賦予的徵稅權力，潮陽商人延伸了國家權力所及之處。他們也讓英國人警覺到，他們決心要贏得這場鬥爭。正如阿查理向英國外交部上級提出警告，他「先前期望釐金集團會放棄對租界內消費的鴉片徵收釐金，然而並未成真，同時……我收到對方法務顧問的通知，他們將持續不休，以他的話來說，就是鬥到最後。」[63]在釐金徵收員軍團及英國律師的支持下，潮陽幫挑戰了英國人從一八四二年就開始打造的半殖民勢力圈。

阿查理堅稱他的前任，許士（P. J. Hughes，生卒年不詳）同意「允許」潮陽幫發出「傳票」，讓徵收員得以在公共租界區活動，是因為他以為此一制度可以阻止印度鴉片走私。然而即便許士接受這個制度，「他也預見在租界區中允許獨立警力運作的危機，以及阻撓其行動的必要。」[64]當然租界中已經設有警力——上海市警察，一八五四年在英國控制下的上海公共租界工部局下成立的警務處，由英國、愛爾蘭、錫克教徒及後來的中國警員組成。他所說的「獨立」，指的是「獨立在英國控制之外」。當許士同意由徵收員收取釐金並監控鴉片市場的體系時，他以為他們會「與外國警力合作」並「獲得會審公廨中的（英國）陪審官（Assessor）同意」。然而潮陽集團兩者皆無，阿查理將此形容為「試圖踐踏」他的權威。[65]

這裡必須補充，阿查理對潮州人別有惡意。一八六九年擔任駐汕頭領事時，他就不斷抱怨沿岸村民對英國人的武裝對抗。當地農民攻擊一名英國水兵的事件中，由於他過度反應，砲擊村落一事（所謂的金龜子號事件〔Cockchafer Affair〕），差點毀了他的外交事業。遭到當時外交大臣克拉倫登伯爵〔George Villiers, 4th Earl of Clarendon, 1800-1870〕譴責後，阿查理深感憤恨，認為外交部並不了解他被派駐暴力區域的「困難處境」，此地農民因「難以馴服而名聞遐邇」。[66]他將潮州描述為「自古以來，氏族鬥爭、私下謀殺、幫派搶劫、系統性勒索及一切歐洲黑暗時代才存在的壓迫惡行，就在廣東東北角落星羅棋布的村莊中蓬勃發生。」[67]後續阿查理轉調上海的請求獲得允許，然而當他發現自己在上海港的最大對手，竟然就是來自廣東那個角落的旅外者時，心底想必多麼驚訝不安。雖然他在關於一八八〇年代上海潮陽幫的記述中，並未提到早年事

擔保品，此舉在當地文化被視為汙辱，因為個人聲譽在當地市場體系中就是抵押品的一種形式。對長江流域的區域貿易網絡來說，錢莊是重要的資金來源。外國銀行開始在一八六〇年代後出現在上海，但它們缺乏內陸分支機構，因此本土貨幣市場仍舊控制在錢莊手中。然而外國銀行開始對小型銀行投放「彩票」（chop loan），後者轉而將錢借給中國商人。這種投資機制提升本土銀行的籌資能力，業務欣欣向榮。[74]透過建立這些銀行，潮陽商人得以分化商業利益，同時也在二次世界大戰前推動了區域經濟的繁榮。

最後，沙隴鄭家集體是這波本土金融業轉向中的重要參與者。一開始投入錢莊的兩百零七萬六千兩白銀中，他們投入了七十萬兩。鄭建明本人是信裕、信成、信孚及仁元錢莊的創始合夥人（同時也是現代銀行華同銀行〔Huatong Bank，音譯〕的董事會主席）。一開始他在這些公司投資了至少十七萬四千兩。鄭堯臣、鄭友松、鄭石部及鄭淇亭也都在這個時期投資錢莊。[75]這突顯出鄭氏家族在潮陽家鄉堅決抵抗方耀崛起，並持續繁榮。鄭家的地理移動能力，讓他們得以在潮州跨地域的另一個角落發光發亮，遠離家鄉仇敵的陰影。

回到未來

潮陽幫鴉片集團的影響力並未在一八八七年結束，當時徵收釐金的職責轉到大清皇家海關總稅務司。一方面，潮陽人持續獲得某些鴉片相關稅收的壟斷權利。例如，一八九五年，江蘇省府當局將徵收印度鴉片熟膏捐的權利交給潮陽幫。鄭治記土行的鄭讓卿曾擔任膏捐局長，收取每箱鴉片膏十二兩白銀的稅款，正如其父（鄭介臣）早先也是潮陽幫領袖，負責徵收生鴉片進口釐金。負責收繳新稅的膏捐局，就設在潮惠會館中。[76]

另一方面，他們的鴉片生意仍舊蒸蒸日上。一九〇六年，清廷宣布將於十年內禁絕進口洋藥與中國自產土藥。然而中國的鴉片禁令，效果就跟類似的美國禁酒令差不多。市場需求讓生意走回一八五〇年代前蓬勃發展的地下經濟，非法貿易大行其道。一九一二年清朝遭推翻後，民族主義革命者建立了中華民國，宣布此後將禁絕鴉片。鄭子加（生卒年不詳）率領代表團前往北京會見新的財政總長梁士詒（一八六九至一九三三年），希望袁世凱（一八五九至一九一六年）的新政府能夠採取「緩禁」政策，讓投資鴉片生意者有時間轉移。部長一絲不苟地回應：「現在的政府是革命的政府，鴉片一定要禁絕。」然而商人卻直覺部長可以被「說服」，因此安排了洋藥公所的英印同行提出大筆賄款。梁士詒的聲調明顯軟化。他允許潮陽幫持續銷售鴉片，只要他們支付袁世凱政府每兩鴉片兩角的特別稅「印花稅」。在袁世凱執政期間（一九一二至一六年），商人支付「印花稅」；正如後來鄭子加的兒子回憶，「鴉片買賣，在國內也就成為公開合法的經營。」[77]

到了此時，多數英美洋行已經放棄稅負極高的鴉片進口生意，留給一小群印度及巴格達猶太人進口商（也就是所謂的洋藥公所，包含老沙遜洋行、愛德華・沙遜〔E. D. Sassoon, 1856-1912〕、S・J・埃茲拉〔S. J. Ezra，生卒年不詳〕及愛德華・埃茲拉〔Edward Ezra, 1883-1921〕）。鄭洽記、郭煜記、李偉記的李家與其他較小的土行仍舊持續銷售印度鴉片。這些外國及中國公司同意只跟彼此交易，聯合抵制闖入者（這項協議於一九一三年透過上海菸土聯社〔Shanghai Opium Merchants Combine〕的建立而獲得承認）。他們說服上海公租界工部局承認他們是公租界內印度鴉片的唯一供應商。一九一五年，他們也跟江蘇、江西及廣東政府達成類似協議，以每箱鴉片支付額外稅費的方式，承認他們直到一九一七年的印度鴉片壟斷權利。這種寡占方式讓他們在一九一七年的限期前，膨脹價格，利潤最大化。[78]

一九一六年後共和國崩解，進入軍閥割據狀態，讓他們持續主導鴉片生意的努力更形複雜。為了將鴉片運出上海，他們被迫向地方軍閥支付各種「保護費」。此外，中國其他地區的軍閥也催生當地鴉片，作為收入來源，來自四川、雲南、貴州、熱河、甘肅及新疆的廉價痲藥，進一步激化印度鴉片面對的嚴苛競爭。法國人從接鄰雲南的印度支那殖民地，走私雲南鴉片。日本人則將滿州「邊土」運到華東海岸上的港口。重慶鴉片商人身為四川官員的代理，專精東西方商業往來，並藉此將四川鴉片送往長江下游，返航時載運外國武器彈藥。這些力量及其他積極的商業競爭者都破壞了潮陽網絡。[79]

一九一七年英國禁止出口印度鴉片到中國後，潮陽商人也順應改變中的環境。他們注意到日本人發展出對波斯鴉片（紅土）的小型市場需求，部分人士決定走私這種鴉片。一九二〇年，一間挪威洋行的買辦鄭宜賓由歐洲返中的途上，行經伊朗。他買下一批鴉片，抵達上海後，聯繫了幾位潮陽商人。他們同意跟他合夥做生意，籌募了一百萬圓，組成信遠公司（Xinyuan Company）。現在成為大班的鄭宜賓回到挪威購買一艘兩千噸的輪船，命名為「亞琛號」（Asian Treasure）。他在伊朗買下五百箱波斯鴉片，趕回上海，卻發現公租界的英國當局拒絕合作，因此他轉向法國人。法國人在上海擁有自己的地盤——法租界，並允許他在此做生意。在英國人控制的公租界經營了幾十年後，現在潮陽幫（跟信遠公司有關的十二間大型家族公司與四十間較小公司）轉往法租界，推展「紅土」市場。[80]

信遠公司後來臣服在法租界地下世界之主杜月笙（江蘇本地人，一八八八至一九五一年）之手，並持續克服種種困難。然而最終，它的成功也造就了失敗。其他商人認定波斯鴉片有市場，也開始做起生意，導致供過於求，價格下跌。信遠公司股東認定唯一確保利潤之道，就是邀請上海所有仍對鴉片貿易有興趣的潮陽商人加入。他們重組公司成為更大的實體——公平公司（Gongping Company），仍由鄭宜賓領導，但有新合夥人投入一千萬圓資金。鄭宜賓現在自信滿滿，也許過於自滿。公平公司進口了巨量的波斯鴉片，發現新貨有瑕疵時為時已晚。這批貨無法熬成中國顧客偏好的熟膏，因此無法銷售。絕望的鄭宜賓試著跟波斯供應商理論，後者卻不為所動，而潮陽公司無法在跟中國經濟關係不大的遙遠土地上「聯合抵制」外國人。公平公司最終被迫以大幅低於原價的價格，將鴉片賣給日本人，讓後者製作成廉價的「紅丸」在當地商店銷售。公平公司此後未能東山再起，最終破產。小型商號受創特別嚴重，失去了家族財富。深受打擊的鄭宜賓很快就去世了。[81]

公平公司的崩壞也吹熄了上海潮陽幫鴉片集團的經濟力量。個人持續進行貿易，然而這個網絡卻不再是強大的壟斷勢力。他們撐過了釐金徵收壟斷特權的終結，也面對調適政治秩序崩解帶來的種種挑戰。然而他們無法承受的商業挫敗，根本上源於對波斯鴉片這種商品缺乏經驗。我們無法想像鄭介臣這樣的人會錯估一八六〇年代的一船印度鴉片，只能想像撕裂公平公司的種種相互指責。倘若要重起爐灶，他們將會面對走私者更激烈的競爭，帶來更廉價的土產鴉片。他們在十九世紀的長處——關於印度鴉片的知識壟斷——成了一九一七年後的弱點。同時不像在麻藥交易地下世界的過往對手杜月笙，他們跟崛起中的強人蔣介石並沒有私人關係。蔣介石的國民黨軍隊在一九二七年入城後，蔣介石成立了「禁煙督察處」，並由曾經助他鎮壓上海勞工運動的暴徒杜月笙出掌。[82]

即便在青幫壟斷鴉片買賣後，潮陽人仍舊持續保有角色。禁煙局的官員會徵詢退休鴉片大亨如鄭壽芝，提點他們產生利潤的要點。為了感謝他的指導，國民黨政府還聘他為上海禁烟局長。另一位舊潮陽網絡的守護者，是被聘為湖北禁煙督察處處長的盧青海。這些人獲得禁烟局門面下鴉片生意的部分利益。[83]他們也許臣服在杜月笙之下，但他們的生意經驗對國民黨人來說彌足珍貴，因為後者迫切需要穩定的收入。

二次大戰期間，潮陽商人仍舊維持鴉片貿易的連結。日本人於一九三七年占領華東地區，他們斬斷了上海與四川、貴州、雲南等當時鴉片主要供應地的聯繫。上海的潮陽商人聯繫汕頭同行，安排出一條新的供給路線，因此一九三七到三九年間，汕頭重新成為上海的倉庫。當時在汕頭管理一間鴉片土行的鄭應時，透過跟當地警察與汕頭海關的合作，從中獲利良多。到了汕頭自身也在一九三九年遭到日本入侵，他將事業移到潮州內陸山區的興寧。然而鴉片供應變得不穩定，因此生意也一蹶不振。[84]諷刺的是，鄭家最終採取了十九世紀客家人走私的路線。

資本積累與帝國主義

潮陽幫將鴉片生意的利潤，投入其他生意。在這一點上，他們跟十九世紀商業世界裡其他國際商人並無不同。傳奇的東亞商業豪門渣甸洋行，透過販售鴉片積聚高額資本，並依賴這些收入，擴張版圖進入保險、穀物碾磨、航運及其他事業。一八六〇年代後，渣甸被擠出鴉片生意時，他們改而專注這些事業。然而實現這一切的，卻是鴉片。[85]類似情況下，阿比爾・阿波特・洛（Abiel Abbott Low, 1811-1893）是美國麻薩諸塞州賽倫鎮（Salem）早期英國移民的後代，以美國頂尖鴉片公司旗昌洋行合夥人身分，賺得大筆財富。他返回美國，建立自己的公司——洛氏兄弟公司（A. A. Low and Brothers），投資建設第一條跨大西洋電纜。此外他還跟柯林斯・杭廷頓（Collis P. Huntington, 1821-1900）合作，建立切薩皮克與俄亥俄鐵路（Chesapeake and Ohio Railroad）。他曾擔任紐約市商會主席；紐約市主要地標——哥倫比亞大學洛氏紀念圖書館就是以他為名。[86]洛氏的生平正是美國版的郭子彬。他們在鴉片生意中賺進第一桶金；他們也向商業組織提供重要服務；他們都在地方歷史上被視為公益人物與傑出商人；他們的鴉片生意過往卻被偷偷摸摸地塞在註腳裡，在洛氏的案例中，甚至遭到忽略。事實上，美國資本主義崛起的歷史中，鴉片貿易扮演的角色，幾乎是個完全未經探索的歷史課題。

鴉片貿易的中國敘事裡，中國參與者被斥為「叛國者」——與外國人合作，讓自己社會身陷鴉片房的牢房。[87]這是可以理解的。外國人跟中國人同樣違反清朝法律，他們持續走私導致第一次鴉片戰爭在一八三九年爆發，也揭開了不平等條約體系及帝國主義者手下「百年國恥」的序幕。

然而，看待參與鴉片貿易的中國人，還有另一種角度，指向他們在現代歷史上此時此地上的重要性。他們透過貿易積聚資本，這是東南邊疆前沿的人從中古世紀晚期就已涉入的貿易行動。貿易之所以有利可圖，乃因中國人選擇鴉片作為娛樂藥物，就像飲用同樣致癮的酒精飲料，成為英美人放鬆的方式一樣。然而不像貿易中的外國參與者，潮陽幫用他們的生意利潤嘉惠中國經濟：包含家族、原鄉及長江下游地區的利益。他們將錢投入銀行與工廠；他們建立學校醫院；他們捐贈大筆賑災款，幫助經常遭到天然災害侵襲的家鄉。他們給予困苦者的財務支持，遠超過一九四九年前任何中國政府提供的支持。

潮陽幫也在阻止十九世紀英國勢力於長江下游地區擴張上，扮演了重要角色。上海英國商人的憤怒譴責證實了這一點。鴉片戰爭開打，特別是為了讓長江下游區域向英國商業「開放」。一八五七年第二次鴉片戰爭將要結束時，外交官阿禮國（Rutherford Alcock, 1809-1897）建議英國外交部向中國政府提出要求時，反對增加四二年已向英國貿易開放的條約港數量。他認為增加數量只是增加外交部行政支出，卻對英國商業利益無甚助益。相反地，專注在已經開放的五口，同時尋求更多條約權利，好讓英國人進入內陸貿易，是強化大英帝國貿易，更合算且有利可圖的方式。他強調專注上海，讓英國利益擴張，進入擁有密集人口、商業活力及無數港口的長江流域。[88]最終他輸了一役：商業遊說者堅持要開放包含汕頭的十一個港口；卻也贏得另一役：包含鎮江在內的許多新港口，都位於長江沿岸，讓英國人得以深入內陸河岸地區。正如多年後一位英國觀察家注意到，「新安排裡最重要的一點，就是有效開放長江流域。」[89]

然而，十九世紀上海與內陸地區最有利可圖的鴉片生意上，潮陽幫網絡卻在每一步都阻礙了英國人的進展。他們允許英國人將鴉片拉到上海岸邊，卻也僅止於此。比起任何當代中國軍隊、商業組織或立意高遠的知識分子運動，他們更有效阻止英國利益擴張。這些商人不會對著帝國主義與戰爭之風，無效揮舞著憤怒的毛筆。他們在十九世紀以獨特方式對抗英國力量；既沒有海軍在側，也不需要軍隊。他們在上海憑藉商業力量、會館的一致作為及保護自己商業領域的強大決心，不只挫敗英國人，更確保中國人也從鴉片貿易中獲利。不只一名英國商人怒道：「現在公會與其關係者，將整個鴉片貿易握在手中。」[90]

一八七九年的汕頭公會案中，英國人對於條約體系提出高度膨脹的詮釋，這些詮釋是基於他們在中國港口享有廣大商業權利的理解。然而上海的潮陽幫卻對外國強權簽訂的這六項條約規範不屑一顧。反倒是他們對這些權利的詮釋占了上風。他們甚至在英國人強加於中國的混和法庭體系中，擊敗英國人。他們找來亞洲地區最好的英國律師，一同在訴訟案件中擊敗對手。憤怒的英國領事挫敗離庭後，主持法庭的中國道台驕傲宣布：「此為中國法庭，他將獨自審理案件」。[91]在長江下游地區行使釐金包稅權時，這些商人也不顧外國人的強烈抗議，認為有必要維護中國政府徵收貨物稅的主權。

從十八到二十世紀，英國的印度殖民計畫均仰賴向中國輸出鴉片。南亞的殖民當局、駐中國的英國領事與倫敦政府官員，焦慮看著中國的印度鴉片市場走向日落。他們也驚訝地看著印度鴉片與中國茶——這兩大商品交纏的貿易標誌著現代中英關係的發展，以相互關聯的方式同時沒落：一如中國本土鴉片取代南亞生產的麻藥，南亞茶也開始蠶食鯨吞中國茶的國際市場。[92]二十世紀時，東亞舞台崛起的帝國主義者——日本，拯救了上海英國人的命運。一八九五年甲午戰爭（第一次中日戰爭）勝利後，日本為所有外國強權贏得在中國建立工廠的權利。接下來數十年中，英國對中國的直接投資增加，並在製造業取得一席之地。[93]如同許多中國商人，紡織廠商郭子彬從來未能像鴉片大亨郭子彬一樣，跟英國人一較高下。這位來自潮陽的廚子，在鴉片貿易的事業之後，搖身成為實業家、銀行家及受到高度讚譽的公益人士。英國人雖讓鴉片貿易合法化，卻未能將之占為己有。

導致交戰方之間的協議無效；美國人與困頓清廷簽署的條約卻獲得批准。咸豐皇帝在一八五九年十一月九日下詔，要求當地官員對美國人「開放」潮州。[2]

倘若美國人技術上讓汕頭開放給外國通商，英國人則是在一八六〇年的軍事勝利後，成為此地的主導西方勢力。英國人以為，隨著合法進入潮州，他們自然會成為區域經濟的強大勢力；事實卻非如此。沿海村民對於外國入侵並不友善，英國人也難以進入汕頭港的內陸地區。英國人被逐出潮州進口經濟中唯一一塊他們曾經取得進展的領域——鴉片貿易。英國蒸汽輪船開始取代中國木造船隻，成為商業運輸工具，然而船上的貨物卻主要是中國人所有。當他們試圖改變經濟體系的商業動力，英國商人總是受制於嚴格的「聯合抵制」。他們為潮州商人提供既有的服務：在戎克船商北上航程中提供麻藥；跟在地走私客合作走私鴉片；當然還有發動戰爭，最終導致一八五八年後鴉片貿易實質合法化。然而這些商人卻阻撓了英國在區域經濟中的擴張。

駐汕頭的英國領事館在服務中國利益上，比起服務自己國人利益更有效率。多數向領事法庭提起訴訟的原告，都是中國人而非英國人；英國領事與海軍當局認真抓捕、處罰欺騙或攻擊當地人的英國罪犯。相反地，中國官員卻疏於處理領事館轉送的大量英國法律案件。領事館本身轉變成保護促進海外潮州人利益的機構。這些中國人在英屬海峽殖民地及香港歸化成為英國子民，然而他們的妻兒父母與其他親族仍舊住在潮州。駐汕頭英國領事館成為跨國機構，不甘願地服務華人需求，這些華人的多數財富卻是在歐洲人建立維護的殖民地中取得。大英帝國的太陽不落，光耀閃亮在英屬華裔子民的頭上。

潮州教訓：反抗英國人

中國人在第二次鴉片戰爭後簽訂的條約並未點明要在汕頭建立一個條約港口，一八五八年時的汕頭除了是鴉片與苦力貿易的基地外，並非重要商業城市。因此條約要開放的是潮州府城，這裡是區域的商業與行政中心，位於韓江上，距離海岸約有三十五公里。外國人希望能進入富庶的內陸地區，包含潮州城的主要港口庵埠港。英國領事官員也希望結交具有影響力的府城官員，後者不常前往海岸地區。汕頭附近的深水港無疑對於蒸汽輪船運輸更為有利，因而此地崛起成為廣東東部的現代海港。到了一八六二年，汕頭作為「條約港」的地位在法律上明文底定。廣州作為政治中心，庵埠、樟林及黃岡等熱鬧貿易港的誘惑力並未減弱。事實上，汕頭的多數貿易都是由其他城市更大行號的代表進行。[3]

潮州這個文化普世化的區域，充滿了返鄉的各階層旅外人士，他們長住海外。一八四七到五九年間住在中國南方的施嘉士（John Scarth, 1842-1912）遇到能操流利外語的農人時，感到相當驚訝。他回憶道：「（潮州）人……對外國人很友善。可能是因為很多人出過國……田裡農夫用馬來語跟我打招呼，是個很新鮮的經驗。他看見一名外國人，以為他應該會懂那種外國方言。這裡有很多人會說馬來語。」[4]

返鄉移民並非潮州唯一的多語族群。上海潮陽幫鴉片集團成員在汕頭進行貿易時，就能操流利英語，因此到了更大港口就以擔任洋行通譯與買辦起家。航行南海的英國船員經常由多國組成，然而到了一八七四年，多數中國沿海船隻上的水手都是潮州人。[5]正如我們已經看到，航行中國與暹羅之間的戎克船船員，主要都是潮汕當地水手。潮州人很習慣應對外國人，也有許多證據顯示他們對待訪客友善熱誠。

一八六〇年代汕頭爆發的反英暴力事件，並非顯現出文化閉關，而是出於愛國心的反抗。民眾敵意從一八五二年後就開始滋長，廈門爆發反對苦力貿易的暴動後，就將這門生意往南推到汕頭。這項貿易以苛刻虐待聞名，當地人口販子綁架農民，將他們賣給外國船家，將這些人轉送到缺乏勞力的東南亞、加勒比海及南美洲殖民地。[6]到了一八六〇年代，汕頭成為「賒單」外移人口的中心，在這個體系下，無法付出船資的赤貧勞工可以用賒欠方式出海。這也讓他們變成契約勞工，藉以償還出海的船資。此一體系經常高度壓迫，特別在檳城這類殖民地港口，常不顧苦力意願，將他們轉運到荷屬東印度群島的莊園裡。[7]多數勞工是自願前往東南亞尋求工作機會，然而常態移民反倒籠罩在恐怖犯罪故事陰影之下，滋生出反外態度。

潮州人同時也激烈反對英國領事進駐，這可以說是第二次鴉片戰爭的非正式延續。一八六〇年七月六日，首位英國領事堅佐治（George W. Caine, 1832-1874）抵達媽嶼，此地在一八五〇年代是鴉片走私地及外國人的非法居所。堅佐治是資深軍人之子，父親曾擔任香港殖民地大臣。禮砲七響中走下戰艦，當他在臨時領事館的屋頂上升起英國國旗時，另一陣槍聲響起。大張旗鼓的軍事展現中，堅佐治勝利宣布潮州條約港「開港」。[8]

堅佐治的樂觀顯然太早了，不到一個月的時間，區域內各處就出現以極端言詞唾罵英國人的告示，反外暴力成為一種生活方式。英國人大概花了一年時間才在汕頭海港安頓下來，還承受了九年遭受石塊丟擲、謾罵及暴徒攻擊的生活，才得以安全、常態前往潮州府城。由鷗汀村寨領導的反英十八鄉在汕頭騷擾英國人，科舉菁英則在其他鄉鎮動員憤怒人群。[9]作為一個經典的不對稱衝突，英國海軍無法「發揮」其海洋力量，震嚇潮州人。府城是在內陸好幾英哩的韓江岸上，當地的水位過淺，無法通航大型蒸汽輪船。堅佐治不斷請求上司派遣一支英國陸軍，強迫居民承認條約內容，然而外交部卻不同意。[10]

部分反抗是由商人掀起，他們激烈反對在汕頭設立潮海關。這些商賈並非全然反英。英國走私者證實在開港前，中國商人對待他們都相當「和善文明」。但他們也注意到，隨著潮海關的設立，事態明顯改變。[11]商人厭惡侵入性又耗時的檢驗流程，這片海岸過去並沒有太多海關管制。

他們將此與英國人的出現混為一談，至少有一位軍官稱堅佐治為「戶部」（意指海關監督）。[12]反對英國官方存在的勢力，來自科舉菁英的煽動，肯定是出於政治動機。一八六〇年八月在潮州城各地出現的告示，展現出他們的仇恨與民族主義心態：

英國人——其性如狗……或嗜母的野獸——猛衝向前……暴力殺戮……他們破壞海防，偷走省城（廣州）的槍枝與財物……將商鋪家舍燒成灰燼。（乃英咭利，性本犬羊，行同梟猊……來粵尤肆狂悖……毀我沿邊關隘，盜我鎮省寶珍……鋪屋悉被燒焚。）

……擁有熱血生命的人，一思及此，怎不想要……剝其皮？讓我們……撥開這股外國瘴癘，磨礪槍桿，誓言復仇，直到汙血除淨……現在我們聽聞惡魔領袖（堅佐治）欲往上至省城潮州。正是我們雪恥復仇的時機！（凡在血性之倫，有不思……寢其皮者乎？……聯眾志以掃盡夷氛；鍛戈礪矛，誓同仇以蕩平醜類……茲聞鬼頭有欲進入內地，游觀潮郡等語。果爾，則恰遂我等雪恥報仇之願矣。）

……他們不知潮州人世所公認好戰堅決……我們若不喜（鄰居），將報復以對；面對國仇自然更挺身而出？（不知我潮人素稱勇毅，最號倔強……從來即睚眦必報，矧在國仇？）

……若父兄召喚子弟，我們可以聚集百萬人……即便所有外國士兵都現身，他們如何對抗我等英勇？……十多年恥辱將一掃而盡……為了保衛國家，屠戮外國反抗者……不正顯示人民英勇、盡忠職守？（父勖其子，兄勉其弟……不下數百萬人……彼綜起傾國夷兵，何能當我分榆勁旅？庶上足洗十餘年之恥……為國家殺逆夷，並為朝廷守土地，有民如是，豈非既有勇而兼知方者耶？）[13]

此一反英宣言散發出二十世紀中國民族主義的精神：將戰爭與不平等條約描述為國家「恥辱」；渴望消除恥辱；將村鎮與更大的民族——國家視為一體。即便將入侵者描述為惡魔野獸的煽動言詞，這並非是出於仇恨而發的言論。告示列出英國人確實對中國人犯下的罪刑，包含不公平宣戰及摧毀廣州。在冗長文章的其他段落，作者還譴責英國鴉片走私，使中國經濟耗損大量白銀，外國人對女性帶來「威脅」，令中國失去領土。這些並非地方主義的展現，而是對於帝國主義侵略的憤怒表現。

正如柯文（Pual Cohen）所觀察的，二十世紀中國民族主義者訓斥自己同胞的點，不在於遭到外國人羞辱，而是因為他們缺乏民族「意識」，因而「未能認清這些行為是種羞辱」。[14] 一八六〇年代潮州的反英譴責，就是這類明顯可見的中國「民族」論述的最早表現之一。這些論點跟第一次鴉片戰爭期間（一八三九至一八四二年）廣州附近抵抗英軍的菁英所言相當不同。魏斐德（Frederic Wakeman, 1937-2006）描述這些早期廣州聲明為缺乏「民族認同」，夾雜村落與宗族的特定忠誠。[15]潮州人對外國人侵門踏戶的抵抗，也是交纏了這類特定性，卻又將其與民族國家交織在一起。從國家來思考，採取在地行動，他們想以抗爭翻轉戰爭與條約帶來的羞恥。此舉超越了十九世紀中國其他地方經常見到的「原型民族主義」（protonationalism）。

潮州多數反英宣傳都是菁英主導的「靖夷公局」，以無署名的方式寫成。一開始是為了靖鄉而組成的靖夷公局，在一八六〇年代演化成一個專門推動方耀經濟發展計畫的組織。[16]最具影響力的成員住在海陽縣，此地是許多地方與海外商業菁英的家鄉。公局由退休縣令邱步瓊（生卒年不詳）領導，邱步瓊在一八〇四年考中舉人，歷任不少重要官職。他還協助地方軍隊鎮壓一八四四年的黃悟空起事及一八五四年的吳忠恕起事。到了一八六〇年，邱步瓊已經超過八十歲，地方官員對他頗感敬畏。其他具有影響力的海陽菁英，包含舉人王澤（生卒年不詳）及王煥章（生卒年不詳），也協助邱步瓊管理公局。未具科舉資格，卻據稱是海陽首富的黃起予（生卒年不詳），則是另一位領袖。[17]

靖夷公局致力於反英抗爭，也成功動員鄉村地區。它鼓動潮州各村成立分局，對外國入侵採取對抗行動。沿海村民界藉著各種機會，對不受歡迎的客人投擲石塊，偶而也對英國海軍軍艦發射大砲。「武裝暴民」不讓英國代表團進入府城城門。[18]

英國人持續堅持自己的條約權利，卻只有在可靠的清軍護衛下，才敢進入內陸。一八六五年一次類似行程後，堅佐治向長官抱怨，憤怒暴民迫使他的團體在道台官署避難；他抱怨：「就各種意義而言，我們就像囚犯。」這一次，公局製作了一些頗有創意的告示。其中之一蓄意以堅佐治之名，宣稱領事來此宣揚基督教訊息。他要城裡所有居民「至（道台官署）集合，聆聽福音。每位（聽眾）將獲得一冊耶穌聖書及七錢外國銀元。」由於很多人都反基督教（特別是準基督教的太平天國威脅東南沿海之時），因此這項告示是設計來為堅佐治之行製造混亂。當擠進城裡的遊民與乞丐發現「承諾中」的施捨並未出現時，無疑將十分失望，也令威脅更加複雜。絕望的道台在好戰群眾的支持下，最終要求英國人放棄外交任務。堅佐治的通譯弗理賜（R.J. Forrest，生卒年不詳）憤怒回憶，當時他們被迫穿越「我所見過最密集的暴徒群眾。這些人展現一切敵意、喝倒采、憎恨並丟擲石塊。倘若不是擁有大批守衛，可能永遠也上不了船。」[19]

這類抵抗持續到六〇年代結束時，暴力才逐漸停止。一八六八年十二月，外交官終於能在毫髮無傷的情況下抵達府城，一名英商李質遜（Thomas Richardson，生卒年不詳）在此建立分行。兩個月後，繼任堅佐治成為領事的阿查理，終於在一八六九年向外交部回報，他「成功前往潮州」。他在電報中寫下：「一年前這趟旅程肯定會是一團糟。」[20]

阿查理的內陸冒險與方耀清鄉行動同時發生，並非巧合。兩廣總督瑞麟持續受到北京施壓解決危機，政治家丁日昌（一八二三至一八八二年）是潮州豐順縣人，被派來與仕紳協商。他可能說服這些仕紳，他們的騷動跟當下中國各地的朝廷復興精神有所違背。另一方面，方耀已經在鄰近的惠州展開清鄉行動，當地開展的暴力可能也讓他們感到不安。[21]無論如何，他們給英國人上了強大的一課，別試圖踐踏潮州人民。這將是英國人將要吞下的諸多教訓之一。

邊緣化英國人：鴉片案例

條約協商的目標之一就是讓英國商業可以進入潮州。一八四二年前，英國人享有某些利基，包含高超的運輸科技及壟斷印度鴉片生產，讓他們的走私生意大發利市。到了十九世紀中期，中國進口商卻將英國人趕出他們唯一成功的貿易生意。英國人在鄰近的香港建立殖民地（一八四二年），強逼中國政府同意鴉片貿易事實合法化（一八五八年）後，他們的利基反倒減弱了，潮州的英國鴉片商發現自己搬石頭砸了自己的腳。

一擔接著一擔，鴉片是十九世紀潮州進口的最有價值貨物。選擇鴉片作為英國經濟遭到邊緣化的案例，不只是因為比起豆粕，它是比較吸引人的主題。前者來自中國北方，用來為甘蔗田施肥，雖然是這些年裡第二重要的進口貨物，豆粕的價值卻難與鴉片比擬。一八六七年的貿易統計數字點出了這一點。那一年中，進口七千五百一十六擔鴉片，價值三百六十二萬七千（墨西哥銀元）。同一時期，進口一百三十萬八千一百五十四擔豆粕，價值兩百四十萬六千三百五十六元。[22]也就是說，即便汕頭的豆粕進口量是鴉片進口量的一百七十四倍，鴉片的總價值卻高上許多。

英商無法跟潮州人競爭，後者主導了汕頭商業。一八四〇年代期間，關於英國鴉片貿易的敘事從歌頌成功的銷售，轉成帶有戒心的抱怨「接管」這項重要生意的「汕頭商人」不斷地「聯合」。中國競爭對手固定從鄰近的香港直接航行到汕頭，接著進入潮州內陸水道上的港口。外國交易者開始放棄南澳島上的舊走私站，轉向媽嶼，最終則到汕頭，卻無功而返。[23]中國競爭對手以低於他們的價格無情出售，每箱鴉片比渣甸代理商低上十到二十五元。[24]他們願意以較低淨利率來擴張市場占有率。

潮州進口商同時也在沿海地區擁有運作順暢的夥伴網絡。一八四二年後，過去向英國走私客購買鴉片的部分「潮州交易商」，現在直接從香港取得存貨。他們在此由李鍾（Li Chung，音譯）之類的人代表，這位潮州人熟知香港價格，也善於精選較好等級的摩臘婆與巴特那鴉片。他會將市場資訊以快船送往汕頭，確保潮州交易商跟英國人同樣熟知市場情況。香港的帕西交易商同樣也以低於香港市場價格出售鴉片，讓他們得以將優惠轉嫁給汕頭的客戶。[25]不消多說，香港的鴉片農場在一八四五年從英國人手中轉給中國人，因此中國人控制了此刻湧入中國本土的多數鴉片。印度生產的鴉片中，約有百分之七十五會經過香港；直到十九世紀末之前，這個殖民地的經濟幾乎依賴轉運鴉片進入中國。[26]只要生意興隆，殖民地當局對於誰來賣鴉片，並不特別講究。

當銀元與銀錠供應不足時，外國人也難以在汕頭進行商業貿易。然而當戎克船由東南亞冒險返航帶來硬幣，又或者進行豆粕－蔗糖－鴉片貿易的戎克船由北方港口返航時，這項問題可以獲得季節性紓解。[27]區域的銀行業相當繁榮，然而潮州城才是中心，而非汕頭。中國進口商可以連結上內陸富裕市場的鴉片商，他們擁有大筆資金。渣甸洋行代表總是訕訕回報，從內陸港口出發經過他們的老閘船（中式三桅帆船），經常滿載府城中國錢莊的銀元與銀錠——有時高達二十萬兩，前往香港鴉片市場。[28]一八五八年後，廣州的官方錢莊也在汕頭跟媽嶼設立分支，但潮州人與廣州人持續壟斷白銀供應。[29]

潮州府城的鴉片市場，部分受到本地金融業者的控制。整個一八五〇年代裡，駐汕頭的渣甸洋行代表不斷報告滿載鴉片的老閘船到埠，這些鴉片是以地方金融業者預支的款項來購買。這些金融業者不只在貿易中分一杯羹，還對預支款項索求高額利息。[30]他們也阻擋了英國人進入潮州。當寶順洋行的收帳員在一八五三年帶著鴉片直接進城，這些金融業者對寶順發起「杯葛」。眼見結果的渣甸代表，決定還是將廣大市場留給中國人。[31]

這再度突顯了中國沿海金融業與鴉片產業之間的互利關係。在上海潮陽幫鴉片集團的案例中，從鴉片貿易獲得的利益，再度投入二十世紀的金融業。而潮州這邊，則是相反的邏輯。控制潮州的白銀供應，就是某種程度上控制了香港與粵東地區之間的鴉片批發生意。透過將白銀運到香港（進行投機或購買商品），他們從汕頭流通提出大量白銀，導致外國進口商疲於奔命，尋找能用白銀購買鴉片的客戶。[32]張馨保（一九二三至一九六五年）一度懷疑強大的山西錢莊興起，可能跟中國鴉片貿易擴張有關。他們是國家收益從廣州匯往北京的唯一渠道，他們也服務了港口的對外貿易。當多數這類錢莊開始營業的時候（約於一八二〇年），鴉片占了廣州總進口額的一半，他指出：「（廣州）錢莊的財富肯定與鴉片貿易有關。」[33]我們則不需懷疑潮州的金融與鴉片產業之間的關係。麻藥批發需要大量白銀資本。潮州城的批發進口貿易在金融業的支持下擴張，運用後者資助在香港大舉買入鴉片。中國東南方鴉片生意的茁壯與金融業脫不了關係。

汕頭本地的錢莊產業是在十九世紀下半葉發展起來。中國海關在一九〇六年回報，汕頭與其他商業中心不同之處，在於本地人仍舊控制港口的金融業，並阻礙山西金融體系在此地擴張。「本地金融業的大宗仍舊握在當地人手中」，海關如此觀察。「本地商人之間的組合十分強盛，因此強勢進入國內商業社群的山西票號只有一間——蔚泰厚，成功在此站穩腳步。」除此之外，只有負責將政府收入匯入省城的海關銀號，與另一間中國票號能在地方經濟中存活下來。所有錢莊（十八間是在一八九〇年代創立，十間存活得比較久）都是「純地方性」。[34]「汕頭商人」控制金融業的能力，證明了他們作為商業網絡的團結，也歸因於鴉片貿易。這些商人需要資本讓他們可以維持地方金融業運作，這種地方金融業幾乎完全獨立於宰制中華帝國各地金融的山西網絡之外。

最後，在一八六九年前，英國人還受制於不同稅率。外國進口商被迫支付三十兩的鴉片條約進口稅，但中國人則避開汕頭「條約港」，選擇比較小的港口卸下鴉片，地方當局維持較低稅率。一八六〇年代期間，香港與廣東的所有貨物貿易裡，約有百分之九十是在非條約港口進行。貿易轉向其他港口並未影響潮州整體商業情況，只有英國人押寶的汕頭受到影響。即便貿易擴大後，英國人也被排除在這些港口以外。心生不滿的廣州領事羅伯遜（D. B. Robertson, 1810-1881）有些滑稽地抱怨，「中國人成了他們自己的進口商」。[35]一八六九年後，方耀的軍事管理確保中國商人也開始支付較高釐金，但到那時他們已經將外國人逐出市場。

英國交易商哀嘆他們被邊緣化，即便已經逐漸接受自己的命運。到了一八七三年，渣甸代表愛德華・文森（Edward Vincent，生卒年不詳）為區域內多數貨品的英國貿易敲響了死亡警鐘：「我們市場明顯慘淡，單純是因為外國人被排除在外。（然而）中國人的生意卻很興隆。」一八七九年，駐汕頭英國領事向所有人回報一項長期以來都很明顯的事實：那個港口的鴉片貿易「現在已經全掌握在中國人手裡」。[36]要補充的是，從汕頭進口的鴉片並不全供當地消費。它們會轉運到江西後北上，貢獻活絡的進出口經濟及政府收入。

教訓英國人

汕頭港其他貨物的商貿情況又是如何？一八六八年，英國領事堅佐治畫下一幅精細、色彩鮮豔的粵東地圖。他點出強盛的蔗糖產區，並劃出對工業化來說極為重要的大量天然資源蘊含地，包含嘉應州與大埔的鐵和煤；丙村跟三河壩的鉛等等。[37]這是經典的殖民地圖測繪，視覺呈現當地地形，以控制資源。英國人對於進入區域市場設想了龐大計畫，然而除了航運之外，這些計畫全都成空。中國人仍舊控制了所有商品的進出口。

將這些外國企業邊緣化，並不影響潮州經濟，汕頭也持續發展成十九世紀的現代港口。至少，總的來說，這個區域並未變「窮」。事實上，雖然人口不多（一八九一年僅有四萬零兩百一十六名本地人與外國居民），就十九世紀末汕頭的總貿易量與關稅收入來說，這裡經常在所有條約港中排名第五。僅次於上海、漢口、天津與廣州，而這些地方的人口數全都大上許多（見附錄）。十八世紀時，潮州海關每年平均收入三萬三千兩。到了一八七〇年代，潮海關收入的關銀從七十四萬六百七十一兩到八十四萬兩千九百六十二兩；一八九一年更收入一百六十四萬四千五百七十三兩關銀。[38]汕頭港在鴉片貿易中的重要地位——排行第三，僅次於鎮江跟上海——則是它在全國經濟中扮演舉足輕重角色的因素。例如，一八七五年，鎮江進口了一萬一千七百五十八擔鴉片，上海緊追其後，有一萬零六百九十九擔；汕頭則有一萬零一百八十五擔。[39]當然，另外兩個港口的鴉片貿易，也是掌控在潮州人手裡。

收入增加反映出汕頭幾乎所有貨物的進出口貿易額都有所提升。一八六六年的汕頭貿易總值是一千一百三十四萬一千四百三十一兩關銀；到了一八八六年，來到兩千一百三十二萬九千六百二十七兩；一八九五年則是兩千六百九十八萬四千五百五十八兩關銀。潮州本地生產輸出的主要經濟作物是蔗糖。一八六三年，這個區域出口的蔗糖總值達五十六萬七千三百九十三英鎊；到了一八八八年，更來到一百萬四千四百二十四英鎊。[40]

龐大的沿海貿易，特別是蔗糖與豆粕，構成進出口的主幹，這是外國人無法插手的行業。一八八九年的統計數字持續告訴我們，潮州人仍舊掌控著他們的港口。光是透過外國船隻跟其他條約港進行貿易，價值兩百八十八萬五千九百二十九萬英鎊的貿易額中，就有兩百八十四萬兩千零九十五英鎊屬於中國商人；所有外國商人加起來，不過四萬三千八百三十四英鎊。[41]汕頭並非上海，區域中的外國商人得順應他們的地位。例如，英國運輸公司的代表通常將中國人託運的蔗糖視為優先。當渣甸洋行的當地代表文森發現，他無法同時載運少量渣甸貨物及中國人託運的大量蔗糖前往上海時，他拋下自己合夥人渣甸的貨物。他解釋，「現在拒絕運送中國蔗糖，將讓我（身為運輸業者）永遠無法為你送貨。」[42]

潮州人維持著自己對中國糖市場的控制，這些本土市場則在十九世紀末擴張。四川放棄糖蔗種植，因為該省土地幾乎全面轉作種植鴉片罌粟。過去向四川買進蔗糖的長江沿岸港口，逐漸轉向潮州尋求供應，並透過漢口跟鎮江轉運。出口到這兩個港口的糖量加總，從一八八三年的二十九萬一千四百九十八擔；八四年來到四十四萬九千四百零九擔；八五年更達到五十二萬八千七百九十八擔。[43]本國市場的擴張協助潮州應對爪哇與菲律賓蔗糖逐漸增強的競爭衝擊。潮州糖在香港以外的國際市場市占率下降，然而中國市場大到足以支應多數生產。例如，一八八〇年有二十一萬八千擔蔗糖出口外國港口（光是前往香港就有九萬擔）。然而同一年，潮州商人運輸了一百零三萬五千七百零五擔蔗糖前往中國港口。我們並沒有戎克船與老閘船的詳細出口數字，但在一八八〇年，這些船隻約前往香港一百趟，運送總數約為二十五萬擔。香港是潮州糖的新興市場，再次點出這個殖民地是潮州海域貿易的重要節點。然而，英國貿易商卻幾乎被排除在「自己的」殖民地的這類貿易之外。[44]

穆素潔（Sucheta Mazumdar）追蹤了二十世紀初年廣東省多數地區蔗糖產量下滑的情況，並將之歸功於來自爪哇等地的全球競爭。當中國小農無法獲得適當的甘蔗價格時，他們開始種植其他現金作物，蔗糖產量自然下滑。[45]潮州也出現這個情況。潮州蔗糖貿易特別受到主要市場上海的變化所影響，後者開始在十九世紀末轉向更便宜的東南亞選項，並於一九二一到二八年期間，放棄潮州蔗糖。[46]然而正如我們將看到，多數爪哇蔗糖的出口商，是將蔗糖生產轉移到東南亞的華人。不過此處我是單純觀察潮州商人如何阻止十九世紀的英國資本主義者掌控他們的經濟領域。

十九世紀下半葉的經濟故事，是商業繁盛積累的故事。到了一八七〇年代末期，汕頭的海關官員與外國領事經常稱之為「人民逐漸繁榮」。[47]固然有來自商業階級的動能，他們也將貿易擴張歸因於方耀清鄉行動與經濟發展計畫的良效。可耕地增加，水道築起堤防，農民也相信自己可以平安前往海外。一八七〇年代晚期，豆粕肥料進口量的驚人倍增，代表了一個更繁華社會的因與果：更多土地轉向經濟作物，因此糖蔗產量增加；農民因此有能力施更多肥；獲得養分的土地因此產量更豐。[48]

中國官員也堅稱，潮州沿岸在十九世紀末更加富庶繁榮了。潮陽縣令在一九〇八年談到縣內的好景況，除了其他事物外，將之歸因於來自暹羅、印度支那、上海及他處的旅外勞工商人的巨額匯款。「數百萬金錢匯入，讓這個區域富裕且人口眾多。」[49]一八七〇到八九年間，從汕頭出發的移民約有九十三萬零五百六十二人，而這些旅外者忠實地匯款給家人。[50]不只減輕家鄉的人口壓力，也構成海外現金收入的穩定流入。

這種普遍繁榮更刺激了英國人的商業挫敗感。他們特別感到疑惑的是，較便宜的英國棉製品，竟然無法進入棉市場。一開始的挑戰在於，從十七世紀開始，棉就是交纏在沿海貿易中的商品之一。潮州人將蔗糖與鴉片運到北方港口，從蘇州與上海載著棉與染色棉布貨品返航；這些貨品不只在潮州販售，也送往雷州、瓊州及其他南方港口。[51]汕頭開港後，進口商持續購買中國北方棉，可能是因為部分沿岸貿易仰賴以物易物。即便在一八六〇年代，商業動能開始改變之際，他們仍舊偏好本土棉。例如，一八六八年，價值一百一十萬四千零八十八美元的四萬七千四百零八擔中國棉進入汕頭。同一年，則有價值七十萬七千九百七十三美元的三萬三千七百一十三擔棉，從香港進口。[52]雖然香港的孟買棉平均價格每擔二十一美元，而中國北方棉則是每擔二十三美元，中國產品仍舊勝出。一八六九年，阿查理震驚發現，汕頭竟然能拒絕便宜英國棉，偏好較昂貴的「本土棉布」，這幾乎是世界獨有的情況。[53]潮州商人最終也向市場機制低頭，開始在香港大量購入孟買棉布。到了一八八五年，孟買生產的棉線也取代了本土棉線；事實上，孟買棉線幾乎占了當年度進口棉線總量的百分之八十五。[54]這項改變對英國的香港與印度殖民地有利，但從香港殖民地購入棉產品的，是潮州商人，而非英國商人。英國人幾乎被排除在這項貿易之外。正如英國領事在一八七八年回報，「棉布與棉線（貿易）……多半（我可以說主要）都在中國人手中。」[55]

英國人試圖改變汕頭的商業動能，卻徒勞無功。不像廈門或福州，外國人在茶葉貿易上占有一席之地；或在上海，他們掌控公租界；十九世紀期間，英國人卻無法在汕頭的貨物貿易中獲得長足進展。鄧尼斯（N. B. Dennys，生卒年不詳）與梅輝立（W. F. Mayers，生卒年不詳）在一八六七年關於中國條約港口的知名報告中觀察到，汕頭的貿易受到潮州人與新加坡華人的高度控制，因此很少有歐洲人落腳此地。[56]德記洋行主要合夥人李質遜多次嘗試，更決定要住在汕頭，彰顯出挑戰的艱鉅。就像其他洋行，李質遜被強行逐出鴉片貿易，卻在運輸業做得有聲有色，特別活躍於運送中國人往東南亞的客運（這是汕頭商會萬年豐會館不願從事的項目）。李質遜想在貨品貿易上進一步獲利的作為，卻不太成功。

我們可以列出一長串他遭受的挫敗，但在當地商人手中遭受一次無情的「聯合抵制」，就讓他學到血淋淋的教訓，知道誰才是潮州浪潮之主。李質遜扮演的諸多角色裡，包括擔任於仁保險公司（Union Insurance Company）的汕頭代表，這是間一八三五年在廣州創立的英國海事保險公司，第一次鴉片戰爭後，總部卻設在香港。[57]潮州人理解貨物保險的明智，因此向李質遜跟其他保險公司的汕頭代表購買保險。一八七四年，一艘滿載潮州蔗糖的英國蒸汽輪船，在臺灣基隆港附近沉沒。這艘船的目的地是上海，卻折到臺灣島，因為當地煤價比較便宜。好幾位商人向於仁公司購買保險，然而因為船隻脫離前往上海的直接路線，於仁公司拒絕理賠。客戶因此勃然大怒，不僅是因為沿岸輪船經常停靠臺灣，補充煤炭供應，也因為好幾位跟其他公司保險的同業卻獲得理賠。由於李質遜只是公司的地方代表，因此必須執行公司政策。

成立於一八六六年的萬年豐會館（「汕頭公所」）是港區除了茶葉貿易（通常是福建人）外，所有潮州商貿人士及移民行經營者的公會。[58] 萬年豐是區域內的主導勢力，當憤怒成員得知於仁公司在一八七四年秋天的背叛之舉時，他們集會決定要對德記洋行執行全面抵制，因為這間公司高度涉入運輸事業，因此得仰賴中國客戶。商會並未公開發布訊息，也未斥責李質遜。他們並未發動抗爭，或進行任何表演式鬧劇。他們只是把話傳出去，想在港區做生意的中國人，都得完全杯葛德記洋行，因此德記的生意很快就蒸發了。

在於仁允許下，李質遜絕望地想提供要保人一半賠償。然而此刻，向其他公司保險的人都已經獲得全額理賠，因此萬年豐也為於仁保戶要求全額理賠。於仁同意了，條件是他們得簽署授權書讓保險公司可以控告船東。商人不接受全額理賠還有條件，因此繼續杯葛。李質遜轉向他的領事求助，地方官員卻告訴領事，商會保證絕無針對德記洋行的「共謀」，一切只是因為此刻市場比較疲軟。李質遜很清楚他被「聯合抵制」了，因為市場仍舊熱絡，而苦力仲介在十月底告訴他，他們也遭施壓要杯葛德記洋行。這對李質遜的生意來說是個嚴重威脅，因為他高度涉入前往香港跟海峽殖民地的客運，而十月底代表著汕頭「外移季節」的開始。[59]

李質遜成功拿到一份商會成員會議中通過的決議文件。文件中寫到所有保險業者中，只有德記洋行拒絕賠償糖商損失。因此必須懲罰其「貪得無厭」。商會決議發出所有中國行號蓋印的紅色通知，宣布從十月三日起，所有跟德記洋行的生意都須終止，包含租用貨棧、租用船隻或託運貨物。商會也諮詢上海的狀師，決定相關法律議題中的細節，特別是英國法律如何界定「損失」（因為部分由沉船中搶救出來的糖雖有受損，仍可以較低價格出售，保單是否含蓋這類損失並不清楚）。無論保險未含蓋的損失有多少，這不當負擔不該被迫由單一運輸業者承擔。他們宣稱：「損失將根據貨運量，由所有運輸業者均分。損失應當由全部人承擔，而非一人！」[60]

我們可以看見汕頭公會如何維護團體精神。他們注意到實務議題，也仰仗上海律師。他們決定一間行號的損失等於共同損失，將由受到災難影響的所有行號共同承擔——只要他們能夠獲得全額理賠。德睦（Demou，音譯）就是受到損害問題影響最大的行號，它永遠會記得有難之時兄弟來援。這反映出一種意識，運輸貨物穿越詭譎大海的行號總是受到災難威脅，這次慷慨解囊的公司也許下次就會受難。大家的共識是讓每個人的生意都能做下去，並且在共同敵人面前維持團結。這是極為特殊的商業行為，也是他們的商業領域掌控難以突破的另一個理由。

嚴格遵守團體決定也確保了潮州人的團結，這些決定通常是由大行號決定。決定方案之後，商會就會要求「不得有異議之聲」，[61]並期待團體在杯葛德記洋行一事上維持嚴格團結。沒人膽敢意見不一，這是保險公司理賠爭端中的取勝關鍵。李質遜的生意正逐漸瓦解，他的中國員工在衙門裡遭到錯誤指控，他發現領事館在這類商業爭端裡派不上用場，因為商會成員並不把領事館放在眼裡。他告知領事：「您對當局的抱怨規勸在會議中招來訕笑不滿，英國領事館的重要性與影響力也遭到嘲笑。」[62]

李質遜束手無策，只好臣服於商會權威。「當這些武器指向我們時，我們被迫感受自己的無能為力，」他抱怨道：「我們只能投降。」他的公司出資付清了剩餘的兩萬七千五百一十元美金。「不負責任的公會卻能施展無限力量。對抗這類迫害的唯一方法，只有夠強大的力量，才能要求重大賠償……外交……在此完全失敗。」倘若他們持續以此方式處理跟英國公司的所有爭端，他斷言：「所有爭端解決都將訴諸這種窮凶極惡的獨裁做法，」英國人永遠都會輸。[63]

身為萬年豐會館跟於仁保險權力鬥爭中的不幸中間人，李質遜在「無條件的羞辱投降」後大吐苦水。他斷言只有粗暴「力量」才能大幅制止這些商人的無聲排擠教訓，確實發人深省。我們可以看到他們「窮凶極惡的獨裁做法」，比起英國海軍傲慢砲轟港口更有效率。後者的好戰確實給了外國人進入區域的機會，卻無法在日常生活裡增進英國商業利益。商會施展的商業權威是「無限的」——借用李質遜的話，在家鄉不容置疑，更延伸到他們在上海的關係，還有他們影響海外客運的能力。他們的力量來自團結，團結之所以有效，正因為它輕若鴻毛的本質，缺乏實質力量，卻無邊無際。他們採取了商業上的「無為」——什麼都不做，卻完成了一切，確保「天下將自定」——正如道德經所說。汕頭港的自然秩序是潮州人的方式——情況可取的時候，就互相調適（例如仰賴可靠的英國蒸汽船運輸），除此之外則是中國人無情控制的領域。這個故事揭露了商會的內在力量，與英國商人對抗商會時的弱點。最令李質遜氣憤的是，潮州人對抗於仁保險時，完全站在有理的一邊。也許聽來不合時宜，但任何曾經對抗過保險公司的人，看到這些商人贏過一間試圖靠著耍嘴皮子來逃避保單責任的賺錢企業時，也不由得叫好。這些商人付出保費，在決定輪船航道上毫無影響力，並拒絕被自己的保險仲介「擱置不理」。

這類領域性的冒險，不限於商業階級。勞工也展現出某種程度的自主性，雖然整個南海地區面臨許多經濟轉變。例如，一八八〇年渣甸洋行在汕頭建立一間製糖廠，幾乎立刻遭遇勞工問題。他們想要聘用的當地工程師，拒絕接受渣甸提出的不明薪水，比香港的薪資要來得低。汕頭糖廠的經理被迫要求渣甸香港廠的總工程師前來汕頭，但他也要求香港等級的薪水。他還要求預付兩週工資，遭到拒絕後，他威脅要毀掉糖廠機器。經理擔心他會煽動其他勞工一起罷工，因此同意所求。[64]同時在招募低階勞工上也遭遇問題。在二十五名工人裡，他想用每月五元美金的價格僱用多數人，進行挖掘溝渠、搬煤炭及糖袋等粗重工作，卻無法找到足夠勞力，因為他們招募工人的村莊頭人要求更好的薪水。經理堅持原本提出的薪資，這將勞力總支出限制在每擔粗糖一點五分美元，然而若順應頭人的要求，每擔粗糖的勞力成本將是三分美元。最終，經理成功繞過頭人，卻必須面對不滿的勞工。加工廠撐了幾年，最終於一八八六年失敗收場。[65]

渣甸洋行試圖要對這群勞工建立歐式管理，他們的薪資會跟其他支出及最後利潤拿來比較。然而，潮州維持的勞工體系卻讓他們相當頭痛。其中之一，由於糖廠工人是香港、爪哇及暹羅的跨地域勞動力的一部分，他們知道汕頭製糖廠的薪資是低於其他地方的薪資水準。確實正如我們已經看到的，技術勞工已經不斷外移到海外糖廠工作。渣甸自以為合理，考慮到香港的生活費用較高。然而從勞工的角度來看，前往香港或海峽殖民地並不是太大的問題。考慮到新加坡或柔佛甘蜜莊園裡非技術農工月薪是美金六元，渣甸的工作似乎沒什麼吸引力。身為勞動力，他們至少還有選擇。

港口附近的村落也控制勞動力供應，猶如自己的領域一般，並抓住經濟發展帶來的機會。例如汕尾居民是由李家主導，李家擁有形成現代汕頭港的多數土地。一八六〇年代他們組成多村莊聯盟，反對大清帝國海關的建立，也抵抗英國人進入這個地區。到了一八七〇年代，暴力稍歇，村民順應港口擴張，壟斷了碼頭工的工作。[66]在區域內多數地區，這發展成正常的勞力供應體系。庵埠港區最有力的村落是馬嶺，由陳、楊兩姓掌控。一九〇三年後，庵埠火車站的勞力服務就是由這兩個家族控制。另一個村落居民王昌瑞（生卒年不詳）回憶道：「別鄉的人不能（在那裡）接手，好像有私會黨的界線。」[67]他認為這些家族之所以成功，是因為他們擁有許多男性成員——在這個區域內，等同推進利益的能力。

潮海關則被迫順應這種秩序。吳家控制了榕江砲台海關站所有船工職位。一九二二年，潮海關終於試圖打破這種壟斷，將十三名吳家人轉到其他關站，並拒絕以另一名吳家人接替吳姓去世船工。最終，逝者的位子卻是由其林姓養子繼承。[68]

英國商人無法讓這樣的勞力體系順服他們的需求。季節性、遷移性且幾乎完全來自鄉村地區的勞力供給，偶而會讓英國運輸業者難以找到足夠工人來裝卸輪船，這也彰顯出他們在雇主階級中處於較低地位。例如，一八七四年時，渣甸代表回報出航延遲，因為港口多數勞力都被轉往內陸稻田收割新米，因此無法裝載貨物。他只能等待更重要的工作完成後，才能獲得足夠的裝卸勞力。[69]

英國人究竟為何仍舊堅忍不去呢？理由之一，在這個廣東省第二大商業區域，中國獲利第五大的條約港中，即便分一小杯羹也是值得。德記洋行在此待到二十世紀，擔任匯豐銀行（Hong Kong and Shanghai Banking Corporation）、鐵行輪船公司（Peninsular and Oriental steamship lines）及其他數間保險公司的區域代表。到了一九〇八年，他們終於成功投資地方煤礦產業及其他事業。[70]更重要的是，在南海區域的英國成功故事——運輸業務中，汕頭仍舊扮演重要角色。

確實，英國商人要求開放潮州成為條約港，因為他們判斷潮州沿岸水域會給英國運輸業帶來很大機會。潮州人也承認蒸汽輪船運輸的優越性，讓商業貿易可以脫離季風，更是難以預測的水域中更可靠的運輸模式。這些優點也逐漸讓他們採用外國船隻。英國運輸業者主導了往香港跟新加坡的客運；為了阻礙這門生意，中國官方對涉入客運生意的中國人船隻課以兩百美金的稅。[71]

戎克船運業是潮州商界裡英國競爭者少數占得上風的案例，儘管如此，戎克船運業的衰退是緩慢的。一八八〇年，仍有六十六艘貨運量在兩千到一萬擔的戎克船從汕頭出發，活躍於沿岸貿易，因為這類船隻持續有其吸引力。理由之一，它們在港「停泊時間」較長，在白銀長期不足的情況下，這種做法讓以物易物交易得以進行。[72]比起世紀初期潮州海域內的大量船隻，六十六艘不過九牛一毛，然而戎克船貿易仍舊存活了下來。此外，單桅戎克船非常蓬勃，不只是因為它們更能適應河流三角洲的淺水區，也因為他們在地方經濟上扮演重要角色。單是澄海海岸區，就有三百五十艘單桅戎克船參與貝殼蒐集作業。這些貝殼經過處理製作成貝灰，用於建築業。一八七九年時，此地每年約生產一百零五萬擔貝灰，估計價值達二十六萬兩千五百美元。[73]這些比較小型的戎克船為數百男女提供工作機會。二十世紀初的海關報告持續提到「衰退中」的戎克船運，似乎從未完全消失。[74]

英國運輸業的勝利，雖然帶來衝擊，卻未破壞潮州經濟。戎克船上的海員轉往蒸汽輪船，而且如我們已經看到的，沿岸貿易輪船上絕大多數的工作人員，都是具有長期海上經驗的潮州人。[75]此外，汕頭的輪船與帆船商業在一八六〇年後擴張，碼頭工人逐漸找到工作。從外國運輸業者的哀嘆中可以判斷，田間收穫季節裡，船隻裝卸苦力很難找到人力。英國輪船勝過中國帆船是英國人獨特的成功故事，然而潮州整體經濟卻在十九世紀裡吸收了這股衝擊。

中英領事館

汕頭的英國領事館是為了服務區域內的英國貿易商，但它在這方面的成就卻相當有限。相對地，領事館在服務潮州中國人的利益上，包括東南亞海外華人族群的程度，卻是令人驚訝的。領事館更常支持當地中國原告對英國人提出的法律訴求，而非解決英國人面對的困境。

我們可以從領事法庭紀錄中看到這一點。在條約體系的治外法權安排下，英國領事扮演區域法官的角色，負責裁定關於英國子民的民刑事案件。法律審判紀錄每半年會報給上海的英國最高法庭。[76]從這些簡短通訊中，可以發現汕頭領事的主要法律職責，是訓斥在英國船隻上工作的吵鬧海員。這些案例記錄了港口城市或海船上常見的滋擾事件：醉酒鬧事、攻擊及不服管理。雖然絕大多數犯事者來自英倫島嶼，審理紀錄反映出跨洋英國輪船上工作人員的國際多樣性：華人、荷蘭人、阿拉伯人、美國人、爪哇人等等。[77]例如，領事館的一八六四年「犯罪紀錄」（Police

Sheet）中，絕大多數被指控者（二十四人中有十五位，百分之六十二點五）來自英國；指控者除了一名以外，也全都是英國人名。[78]

中國原告也透過領事館處理涉及英國子民的民刑事案件。從一八六七到八六年間，共有七十七件民事爭議在汕頭領事館裁定。其中七十四件案例提供我們足夠資訊，可以確認原告國籍。三十八件涉及中國姓名原告，針對英國姓名對象提起訴訟。這三十八件當中，英國領事判定十三件由中國原告勝訴；七件撤回或駁回；十七件則未揭露任何關於訴訟結果的資訊。[79]也就是說，領事處理的民事事件中，過半數都是中國人的民事訴訟。英國領事館演變成潮州居民對英國子民爭議中爭取正義的機構。這並不是說這個體系完美符合中國當事人的需求。偶而英國商人會宣布破產，消失在廣大的帝國裡。[80]然而領事決心要讓治外法權體系合法化，因此積極致力於將自己的同胞繩之以法。

英國旅外人士卻對此發展感到不滿。「傑西・麥當勞號」（Jessie MacDonald）輪船船長約翰・斯多特（John Stott，生卒年不詳）對領事富禮賜（Robert Forrest，生卒年不詳）大發雷霆，因為後者接受潮州居民指控斯多特的船在一八七六年六月未清償大批帳款的情況下出航。因為船長為船員訂購的衣服，斯多特積欠裁縫三舉（San-ju，音譯）六十點六四美元。他還因為船隻的舢舨服務，積欠王記（Wangi，音譯）十五點六美元；另因壓艙物，積欠一位地方人士不明數量

而，閱讀這幾十年的案件報告時，我們也必須考慮十九世紀中英法律實踐上的差異。中國知縣傾向拖延民事爭議的法律程序，因為兩造之一訴諸正式法庭，經常會鼓舞爭議者更努力於藉由協調來解決差異。[86]因此他們並不會迅速回應英國人的民事爭端指控。

此外，潮州知縣習慣透過萬年豐會館（汕頭商會）解決多數商業爭議的內部制度；萬年豐會館由二十四間區域主要商號代表所組成。海關關員形容萬年豐會館為「一種商會、貿易局及市議會……擁有強制執行規定的權力，可能會讓許多政府嫉妒。」這個會館受規範慣習制約，後者形成一種規範區域內所有中國商人的「商業法」。規範之一是未能「全額」償還債務的公司，若要再度建立事業，將受到他人「杯葛」。[87]在汕頭這樣的港口，誠實可靠的名聲相當重要；即便每個人的商業利益大相逕庭，欠債不還的人眾所皆知。在潮州，借款經常延伸成「長期信貸」，亦即延伸一段長時間的信用借款。這類做法需要可靠的個人關係，以及能夠促成長距離貿易的機構——特別是同鄉會。這類貿易組織對中國商人來說相當合用，但對英國人卻非如此。正如阿查理在一八六九年怒道：「中國債權人透過公會或滿州人，通常都能收到債款。」但外國人缺乏迫使債務人負起責任的制度化手段。當他們逃匿到村落裡，中國債權人還可以「訴求人民的正義感。但若涉及外國人，村民總是相信躲藏在他們之中的同胞是對的。」[88]這類持續問題導致外國人認為中國人「需要」歐式商業法律，然而中國人並不覺得需要改變自己的商業秩序，以符合英國人的需求。

令問題更加複雜的，是外國人與中國人商業生活的跨國本質。當英國領事碰到的債務案件中，涉及在中國沿岸貿易的中國人，以上海產業作為抵押，在香港取得貸款，接著在生意失敗後潛逃到潮州鄉間時，他該怎麼處理呢？倘若一名在汕頭欠錢的商人，公司倒閉時逃到西貢，他又該如何？[89]跨越茫茫大海清理債務，相當具有挑戰性。英國領事館就像殖民地法庭，作為英國律法所在地，卻不足以管理跨國經濟。一八七一年，海峽殖民地兩百四十二名商人在挫敗中，向殖民地當局陳情：「貿易階層大眾是由其他……國家蜂擁至此的人。」倘若一名貿易商生意失敗，他會拋下一切責任，將錢匯回家鄉。「離開新加坡並不難——十分鐘的船程就能讓他渡河到國外的柔佛領地，或者也可以在數小時內跨越到廖內群島……循線輾轉返回他的故里。一旦到了……中國、暹羅、蘇門答臘……或甚至是英屬印度，債務人幾乎完全脫離公權力的追蹤。」[90]跨國脈絡中的債務積欠，跟定居人口脈絡中的情況，相當不同。不只是因為海洋近在咫尺，讓人們拋棄責任；人類持續流動的地理更讓人得以逃進不同司法管轄區域，消失無蹤。債務人穿越邊界，不向任何當局負責，即便事實上他得面對為數更多的政府當局。

英國人建立了殖民地與領事法庭的全球網絡，然而這個體系若想在潮州生效，就需要中國官員更正式的商業規範。更重要的是，他們擔心債務清償的相關問題，會破壞自己的貿易利益。正如阿查理在一八六九年回報道：「外國人面對的另一項嚴重劣勢，在於跟所有中國人簽訂合約的不確定性……（同時）滿洲人不願意強制執行外國人對本地債務人的清償請求。倘若中國人對外國人請求清償債務，他可以公平自由地獲得我們法庭裡存在的所有救濟手段……情況若相反，肯定要經過冗長的書信往返……且除非領事……特別積極執著，否則不會採取任何行動。」[91]這些年裡，領事必須得不斷「催促」官員。一八六四年關於新加坡一間潮州公司破產的案例中，公司所有人返回海陽村落，留下超過兩萬四千（墨西哥銀幣）的跳票本票。堅佐治被賦予收回債款的任務，因此二十四度與中國知縣、知府、道台與總督溝通。[92]倘若堅佐治是中國人，可能會被當局斥為訟棍。當然，對英國領事來說，只是處理眼前的少數案件，算是比較輕鬆。中國官員得揹上更多職責。然而，就法律領域來看，我們可以看到兩個法律文化的衝突，中國人不願意改變自己的程序，只為了符合英國人的要求。實務來看，這表示比起中國法庭上的英國原告，英國領事館裡的中國原告更可能獲得自己想要的成果。倘若我們可以相信阿查理跟其他人的評論，這些做法都影響了英國在區域內的前途。在潮州歷史上，欠債不還的人也算得上是報效國家。

跨國公民

汕頭的英國領事館為在英國殖民地工作的潮州華人，提供十分寶貴的服務。自稱身為「英國女王子民」，應享權利及保護卻以中國人服裝髮式現身的華人，令早期領事感到驚訝而不知所措。然而海峽殖民地的最高法庭決議「所有生於英國領地的華人，根據英格蘭法律，嚴格來說（是）英國子民。（然而）華人父母親若從未歸化或生為中國子民，其子女在中國並不具有被視為英國子民的資格。」[93]部分海峽殖民地華人取得英國公民身分，這些歸化子民返回中國時，激化了英中兩國政府之間的緊張關係，因為後者並不接受住在中國的華人並非「中國人」的概念。清朝官員也持續擔憂華裔英籍旅外人士的顛覆傾向。對於歸化英國限制了中國人壓制反清犯罪勢力的抱怨，英國駐北京公使阿禮國表示同情。他在一八六〇年代發布規範，限制華裔英國公民在中國當地的多種特權，一八六八年宣布所有華裔英國子民必須「放棄中國服飾並採用其他服裝，可立即同當地人區辨。」忽視這項規範的人將在法庭上失去英國保護。[94]

歷史學者已經知道海外華人採納多重公民身分，以便在家鄉政治不穩時保護產業，或者參與給外國殖民者的商業機會。更進一步，丁林（Peter Thilly）已經指出日本人以一種「以公民身分為基礎的帝國主義」來推動這類訴求，將日本司法管轄延伸到跨國華人商業網絡中。[95]汕頭的英國領事確實深信「富裕華人」很需要英國政府的保護。一位領事寫下，這些人「很少被（潮州）人視為同胞，而是強徵勒索的好對象」——村民或官員都是如此。[96]

比較富裕的旅外者傾向申請歸化，並積極取得領事館的保護。例如，一八七九年，從外國出發抵汕船隻中下船的兩萬八千零四十八名華人中，只有七名登記為英國子民。大多數移工並不符合申請成為公民的資格，有資格的人可能也不願支付五美元的登記費。[97]七位登記者中，五名為商人，兩名是商業辦事員。多數會說英語，四人還被列入汕頭的英國陪審團名單之中。[98]

劉氏兄弟劉明意（Liu Mingyi，生卒年不詳）與劉長意（Liu Changyi 或 Low Cheang Yee，一八四八至一九一五）是陪審團名單上最知名的兩人。身為新加坡主要橡膠企業創辦人之子，劉長意因為將榮豐號（Rong Feng）轉型成海峽殖民地領導企業之一而聲名遠播。劉家也參與控制鴉片農場的集團，後來投資現代銀行，服務海峽地區、香港與曼谷的潮州人。劉家是富裕且具影響力的海外華人家族。[99]

雖然兩人都在新加坡出生、居住，偶而還是會返回潮州，也許是位於海陽的劉隴村。劉長意的好幾個孩子都在潮州出生，他也認定潮州為祖籍。即便如此，登記為英國子民，不只是保護資產的自私策略。他曾就讀新加坡的英語菁英學校萊佛士學院（Raffles Institution），也在一九〇〇年當選海峽英籍華人公會（Straits Sino-British Business Association）執委。就像許多潮州人，他同時是大英帝國的都會殖民地子民，也是忠誠的村落子弟。[100]

因此，他致力於保護他在潮州的資產。一八七九年，他登記了自己在汕頭以一千零五十兩銀子購買的四百八十六畝地產。大片產業包含一處潟湖、水壩及沙堤。他準備將潟湖及附近區域租給佃農，主要是為了捕魚。領事固威林在未接獲大使指示下不願採取行動，因為他並不想為港口之外的鄉間產業負責任。在此案例中，他認為「英國館處並不適合涉入這類容易發生爭議及複雜情況的產業」。[101]他並未詳述，但可能指的是地主－佃農之間的爭端。我們並不知道這類請求如何解決，但劉長意期待領事館服務他的利益。

這是旅外者為了保護自己在家鄉的產業所採取的策略之一。另一項更引人深思的策略，則是安排自己兒子劉炳炎跟總兵方耀的女兒結婚。[102]我們對於新加坡資本家與這位軍事強人之間的個人關係所知甚少，但劉長意在一八七〇年代登記的田產，很可能就位於牛田洋新生地一帶，因此方耀的自強事業也獲得一千零五十兩的進帳。男人們在海外奮鬥時，方耀自然會看顧親家的財產。劉家作為一個典型的「跨地域家族」，仰賴廣東的「偉大平定者」與遙遠的馬來亞殖民地當局，後者推進他們的海峽商界事業同時，汕頭領事館還要保障他們在家鄉的利益。

登記也有其缺點，華裔英國子民就得面對領事法庭的訴訟。一八八〇年，一間中國公司控告葉高陽（Yap Co Ghiong 或 Ye Gaoyang，音譯，生卒年不詳），涉及美金九十九元的不明傷害。法庭判決原告勝訴。葉高陽是生於檳城的英國子民，一八七六年在領事館登記為「邱天保公司」（Khoo-Teang-poh and Co. of Penang）行員，並享有外國人的治外法權。他也出現在一八八〇年的汕頭陪審團名單上，表示他能說英語，並獲信任可以陪審關於英國子民的案件。[103]儘管訴訟輸了，葉高陽也不太可能質疑登記的必要性，特別以他公司在汕頭業務性質（苦力貿易）來說。邱天保出身檳城具有影響力的福建商人家族。他的兄長邱天德（Khoo Thean Tek 或 Qiu Tan Tek，一八二六至一八九一年）是檳城主要福建人「祕密幫會」的領袖，也是兩處龐大苦力招工站的所有人。殖民官員認定這個幫派「有害公共和平」，邱天德則是「檳城所有罪犯的首領」，將非自願苦力從檳城運到蘇門答臘島上的日里。[104] 弟弟邱天保則經營汕頭這一端的生意，經常將勞工送到檳城。由於邱家兄弟兩人都是一八六七年檳城暴動的主要煽動者（不同華人方言團體之間的一系列械鬥），而邱天德在暴動過程中涉及挑唆好幾起謀殺，因此汕頭領事為何會將他們的僱員納入陪審員，著實令人納悶。[105] 領事館很可能沒將兩件事情連起來想。另一方面，英國人堅定捍衛苦力貿易，並且誇大自家規範帶來的效力，英國人並不總是能夠理解，在他們全球自利行為的表面之下所潛藏的暗流。[106] 潮州的「外移生意」充滿危機。真假與否，仲介被指控各種罪名。涉入苦力貿易任何層面的商人，都不受到港口萬年豐會館的歡迎。潮州的軍頭方耀是會館的盟友，也跟會館一樣，對賒單制度並無好感。區域內的兩大中國勢力（商會與軍隊）都對苦力外移生意保持敵意。英國公民身分保護葉高陽這樣的自由人，跟他們在跨國企業中運作的利益，雖然在中國得面對許多阻力。

相對來說，本地仲介則經常被騷擾，遭到方耀處決的人也不在少數。來自潮陽達濠的乘客仲介曾阿四（Zheng Asi，音譯，生卒年不詳）就是一名不幸的被害者。一八七五年十月，一名心懷怨恨的前客戶抵達新加坡時，誤控曾阿四綁架並將他販往海外。這位客戶讓一名潮陽友人告知方耀此件「犯行」，方總兵在未徵詢行政官員的情況下，立刻於一八七六年一月斬首曾阿四。新加坡的英國當局最終判定仲介是遭到誣控，然而此時他已經死了，而且身為中國子民，也得不到任何領事保護。[107]

結語

透過商賈控制貿易，勞工建立部分勞動條件，十九世紀的潮州人贏過了他們的帝國主義對手。然而商業動向卻在二十世紀轉變，特別是蔗糖業沒落之後。然而這段時間裡，他們已經將自己的優勢極大化，讓英國人未能在經濟領域中立足。

當然，英國帝國主義在中國的其他地方產生影響。同時此處所說的部分故事，也顯示出潮州人以不同方式貢獻英帝國的擴張：促進鴉片銷售；將印度棉從新加坡或香港運到潮州與上海；貢獻香港的經濟活力。然而正如高馬可（John Carroll）提醒我們，香港既是英國殖民地，也是中國殖民地。[108]他們不只助長英國殖民主義，還將資本家的商業利益極大化；這些資本家主要是廣州人，但也有潮州人跟福建人。海峽殖民地可說是不遑多讓，由潮州與福建華人主導。一八九〇年代倫敦的殖民地部驚駭發現，他們甚至無法將這些殖民地的貨幣從銀元改成金本位，只是因為主導兩地經濟的華人不喜歡這個主意。倫敦希望跟貨幣金本位制的國家推動殖民貿易。然而，正如香港首席按察司（chief justice of Hong Kong）詹姆士·羅素（James Russell, 1842-1893）的一八九三年證言，華人主導了香港的貿易，這個殖民地是中國經濟的延伸。「香港必須跟中國的通商港口使用相同貨幣」羅素表示，因為「這些港口是中國人所有，中國是銀本位……住在通商港口的（英國）商人若想進行貿易，就必須遵循他們的方式。」海峽殖民地的證人同樣也強調殖民地只是東南亞華人主導的「廣闊白銀區域」的一部分。殖民地部很難接受香港對中國貿易必須在對倫敦貿易之上，然而一八九三年的渣甸洋行大班耆紫薇卻點出，順應倫敦改變貨幣基準不是個明智的決定，因為香港經濟跟中國港口完全融合在一起。[109]中國商人就是偏好白銀，事實就是如此。二十世紀之初，南海的華商勢力持續超越英國殖民政府的力量。

透過邊緣化英國人，潮州人並未限制自己的港區跟現代全球經濟之間的融合。隨著十九世紀往前，潮州逐漸融入這個經濟運作，只是他們的範疇在上海跟東南亞，而非歐美的殖民本土。他們並不需要歐洲市場與資源。他們可以進入歐洲人的殖民地，跟這些地區的融合讓他們得以維持商業主導地位。不需贅言，英國人在汕頭經歷的阻礙，並沒能在香港或海峽殖民地報仇雪恨。事實上，英國人歡迎潮州人的生意，也促進華人利益在南海地區擴張。

第八章

跨地域家族：男人世界裡的女性

一八八〇年代至一九二九年

從我們土地上出去的移民特徵，是他們不接受我們國家的經濟支持。每個人自願移居（東南亞）殖民地，一開始遭遇困頓，但最終他們都能成功。至於他們的海外生活，一如過去，他們從老家找到婚姻對象，形成大規模的團結。

——南洋汕頭海外華人互助會，一九三四年

旅外商人與勞工跟潮州維持著連結。他們是跨地域家族的成員，這些家族的親密生活是在廣大領域中集體展開。我們不能僅從單一地點來理解他們的經驗：家族歷史在多個地點展開。比較貧困的家族可能只在兒子匯錢支持父母妻兒的時候維持聯繫。有些勞工跟村落完全失聯，然而即便這些案例裡，家庭生活的人口特徵也是跨地域展開。家鄉的人口外移村落，變成以女性為主體的場域，固然反映出家庭領域單點的性別動態，但當我們納進以男性為主的旅外經驗，並整合東南亞各地的資料後，這些家庭再度展現出中國人傳統的性別比例，至今仍是男性高於女性。潮州海域的家庭生活形成一種「大規模的團結」。

二十世紀之前，傳統生活的女性待在潮州家中。她們照顧孩子公婆，並維繫婆家在村落裡的領域。跨地域主義是一種家庭策略，讓女性留在祖先土地上耕耘根系，男性則取得遙遠殖民地及條約港口的資源與工作機會。部分在十九世紀外移的女性進入性工作，尋求海外的男性勞工市場；這些男性拋下家庭，生活在以男性為主體的世界裡。一九一二年清朝滅亡後，傳統女性外移增加，然而直到一九二〇年代共黨起事與反共平叛迭起，女性外移人數才大幅增加。即便此時，男性旅外者仍舊不願見到與故里的婚姻連結就此消失。

男女兩性的勞動階級旅外者歷史，就是一部跨越邊界的循環史。正如海峽殖民地的「華人庇護者」必麒麟（W. A. Pickering, 1840-1907）所觀察：「（新加坡）移入者與移出者之間的界線……極度微妙，苦力在上午九點可能是個移入者……九點半就成了移出者。」[1] 如此高的流動性導致英國當局難以要求華人在自己的意圖之外，服膺殖民地的經濟設想。

跨地域主義下的人口狀況

清朝晚年，潮州女性過著傳統生活；傳統文獻也高舉她們的勤勉與美德。「若住在城裡，很少出入公共場合；若在鄉村地區，手腳也很少（因為農事）長繭。（鮮拋頭露面於市廛，胼手胝足於隴畝者）」，一八九三年的縣志如此保證。潮陽知縣在一九〇八年回報：「潮州人嚴格分別男女。女性踏出大門時，通常會戴上面紗遮臉。」即便舉止端莊，女性走出家門時，城裡遊蕩的無業閒人仍舊會「調笑婦女，令人生厭」。[2]

這些文獻來源承認多數女性有工作。除了照顧家庭外，她們還從事紡紗、編織、刺繡、草鞋製作及打井水。有些人在村外打工。住在山區的女性會撿柴，些微驚訝的潮陽知縣觀察到「肩挑扁擔四處兜售的女性小販」也不在少數，「但（縣）城裡卻從沒看過」。住在沿岸的女性會搜集海洋產物，貼補家用。[3]就像男性，女性也從無關耕地的機會裡受益。山海提供了另類收入來源。

十九世紀下半葉及二十世紀初，汕頭條約港是大規模外移的地點。很少人是真正汕頭「出身」，這座港口在中國新年期間就像一座鬼城，此時傳統上人們會返回家鄉，慶祝最重要的農曆節日。[4]到了一九四〇年代，此地已成為擁有十七萬六千三百零四位居民的現代城市；九萬三千零八十七人為男性，八萬四千兩百一十七人為女性。然而驚人的是，只有一萬六千八百零五人以此為故里。其他十五萬七千九百九十三人都是從潮州或廣東省其他地方搬來，一千四百五十七人

十六點二是女性）。九個縣中，八個都有女性人口占多數的村落（見表8.1）。

即便是女性占多數的村落數較少的縣中，居住當地的女性比例，以當代中國標準來看，仍然相當驚人。客家人的大埔縣擁有潮州最低的女男性別比例，也沒有任何女性人口占多數的村落，然而當地的人口中，仍有百分之四十五點零六是女性（見表8.2）。

澄海跟潮陽縣擁有最多女性人口占多數的村鎮，整體而言，女性人口的比例也是最高。這兩縣正好是方耀清鄉行動受創極深的區域。

表 8.1　一九四〇年（除非另有註記）女性人數占多數的村鎮比例，以縣區分

縣	女性人數占多數的村鎮比例（百分比）
潮陽	32.1
澄海（一九三三年）	26
潮安（海陽）（一九四六年）	20
揭陽	14
饒平	13
惠來（一九四一年）	12
豐順	3.2
普寧	2.6
大埔（一九二八年）	0

資料來源：比例出自 CZZ 2005: 2147-2212。

部分清鄉行動目標地區的性別比例十分驚人。例如沙隴的女性比例達百分之五十三點九。此地的兩性人數差異（總人口兩萬六千四百零四人中，女性比男性多出兩千零九十八人），幾乎是構成潮陽全縣性別人數差異的百分之二十四。當地傳說指出清鄉行動是將潮陽變成外移縣的主要因素，自此之後男性外移成為常態。外移者絕大多數前往暹羅（一九五八年資料有兩萬三千六百八十七名海外沙隴人，其中兩萬一千兩百五十七人都住在暹羅），然而仍有其他鄭家人前往海峽殖民地、法屬印度支那及荷屬東印度群

表 8.2　潮州各縣男女人口比例

縣	年度	男性（百分比）	女性（百分比）
潮陽	一九四〇	51.1	49.9
澄海	一九三三	52.03	47.97
潮安	一九四六	51.7	48.3
揭陽	一九四〇	52.9	47.1
饒平	一九四〇	52.1	47.59
惠來	一九四一	53.1	46.9
豐順	一九四〇	54.29	45.71
普寧	一九四〇	53.8	46.2
大埔	一九二八	54.94	45.06

資料來源：CZZ 2005: 2147–2212。

作者註：這些資料是有問題的：部分在戰爭期間收集，某些縣（如潮陽）的資料比其他縣（如大埔）更加詳細。這些資料是中國警察進行人口普查時收集的（見香港歷史檔案館 [Hong Kong, Public Record Office]，HKMS202-1-10, 29）。

島。[9]

另一方面，潮安縣（一九一四年前為海陽縣）則充滿跟方耀合作發展計畫的富裕菁英，然而此地在女性占多數的村鎮數上，也排名第三。明顯地，在這三縣中形塑性別比例的重要因素，是長遠的海外旅行傳統，同時也鄰近最繁忙的出發港汕頭。到了一九〇五年，至少有六十間「客棧」服務區域中的移工需求。[10]地理上容易外移，加上旅外菁英提供當地人海外工作機會，解釋了性別比例的落差。

這些村落以女性人口居多，讓人對於當地似乎並未經常殺害女嬰抱持希望。不幸的是，並非如此。只要從跨地域面向去探索潮州人口情況，由於潮州海域的海外各地都是高度男性化，透過多視角計算，就會發現概略數字會回到一九四九年前中國傳統上男性占多數的數字。

英國海峽殖民地編纂的移民統計則展現出移民的性別化動態。由於殖民地高度仰賴華人（擔任勞工、投資人及鴉片壟斷的主要消費者，後者更是殖民地收入來源），英國人小心仔細地記錄抵埠華人的數字。一八七八年的統計數字點出華人移民的高度男性化世界。在這一年中，總數達五萬八千六百四十三名華人抵達新加坡（其中一千八百二十四人為女性）。其中有兩萬三千四百六十六人來自汕頭，其中一百零二人為女性，少於汕頭乘客總數的百分之一（百分之零點三）。部分潮州女性可能來自香港，而非汕頭。抵達新加坡的華人女性，絕大多數都會先前往香港殖民地。香港的資料並未根據籍貫區分，然而假設許多女性都是來自潮州，也不會大幅度改變性別比例。兩萬一千一百名來自香港殖民地的乘客中，只有一千六百八十八名為女性（百分之八）。[11]

一八八一年的海峽殖民地（此刻包含新加坡、麻六甲、檳城、威斯利省與天定）人口普查數字更強化此一分析，刻畫出除了本土馬來人外，各族裔團體都是高度男性化的殖民地社會（見表8.3）。

此一簡單印象強調了國外

表 8.3　一八八一年海峽殖民地人口統計（選錄）

總人口數	**423,384**
男性	281,687
女性	141,697
歐美人總數	**3,483**
男性	2,803
女性	680
馬來人總數	**174,326**
男性	86,701
女性	87,625
泰米爾人總數	**37,305**
男性	28,535
女性	8,780
華人總數	**174,327**
男性	143,605
女性	30,722

資料來源：CO 275/25 (1881), 268b。

生活的陽剛性。所有人口數據顯著的族群裡，華人的女性比例最低：百分之十七點六。事實上，由於華人是最大一群人口，占了總人口數的百分之四十一點一（更是新加坡殖民地總人口數的百分之六十二點三），因此性別比例失衡多半都出自華人的影響。人口普查還記錄了來自其他二十一地的人口，強化了以商貿、莊園生產及資源榨取為主的男性世界的統計圖像。只有本土馬來人展現出科學上自然的性別比例，女性與男性的人口數大致相同。

每處殖民地都記錄了華人籍貫資料。此處我以新加坡為主，這是目前為止海峽殖民地當中最大的一塊。這些數字強化了英國人正為華人打造一處殖民地的想法，後者占了總人口數的百分之六十二點三。大量從中國出走的人，造成其他所有族群人口移位，包含表面上的「歐美」殖民者（百分之一點九）與當地馬來人（百分之十五點八）。[12]表8.4中的數字也突顯出潮州裔人口數。

所有華人移民族群中都有類似的高度男性比例。海峽華人主要源自福建人，相對擁有十分自然的性別比例，也許因為他們是殖民地中最富裕的一群，因此不會被迫殺嬰。但也因為許多長期居民與馬來人通婚，吸納了對於女童比較寬容的態度。[13]

新加坡的潮州人裡，只有百分之七點四九是女性，百分之九十二點五一則是男性。性別比例則是每一千兩百三十三名男性，有一百名女性。殖民地其他區域也複製這種性別動力。例如，在麻六甲，潮州人中百分之三點三是女性，百分之九十六點七則是男性。[14]一八八〇年代，馬來亞

表 8.4　一八八一年新加坡華人人口，依籍貫分

華人總人口數	**86,766**
男性	72,571
女性	14,195
福建	**24,981**
男性	23,327
女性	1,654
潮州	**22,644**
男性	20,946
女性	1,698
廣州／澳門	**14,853**
男性	9,699
女性	5,154
土生（含各籍貫）	**9,527**
男性	4,513
女性	5,014
海南	**8,319**
男性	8,266
女性	53
客家	**6,170**
男性	5,561
女性	609
未表明籍貫	**272**
男性	259
女性	13

資料來源：CO 275/25 (1881), 308。

各地的潮州人中，都可見明顯的性別比例不平衡。因此我們看見，比起中國其他地方的村落，外移社群的潮州故鄉開始變成女性占多數或擁有許多女性人口的過程。任何時間點上，離開潮州的絕大多數移民都是男性，因此產生家鄉不正常的女性比例。然而若從跨地域脈絡來思考這些村落，它們絕非女性占多數。

這些不平衡的情況，也可以在潮州移居的其他地方看到，雖然較欠缺細節。施堅雅推估從一八八二到九二年間，前往暹羅的華人移民中，女性占了百分之二到三的比例。那十年中約有十七萬七千五百名華人抵達曼谷（九萬九千四百人離開，推測前往中國）。因此，在進入暹羅王國的十七萬多人中，女性有三千五百五十人到五千三百二十五人。二十世紀女性前往暹羅的數字逐漸增加，然而男性數字總是遠大於女性。[15]大多數暹羅華人居民來自潮州，然而性別比例卻無法進行精確的籍貫分析。無論如何，加上旅外男性人數，就會讓潮州的性別比例回到中國其他地方可見的「正常」範疇裡。

一九一一年後，華人女性移民的數量略微增加，她們在海外人口中的比例也上升。例如，到了一九二一年，進入海峽殖民地的華人移民中，華人女性占了百分之十五；一八七八年只有百分之三點一。[16]直到一九二〇年代末期，特別在潮州人中，男性持續是華人移民主流。此時已成為「英屬馬來亞」地區的一九二一年人口普查證實了這一點。表8.5的統計數字也顯示，英國人持續為華人打造殖民地。

表 8.5　一九二一年相對其他人口數的英屬馬來亞華人人口數

總人口數	**3,358,054**
男性	2,061,622
女性	1,296,432
歐洲人總數	**14,954**
男性	10,048
女性	4,906
馬來人總數	**1,651,051**
男性	843,703
女性	807,348
印度人總數	**471,666**
男性	335,485
女性	136,181
華人總數	**1,174,777**
男性	848,776
女性	326,001
福建人總數	**380,656**
男性	261,741
女性	118,915
廣州人總數	**332,307**
男性	227,341
女性	104,966
潮州人總數	**130,231**
男性	102,160
女性	28,071

資料來源：一九二二年英屬馬來亞人口普查，頁 148 與 186。

到了一九二一年，女性占華人人口的百分之三十八點四，比起一八八一年（百分之十七點六）是明顯上升。然而潮州女性僅占潮州人總數的百分之二十七點四，顯示比起另外兩個主要的華人族群——福建人與廣州人，潮州女性比較少外移。即便女性人數增加，潮州男性仍舊占據這個籍貫總人數的四分之三，海外經驗也持續高度男性化。

一八八〇年代與一九二〇年代的人口普查，兩者主要的差異，在於潮州人占英屬馬來亞華人總人數的比例下降。整個十九世紀中，他們一直跟福建人競爭人數上的優勢，也遠比廣州人多上許多。到了一九二〇年代，雖然人數並非不顯，卻落後於其他團體，即便潮州外移人口持續增加。在此背後有種種複雜因素，但最重要的是二十世紀胡椒甘蜜莊園農業的沒落。這是潮州人投資的主要產業，十九世紀潮州人絕大多數都是在新加坡跟柔佛的胡椒甘蜜莊園工作的農工（事實上，許多勞工都是貧窮的「賒單」客，必須從事一陣子的契約工。這是相對於較富裕的福建人，他們人數增加的原因；前者自費出洋，因此人數較少。）海峽殖民地的潮州商人開始放棄這個產業，轉向房地產、橡膠、稻米與金融。他們特別主導了稻米與水果的貿易，不願在潮州人主導的經濟部門中工作的勞工，不是繼續移民到暹羅，就是逐漸前往法屬印度支那。一九二〇年代期間，潮州人完全取代廣州人，成為柬埔寨最大的同鄉團體；到了世紀中，更占據當地海外華人總人口的百分之七十五。這也造成了他們在海峽殖民地人口中的比例下降。

無論他們前往何處，旅外者留下的村落裡，女性人數總是超過中國常態。一九二〇年代造訪潮州客家腹地的訪客，驚訝發現許多婦女在田裡工作，甚至在連接汕頭與廣州的東河水道上擔任裝卸工。共產黨將領朱德（一八八六至一九七六年）將大量女性勞工歸因於區域的男性外移傳統。「這是我第一次看到身強體壯的解放中國婦女」，他如此宣稱，「被迫擔起所有責任，她們已經從父親、丈夫與婆家的古老獨裁中解放出來。」[17]雖然並不清楚一九二七年時，這些旅外者的妻子是否真如朱將軍所宣稱的解放，人口現實卻點出女人勢必在即將到來的革命中扮演角色。一九二〇年代時，許多人已經為區域內的鄉村運動提供必要服務。她們協助建立農民聯盟，也參與農民自衛軍的戰鬥。她們扛起擔架將受傷戰士送到國民黨勢力範圍外的村落，運送補給給受圍困的共黨軍隊。她們也擔任分散的戰鬥單位之間的通信偵查員。[18]

人口現實還帶來其他反響。葛學溥（Daniel Kulp, 1888-1980）報導一九二三年在潮安縣的外移村落鳳凰村所做的田野調查時，揭露了當地村民擔心幾十年來愈來愈嚴重的丈夫外移現象，造成「不正當的性行為」持續「增加」。這些不正當的行為，包含當地男性與兄嫂、弟妹、妻姨、伯嬸、姑姨母、甥姪女與堂表姊妹之間的亂倫行為。其他醜聞包含男性調戲鄰居的女性親屬與女傭。[19]同性關係並未提及，這個主題很難找到詳細資訊。桑梓蘭（Tze-Lan D. Sang）注意到在一九二〇年代，公開討論女性性親密的情況變得更為常見，然而這些農民顯然並未參與其中。[20]

戰前年代裡，關於那個妻子留在家中、照顧公婆兒女、織布或蒐集貝類的世界，細節仍舊難以捉摸。我們知道這並非完全孤寂的存在。外移社群以女性的故事歌曲說唱集會著稱，其中教育程度較高的人也參與讀書會。[21]家庭以外的姊妹社交生活，讓人能夠忍受漫長的歲月，也許還有不少趣味。然而多數人仍舊想念缺席的丈夫。朱德分享了一首受到共產黨啟發的歌曲，題為〈十求〉，點出她們的困境：「心愛的，你沒那麼遠！／拿起你的毯子，返回故鄉／盡力加入革命／……工人農人，手牽手／你拿槍，我拿刀。」[22]歌詞雖反映朱德自己的基進取向，仍舊點出女人渴望丈夫返家的心情。

當然潮州的婚姻並不總是開心的。離婚很少見，也少有社會可接受的方式可以逃離惡劣婚姻。男性外移成為婚姻混亂的一種解方。丈夫與夫家持續為被拋棄的妻兒擔起責任，不過苦澀婚姻的日常生活壓力終於能夠告終。[23]

跨地域婚姻

十九世紀末，許多潮州男性結婚後才離開中國。這可以從一八八一年新加坡人口普查數字中的年齡資料得知（見表8.6）。

有少數二十歲以下的年輕人——多數人可能是在殖民地出生的，以及少數五十五歲以上的老

表 8.6　一八八一年新加坡潮州男性各年齡層人數

年齡層	人數
0–15 歲	147
16–20 歲	616
21–25 歲	2,565
26–30 歲	3,710
31–35 歲	3,704
36–40 歲	2,901
41–45 歲	2,513
46–50 歲	1,494
51–55 歲	1,195
56–60 歲	631
60 歲以上	789

資料來源：CO 275/25,〈一八八一年新加坡人口普查報告〉，頁 237–38。

人——反映出華人勞工的高死亡率，以及許多人在多年奮鬥後返回家鄉的情況。二十歲以上的男性數字大幅增加，絕大多數落在二十一到四十五歲之間。因此明顯常態是在二十一到二十五歲之間離鄉，好在主要勞動年紀時到海外工作。

為什麼是二十一到二十五歲？多數人獲得長輩同意離開中國，年紀明顯是大到足以應付前往遠方的旅程。更重要的，中國南方男性婚姻年齡的中位數是二十點七歲，因此許多男性應該已經結婚並誕下一名男性子嗣。[24]也就是說，只要他們完成家庭責任，父母親就會允許他們離鄉。倘若他們死在海上，或不敵赤道亞洲的熱帶疫疾，他們的兒子就由母親與父系親屬在家中養大，延續父系香火。

然而這些年頭裡，成千上萬前往海峽殖民地的外移者，是以「賒單客」的方式出洋，因此我們不能單純預設他們出發前就已成親。他們負擔不起船票錢，因此仰賴汕頭地區的「苦力仲介」安排行程。最終他們的票是由新加坡甘蜜胡椒莊園主的代理人來支付；而賒單客得做上六個月的工來還債。汕頭出發的移民是這類出洋方式的大宗。例如，一八八三年有一萬零兩百四十九名賒單客抵達新加坡（抵埠華人總數是十一萬兩千兩百六十一人）。契約勞工多數是潮州人，占比約百分之四十五點六（見表8.7）。

許多惠州旅外者也從惠州府的潮州話區域出發。多數契約勞工窮到無法使用家庭資源購買船票，他們的家庭也可能付不起傳統婚姻的花費。一八八三年，三萬三千五百三十六名來自汕頭的乘客中，至少有百分之十四是勞工，

表8.7　一八八三年抵達新加坡的契約勞工，依出生地（選錄）

出生地	人數	出生地	人數
潮州	4,672	毛燕（巴韋安島）	711
惠州	2,681	海南	495
客家	1,255	馬來	378
福建	1,023	爪哇	156
廣州	926		

資料來源：CO 275/29 (187–93b)，PLCSS，一八八四年五月六日，〈一八八三年華民護衛司報告〉。

推測許多人都未婚。然而絕大多數潮州移民支付了自己的船資。

到了一九三〇年代，潮州男性移民的平均年齡往下降了。陳達（一八九二至一九七五年）在閩南粵東地區進行田野研究時，發現百分之三十七點九的男性在十到十九歲之前離開，百分之四十六點六則是在二十到二十九歲之間離開。[25]一八八〇年代，二十歲以下的年輕人通常不會外移，不然他們的人數會顯著出現在人口普查中。年齡下降可能反映出各階層男性旅外的常態化。也可能是父母親決定要讓兒子們躲避一九二〇、三〇年代政治動盪的危險；這些危險包括遭到軍閥的軍隊強徵勞役，或遭共產黨人鎖定擁有海外聯繫的家族，以武力要脅。如前所見，陳錦華與村裡的其他男性在一九三四年逃離普寧的暴力動亂。二十歲時，他來到新加坡，但其他親戚移到柬埔寨、暹羅與檳城。動亂的情況中，年齡不是考量，雖然多數年紀較大的人並未出洋。[26]

倘若男人們出洋前未結婚，他們的家庭最終也會替他們在家鄉安排婚姻。陳錦華為這個過程提供了栩栩如生的描述。他一開始前往暹羅，後來卻在新加坡落腳。經過許多挫敗後，他終於找到穩定工作，並存下一些錢。接著他把自己的照片寄給仍住在普寧的母親。陳錦華是母親最喜歡的小孩，因此她替他找到一位面目姣好卻不識字的鄉下姑娘。她將陳錦華的照片拿給女方家人看，對方同意訂婚。一切安排，包含嫁妝，都在中國完成。過程中陳錦華毫無角色，直到新娘抵達殖民地之前，他也沒看過女方。他有工作、有存款這一點，應該增加了他在家鄉婚姻市場的吸引力。

陳母陪伴媳婦前往新加坡，這是一八八〇年代難以想像的情況，但在一九三〇年代卻非不尋常，特別是擁有許多海外關係的家庭。他有收入，住的地方也離普寧暴力有一段安全距離。他的母親也許希望他能盡快生個兒子，這個目標最好可以在平靜的新加坡完成。這項安排卻也衍生其他問題，故鄉就沒人照顧母親，尤其是幾年後她的健康開始走下坡時。陳錦華返家蓋起新房子，娶了一名小妾來照顧母親。然而他的新配偶卻推翻這些計畫，「她呱呱叫，一定要來，一定要來的話……」。這產生了新的問題，因為只有大老婆簽下同意書，殖民地當局才會同意華人帶第二個老婆到殖民地。陳錦華的大老婆傷心欲絕。她先前同意第二樁婚姻，只因為計畫是讓小妾留在家中照顧婆婆（因此她自己就能免於這個命運）。她也「呱呱叫，呱呱叫」，但最終只能同意讓小妾前來。後來當訪問者問到小妾進門後，他們是否共享「平靜生活」，陳錦華只能嘆口氣說：「不合。」[27]

陳錦華的困境反映出的，不只是跟兩名鬥爭不休的老婆同住海外的黯淡前景。即便在動盪時代，旅外者通常會將妻兒留在家中。將他們養在老家村裡，比養在東南亞便宜。更重要的是，他們的妻兒父母維繫他們跟村落之間的關係，以及家族的土地所有權。王春權（Wee Soon King，生卒年不詳）在訪談中解釋，即便他的曾祖父在一八八〇年代中期就因製傘而致富，也未曾將妻兒接到新加坡：旅外者的概念是要「落根」，返回中國。男人們期盼有一天能返鄉，因為「我們的祖在那邊……假如說把太太也帶南來，就當作你是不愛家鄉，要跑了。」因此，曾祖父持續匯錢給故鄉的家庭，希望有一天能存到足夠的錢，蓋一棟三十間房的大宅，讓整個家族住在一起。[28]

即便是一九二〇及三〇年代的暴力環境中，女人仍舊被期待留在夫家村落裡。正如陳錦華回憶，「逃叛亂的時候主要是男子先逃，婦女沒有逃，婦女暫時去較安全的地方，去避一陣子。時局不是經常緊張，若是他沒有剿匪的時候，平靜人們敢回去。」即便訪問者反覆詢問，陳錦華也想不出有任何情況，是不能讓女人返回婆家村落的。即便一九三九年日本人入侵潮州後，女人們仍舊被期待留在婆家村落。正常與不正常的時代裡，「丈夫在新加坡，妻子在中國」，[29]這是維持村中土地所有權的一種方式。

旅外者擔心，倘若家鄉的家族土地上沒有人，親族關係就會弱化。王昌瑞記得返回中國的旅程很昂貴；一旦到家，就得負擔在中國住上好幾個月的費用，卻又不能在海外工作，因此只有有錢人才負擔得起經常返鄉。他這一房住在新加坡，很少回潮安村落，因此慢慢「就沒有分派別。」[30]長期離開村落，可能會減弱親族認同。

雷麥（C. F. Remer, 1889-1972）講述一名典型旅外商人的故事。他成長於汕頭附近的村落，一九〇〇年十七歲時，父親將他帶到暹羅學習家族生意。兩年後被送回故鄉成親。經過三年，推測可能在兒子出生後，他又返回暹羅幫父親經營公司。此後，從二十到五十歲，他的生命就在兩地來回，然而每四年的暹羅生活後，他只有花一年時間跟妻子在村落裡生活。五十歲時，他退休返回村落，他兒子則接掌暹羅的生意。[31]雷麥從年輕的家族成員口中聽到這個訊息，表示在丈夫永久返回家鄉前，兩夫妻的婚姻生活裡，只有百分之二十的時間是一起度過。更重要的是，經濟學者雷麥講述這個故事時所思考的是，主要居住在暹羅的男性匯回家的錢，是否能視為對潮州的「外國投資」。當然，他所描述的，就是跨地域婚姻的複雜情況，或如華人所稱的「兩頭家」。[32]

財務上過得去的移民，經常會在海外社群另有婚姻。[33]在海外生活的情況下，一夫多妻制相當有用。外移者匯錢回家，同時改善家裡的生活情況，也維持跟村落的情感與土地連結。海外的第二位妻子則確保這些男人能夠享受家庭生活，即便他們已經享有海外殖民資源。當然，被留下的大老婆就失去了婚姻生活的日常。

然而，大老婆卻與子女維持緊密關係。陳錦華的母親是他生命中的主要影響。她給了他二十銀元，讓他能夠前往暹羅；他母親告訴他要到哪裡和如何找到已經住在海外的兄長；母親為他在中國安排婚姻，並將新娘帶到新加坡。他跟母親非常親近。如他承認，「因為我是最小，我的母親也最疼我。」確實，雖然他的兄長依照習俗負責母親所需，卻是陳錦華娶了小妾，照顧年邁母親的生活。[34]我們已經看到，小妾最後也搬到新加坡去。然而陳錦華為母親所做的決定，卻表現出父親角色遙遠淡漠的社會環境裡，母親和子女之間形成的緊密連結。

女性的影響也可以從其他方面觀察到。新加坡不少文獻保存的口頭訪談紀錄中，可以看到二十世紀潮州男性旅外者的社會網絡裡，母系與女性親屬的顯著地位。商業家族之間經常通婚，反映出海外家庭之間透過聯姻建立網絡連結的策略。此舉確保不同地點都能獲得互助的細密渠道，大致也跟中國仕紳家庭之間聯姻的做法差不多。廖正興（Liao Zhengxing 或 Leow Chia Heng，一八七四至一九三四年）建立了十九世紀的大型甘蜜胡椒莊園之一。後來轉進橡膠業，一九〇七年則成為四海通銀行（Sze Hai Tong Bank）的創行投資人之一；這間銀行服務潮州人的需求。身為新加坡華人商會主席，他是新加坡最有影響力的人之一，卻是出身卑微。他來自海陽縣，幼時喪父，家道中落。他的家族允他移到新加坡，在妻子族親的店頭工作。透過此一關係，讓他踏進殖民地華人商業世界的大門。[35]

類似的情況中，王昌瑞在一九三〇年代移民新加坡。他跟父親住在舅舅陳楚良（Chen Chuliang，生卒年不詳）經營的進出口生意倉庫裡。他們在汕頭遇見這位舅舅，並與其結為兄弟。到了新加坡之後，就幫著舅舅經營大盤批發生意，將中國進口的商品運到馬來亞各地。[36]透過這層母系關係，王家在海峽殖民地起了個頭。然而驚人的是，他們也覺得有必要跟舅舅結為兄弟，正式定下家族連結，以儀式行動強化不怎麼「真實」的連結。父系男性親屬一般並不會進行這類儀禮，然而在跨國兄弟會組織裡，卻是常見的做法。

商業家族也擁有在不同地點維持多個家庭所需的財務資源，通常是在故鄉跟生意總部的港口。大型潮州稻米交易公司元發行（Yuen Fat Hong）的創辦人高滿華（Gao Manhua，生卒年不詳）是海外頂級富商的指標。他在澄海、香港與曼谷擁有五名妻子及九個兒子，這些地點都是主要的稻米交易城市。[37]這種家族動能強化了高滿華在南海各商業節點上的個人網絡。

這些家族從國際市場與外國商品中獲益，然而多家庭結構也造成一些紛爭，特別是現代通訊提升，社會道德改變之後。我們從一九三一年劉純華（Low [Liu] Soon Wah，一八七七至卒年不詳）在新加坡殖民地法庭上，對姪子提起的訴訟可見一斑。劉純華於一八七七年生於潮州，可能是在家族村落劉隴。她的父親是劉喜日（Liu Xiri，生卒年不詳），打造出新加坡最成功的馬來膠（gutta percha）生意後，於一八七〇年代末期退休返回故鄉。公司在兒子的經營下持續擴大，到了劉純華出生時，他們已經是海峽殖民地最富有的家族之一。經濟大蕭條期間雖然有些掙扎，仍舊是社會上的重要企業，生意遍布馬來亞、暹羅與婆羅洲。[38]劉喜日至少有兩房妻室，因為九名子女有一半——包含繼承人劉長意——是在新加坡出生，擁有英國公民身分，另外一半則出生在潮州——包含商業奇才劉坤意（Liu Kunyi，生卒年不詳），當然還有劉純華。

劉純華的訴訟核心，在於她宣稱自己與四名姊妹有權分得父親的遺產。她宣稱，一八八四年她八歲的時候，她父親曾經口頭宣布，讓女兒跟兒子平分遺產。然而他在當年去世卻未留下遺囑，仍在世的兒子持續管理他在海峽殖民地的產業與生意。他們在財務上支持姊妹，然而她獲得的卻遠低於身為繁榮事業平等夥伴應得的數目。到了一九三一年，她獨自住在新加坡。此時她的兄弟都已經去世了，她可能覺得挑戰下一代比較有希望。經過多次訴訟與上訴，她戰勝姪子，並於一九三三年贏得她應得的父親遺產。[39]

什麼原因促使劉純華在父親死後將近五十年時，在殖民地法庭，狀告自己的親人？很可能她的姪子削減了他們從信託財產中提供給她的財務支持。他們的生意在大蕭條中受創，因此可能撙節開支。訴訟的日期也很重要：一九三一年。中華民國的新繼承法在這一年生效。修訂過的民法史上首度賦予女兒同等財產權利，雖然實務上家庭仍舊持續依照「家庭財產的邏輯」運作。[40]這些法律特別影響富裕人家，劉純華很可能受到中國本身法律觀念轉變的啟發，因此採取行動。

倘若她是受到中國改革精神所激勵，最終卻是在家族成就之地——新加坡獲得正義。她父親去世時並未立下遺囑，依照英國法律，這類情況會直接進入遺囑認證法院（probate court）。遺囑認證法院確立她對遺產擁有相同權利，最終則由上訴法院確認她的勝利。也就是說，被留在潮州的女性仰賴英國法庭服務，成功爭取到父親的遺產。殖民地當局維持的法律體系，應付了中國東南沿海華人的五花八門需求。

工作中的女性

一小群潮州女性移民海外，一如往常，英國殖民者也提供了關於她們生活經驗的有用統計資訊。一八八一年海峽殖民地的女性就業資料並未區分籍貫；殖民地當局似乎覺得這個主題主要是跟男性有關，因為他們傾向依照籍貫加入令人恐懼的「祕密兄弟會社」。然而華人婦女的整體資訊本身透露許多訊息。此處我的關注仍是新加坡——最大的華人聚居殖民地（見表8.8）。

如同中國本土，新加坡絕大多數華人女性都過著平靜、傳統的妻子、母親與女兒的生活。殖民地的一萬四千一百九十五名女性中，一萬一千三百九十二人生活在家庭範疇內。擔任女僕也是一種職業選項，雖然絕大多數華人僕傭都是男性（一萬兩千五百八十六人）。多數女性不會到家庭以外的地方工作，我們懷疑少數經營生意的女性，是繼承已逝丈夫的事業；事實上，經營事業可以讓她們在配偶死後，持續住在海外。

家務領域的女性是華人女性的大宗，然而其次的職種卻是「職業不明」；總數達一千九百六十名。多數女性肯定是妓女，我們並不清楚人口普查為何不予註記。殖民地官員確實十分關注妓院娼館的情況。他們勤奮調查移入的妓女，記錄她們的姓名地址，監控健康情況，留意性病跡象，並對「祕密幫會」壟斷產業感到煩惱。他們也得知十九世紀新加坡大多數妓女來自潮州與廣州。[41]

一如全球各地港口的情況，性產業在潮州也是稀鬆平常。這類生意在沿岸的特色之一，就是

表 8.8　一八八一年新加坡華人女性職業

家務職種總數	**11,710**
妻子	7,036
女孩	4,356
僕傭	318
專業職種總數	**23**
演員、藝術家、音樂家	14
內科醫生、外科醫生、牙醫	4
教師	3
公務員	2
商業職種總數	**30**
寄宿所管家	4
屠夫與肉販	2
烘焙商販	6
小吃攤	2
商人與仲介	2
豬販	4
雞販	4
船商、店主與一般商販	6
農業職種總數	**5**
水果種植	1
甘蜜與胡椒種植	3
市集農夫	1
工業職種總數	**459**
理容業	1
糕點業	8
勞工	14
裁縫	426
洗衣工	1
無類別職種總數	**1,977**
職業不明	1,960
「瘋子」	13
囚犯	4

資料來源：CO 275/25，〈職種匯報〉（Return of Occupations），頁 240–42。

在水上進行。不折不扣的潮州「船娘」船隊沿著韓江及海上攬客。較為文雅的高級妓女搭乘的水上妓院，被稱為「六篷船」。舊海陽文人世家的繼承人，詩人林大川（生卒年不詳）盛讚她們雅致美好，講述天仙美人以勾人目光懇求仕紳賜予好詩的樣板故事。[42]這些女性在潮州之外也名聞遐邇。閑散逸樂的大詩人袁枚（一七一六至一七九七年）在詩集《隨園詩話》（一七八八）中，提及她們的「六篷船」。相對地，歷史學者趙翼（一七二七至一八一四年）卻揭露了一些沒那麼迷人的細節，包含許多妓女都小於十五歲。她們兒時就被賣進妓院，等到十三、四歲時被迫進入性勞動。趙翼尖銳批評高階官員來到潮州公差時，都會成群上船飲酒作樂。他還認為水上妓院的傳統源自於廣州附近珠江地區的蜑家，在十八世紀傳到潮州。大約有一半在韓江沿岸討生活的妓女是蜑家人——中國南方沿岸遭貶低的船民。[43]潮州娼妓業的擴張與十八世紀商業經濟復甦同時發生。性工作者數字的成長，可能反映出原已赤貧的船民適應新機會；雖然這個現象也可能是失去土地後被迫生活在水上的過程所激化。

南澳島長期以來都是海盜與走私客出沒之地，同時也是區域內性交易的中心。十八世紀這個區域對東南亞貿易深化的同時，海上娼妓業也隨之崛起。海上妓船航向島嶼，與返航的水手碰面。一八三一年，郭實獵搭乘一艘從暹羅航向中國的戎克船。這艘船沒有停泊樟林或庵埠港的許可，因此暫時泊在南澳島外海，讓水手有機會返家。這位來自波蘭波莫瑞（Pomeranian）的傳教士在暹羅學會潮州話，看著眼前的奇觀目瞪口呆：

我們一泊定，無數船隻就包圍我們，船上載著女性，有些人是被父母、丈夫或兄弟帶來。我對還在船上的水手講話，希望能讓他們減少幾分邪惡慾望。但是，天啊！我一離開甲板，他們就拋開一切禁忌；眼前發生的一切，足以讓這艘船掛上索多瑪之名。這些水手不顧家鄉飢餓的家人，為淫蕩所吸引、盲目蠱惑，似乎願意拋棄自己所有的一切，也不願脫離這代表著苦難、疾病與死亡的罪惡。揮霍了先前所有的收入後，他們陷入了魯莽悔恨與深沉絕望。他們的邪惡同伴習慣抽鴉片，傳統上更是酒鬼，因此必然會提供烈酒與鴉片；販售這些物事的人自然很快就伸出援手。[44]

郭實獵似乎是船上唯一陷入「深沉絕望」的人。然而他很快就要面對命運，協助渣甸洋行在南澳的鴉片走私生意，因此也沒什麼立場來譴責中國水手跟享受毒品的女性同伴。無論如何，他提醒了我們，南澳島範圍中，更別提南海其他區域，鴉片、賭博與娼妓業之間的相互關聯。南澳從未獲得妥善規範管理，而位於航運路線上的位置，更讓這處飛地成為祕密歡愉的理想地點。[45]

潮州妓女四處遨遊的程度十分驚人。她們的「花艇」在廣州一帶名聞遐邇。回憶錄作家沈復

（一七六三至一八三二年）回憶他與表妹夫一起造訪珠江上的「歌女」，參加一項美稱為「打水圍」的地方傳統。他的表妹夫是熟悉省城花柳界的商人，描述潮州女性「妝束如仙」。然而沈復是蘇州人，更欣賞女性的文學品味，因此覺得她們有些奇特。她們的瀏海齊平，兩側盤成結，像丫鬟的髮髻。許多人穿長褲，沒綁小腳（這代表她們可能是蜑家船民）。[46]

潮州妓女也離開廣東水道，旅外到上海的花花世界。她們在此上岸，加入十九世紀年輕都會的三十六間妓院。[47]就像其他潮州生意，性產業也在這個北方的條約港蓬勃發展。到了二十世紀，妓女經常來回上海與汕頭之間。她們對區域內婦女的影響力，讓地方文人不滿。縣志在一八九三年哀嘆「潮州婦女此刻模仿那些搭船往來汕頭、蘇州與上海的阻街女郎。她們妝扮起來，赤腳進入偏遠村鎮，給（其他）婦女梳起可恥的髮式。」[48]大蕭條中上海受創極深，市內許多阻街女郎遂於一九三〇年代返回汕頭。[49]正如我們將看到，經濟崩潰對所有移工階級都造成有害的影響。

由於出洋傳統，許多潮州妓女出現在海峽殖民地，並不令人驚訝。女性並不准由中國南方的港口單獨出航，然而十九世紀海峽殖民地中最知名的潮州人陳成寶卻宣稱，「祕密幫會」成員將女性走私到汕頭外海上的出洋船隻上，以躲避港口查驗。他一口咬定，穿著男人衣衫的女性坐在大籃子裡被拉上船。然而，多數女性是以一次數人的方式運出潮州，偷渡進入附近的香港英國殖民地，她們可以從此地自由出國。[50]

由於性交易的利潤，住在潮州沿岸上的女孩就受到威脅。綁架是個問題，但販童卻更加猖獗；海岸近在咫尺更確保了最弱小的人可以輕易轉送海外——她們舉目無親之處。抵埠之後，她們會被賣給妓院或變成某種包含性服務的契約勞工。林秋美（Lin Qiumei 或 Janet Lim，生卒年不詳）的故事，正是後者現象——廣東話稱為「妹仔（mui tsai）」體系——的動人案例。這個體系被操作成某種非正規的慈善事業，經濟良好的家庭接收被拋棄的女孩當作婢女，保證年紀到了會為他們安排婚姻。然而這種習俗卻有其黑暗面。秋美於一九二三年生於香港，襁褓之時她的家人就搬回父親的潮州村落。六年後父親去世，一名素未謀面來自新加坡的叔伯控制了家族財產。她的母親最後改嫁，新家庭搬到汕頭，讓繼父好找工作。由於未能找到工作，他們決定返回老家，路上停在一處充滿女性小孩的大屋。母親告訴她，自己跟繼父將她放在這兒，等他們安頓好，三個月內會來接她回去。幾週後，屋子的主人說要帶她去繼父村落。她開心地搭上往汕頭的船，期待與母親重逢。然而一週行程後，有人高喊：「這是新加坡！」母親從未說過已將她賣掉；秋美從此沒再見過母親。八歲的年紀，她不知道該怎麼辦，只能聽從同行的女性販子的命令。女人說：「叫我阿姨」，她也聽話了。她們就這樣逃過英國檢查。

以兩百五十美元的價格，她被賣給一名「老男人」。被母親拋棄，又送到數千英哩之外，她就像個「機器」一樣操持屋裡的家務。她的主人是個有錢的地主，酗酒，還夜不成眠。他的妻子住在幾英哩外的地方，因此晚上他就在女傭房裡挑人上床。最後他看上了秋美，但她總能在宅邸的角落找到藏身地。他甚至要妻子幫忙在晚上逮人。她發現秋美躲在屋頂椽架上，試著用尖銳棍棒將她戳下來。鄰居聽到她晚上的尖叫，開始議論紛紛，然而騷擾仍舊持續。一次在視察主人的柔佛莊園時，秋美趁著他上下其手之際脫逃。

這對夫妻對於少女拒絕臣服漸生不滿，將她交到一名和藹的寡婦手中，希望能讓她冷靜下來，並澄清她的職責。寡婦照顧秋美，並保證當她長大後，讓她嫁給自己友善的小兒子之一。但女孩得了解，老男人把她買下來是因為他喜歡跟女童性交，是相信此舉能「讓他長壽並（幫他）維持雄風」。他太太出主意，讓他們從中國「進口」女童來達成目的。這位太太基本上是他的二老婆，以支持他的「養生」祕訣，來維持良好的婚姻關係。等秋美滿十八歲時，一如慣例，他會提供嫁妝，安排一樁適當的婚姻。同情的寡婦告訴她新生活的真相，嘆了一句「只有神救得了（她）」。顯然確有神蹟，當下迅即通過限制「妹仔」制度的法案，她必須向當局登記。一名在華民護衛司工作、會講潮州話的女性，將她帶離那處大宅，十歲的時候她進了保良局（Poh Leung Kuk）——逃離娼妓業與強迫奴役的女性庇護所。當年度還有四百二十三個人進入保良局，幾乎所有人都是以孤兒、歌女或娼妓的身分，被帶到新加坡。最終，英國人迫使秋美的主人付她七百元，讓她可以進入英國國教會寄宿學校，接受教育，還以她的話來說，得到「一個家、安全感、關懷與個人引導」。[51]

娼妓業在海峽殖民地是筆大生意，秋美的苦難反映出在絕大多數男性為主的殖民地中，對於女性性勞動的需求。一八七六年，光是新加坡殖民地一地登記的娼妓，總數就達一千三百三十五人，其中，華人女性有一千一百七十四人，占了百分之八十七。殖民地檢查員並未區分她們的籍貫，卻觀察到絕大多數都來自潮州與「澳門」——這個詞是用來指稱「廣州人」。[52]廣州性工作者只服務華人，來自潮州的女性主要服務華人，但同時也接受其他族裔的男性。潮州娼妓並不比她們的廣州姊妹更加「國際化」。她們只在廣州人瓜分生意的區域，服務非華人（例如維多利亞街附近）。在潮州人壟斷生意的區域（橋北路與新橋路附近），她們只服務華人；這表示某些方面她們次於廣州來的勞動者。[53]

新加坡娼妓的生活並不容易，倘若未能賺到足夠收入，據說有些人會被揍，或無法得到足夠營養。其他人則感染性病，雖然因為檢查制度，她們通常都能適時獲得醫院治療。另一方面，她們的死亡率並未明顯高於其他華人。比起勞動階級兄弟，她們的生活似乎過得還不錯。一八七六年左右，每位娼妓每月可以賺到美金二十元。這是同一時期甘蜜胡椒莊園中潮州農工每月薪資（每月美金六元）的三倍有餘。然而女性必須償還妓院老闆購買她們的費用（「貌美」女性通常是美金三百到四百元；相貌普通者則比較便宜）。她們還得支付老闆各類生活費用。據傳娼妓經常抱怨很難存下錢來。[54]

即便有這些問題，妓院卻給了這些女性及她們服務的男性一種家居生活的表象。英國檢查員驚訝發現許多孩子棲身在新加坡妓院中。一八七六年，一間妓院裡被發現住有十名妓女，十二名十二到十六歲的孩子，以及二十名十二歲以下的孩子；也就是說妓院內的孩子比成人更多。根據殖民地官員訪查的華人，多數成人都是孤兒，六歲之後被中國的仲介買走，帶到殖民地來當成娼妓養大。兒童時期，他們唱歌娛樂客人，進入青少年時期後開始為男人提供性服務。有些孩子是男孩，英國檢查員懷疑他們也提供性勞動。[55]

兒童性剝削令中產階級坐立難安，然而在跨世代的娼妓業中，至少這是他們唯一認識的世界。他們也許是被買來的，但也叫老鴇「母親」。在新加坡出生的人當中，多是娼妓或妓院老闆的後代。英國檢察員訪談的一名華人裁縫證實這一點，強調他不認為這是「壞事」，他也不認為要將他們帶走（部分官員如此主張），因為「娼妓的後代要繼承衣缽，這是傳統，因此我認為留在這裡並沒有問題。」[56]即便中國於一七二三年已經禁娼，所謂的世襲低賤人家得以依法脫離如印度低階種姓一般的地位，但這樣的傳統仍就世代相傳。[57]裁縫了解這是某些貧困階級順應環境的方式。此外，很可能許多娼妓本身已婚。蘇成捷（Matthew Sommer）告訴我們，女性販運絕對是「（中國）婚姻體系的核心成分」。以這個社會一面倒的性別失衡，農民採取策略，行銷女性親屬的性勞動。一妻多夫制（一名妻子接納其他丈夫以維持既有的婚姻家庭的措施）以及販妻（既有家庭已經崩潰的措施），都是常見的生存策略。[58]海峽殖民地的男性也出賣他們的女性親屬為妓。事實上，官員發現難以起訴某些毆打員工的娼館老闆，因為前者不願對自己的家人提起告訴。女性也出賣自己的女兒為妓。[59]

一八七〇與八〇年代幾乎所有女性娼妓抵達時，都被記錄為「前來新加坡與丈夫團聚，老鴇則被描述為她們的母親，或前來殖民地與兒子團圓。」[60]無論她們是否為了進入新加坡而編故事，很明顯地，這項產業某個程度上是家庭事業。正如我們看到南澳島的水上妓院傳統，在潮州這確實是家庭事業。盧蕙馨（Margery Wolf, 1933-2007）在臺灣的田野工作也顯示，村民會容忍為了支持家庭而成為娼妓的女人。只要她們到別地營生，就會被接納，事實上還會被視為為了家庭犧牲「正常生活」的「孝」女。[61]考慮到中國貧困婦女的命運，許多人頑強地在旅外者的廣大世界裡，以自己最有賣點的技能求生。即便就算八歲女孩也知道英國人可以讓她們脫離性服務這條路，每個跑進警察局對抗命運的林秋美背後，還有許許多多女孩及婦女選擇不這麼做。至少脫離父系親屬的限制後，她們就靠自己打造的姊妹社群來維持。

這些眷顧新加坡娼館的男人花錢購買性親密。不難想像他們感受近似家庭環境的舒適歡愉。即便不甚認同的英國官員也承認，孩子像僕傭一樣伺候大人，唱歌娛樂男人，「貢獻妓院裡的歡樂氣氛」。[62]被這些孩子圍繞，奔跑嬉戲，可能還會稱他們為「叔叔」，應該也是吸引力的一環。然而無論多麼不恰當，這應該對這些男人來說，就像是稍縱即逝的家庭生活。

娼妓最終會離開妓院成親嫁人。「華民護衛司」在一八八四年報告有四十九名女性脫離娼館結婚。[63]另一方面，婚姻本身也是可以取代的。正如詹姆士．沃倫（James Warren）所示，多數離開娼館的女性成為小妾——這是個缺乏正妻社會地位的法定配偶——同時勞動階級也經常在沒有正式婚姻關係的情況下同居。他注意到，當愛人自行返回中國時，許多女性會被拋下。[64]

娼妓是海外華人女性世界中更大的一部分。梳頭師父與裁縫同時服務傳統家務領域及性產業界中的女性。潮州的知識分子顯然認為一八九〇年代的梳頭師跟性產業這一行有些可疑關聯。一八八一年人口普查紀錄的四百二十六名專業裁縫裡，部分也許是退休的性工作者。一個法律案件點出部分女性的交纏生命。一八九〇年，陳亞路（Chan Ah Luk，音譯，生卒年不詳）離開海峽殖民地，到荷屬蘇門答臘的華人家裡擔任女傭。她將三個女兒交給嫂子李亞儀（Li Ah Yi，音譯，生卒年不詳）照顧，當時她是住在檳城的裁縫與梳頭師父。李亞儀的生意也包括替同一條街上的幾名妓女梳頭。

有一天，檳城妓院檢查員注意到最大的女兒，十六歲的林台英（Lam Tai Ying，音譯，生卒年不詳），站在妓院門口跟一名娼妓說話。他將林台英與監護人收押，並將她們交給檳城的「華人保護者」。英國人認定女孩「正在接受不道德的訓練」，因此根據一八八八年的婦女及女孩保護法案（Women and Girl’s Protection Ordinance）規定，將林台英移到「安全處所」，在此案例中，是一處天主教修會。這個法案規定所有十九歲以下、住在或「經常拜訪」妓院的女性，「應視為正在接受不道德訓練的女孩」。而這個情況似乎正反映了法條的情況，雖然兩位女性的證言都稱林台英只是陪伴監護人，替妓院員工梳髮。

當母親得知女兒被送進修院後，她返回海峽殖民地，採取法律行動，請求人身保護令，迫使保護者將女兒送回來。此案經上訴進入最高法院，她的律師主張女兒或嫂子都未經過宣誓訊問，也未進行交叉詰問，反駁保護者建立的陳述。法院同意，因此讓女兒返回母親的身邊。[65]

案件中並沒有陳亞路、李亞儀與林台英的家庭生活細節。林台英的父親是誰？又在哪裡？案件中從未提及他的存在，但陳亞路也從未被視為寡婦。李亞儀是已婚嗎？紀錄中提及兩婦女是姻親，卻沒有進一步澄清。考慮到海峽殖民地以男性占多數，這些女性的生命裡卻驚人不見男性身影。不禁令人懷疑陳亞路或李亞儀是否也曾在妓院中討生活，後來轉向其他形式的工作。

猜疑擺在一側，這個案件也揭露出旅外脈絡中，勞動女性與娼妓世界的相互關係。英國海峽殖民地的女性，在隔著麻六甲海峽一船之隔的荷屬殖民地找到工作。她需要將孩子放在某個地方，她的姻親剛好能幫上忙。身為裁縫與梳頭師父，李亞儀在傳統與非傳統世界之間運作。旅外婦女少有身家之人，卻有許多娼妓，因此梳頭師父有限的客戶之中，自然會包含後者。被拉進妓院的世界裡，她們就會遭到殖民地政府的監管。這也是個關於永恆流動家庭的故事。這些婦女是華人，移民到東南亞，並在好幾個不同地點找到工作。英國官員抱怨，他們無法永遠密切監測中國旅外者。充滿富裕華人的東南亞，為女性提供工作機會，如媽姊、女傭及妓女。如同她們的勞動兄弟，這些女性在南洋各地流徙，追尋給連根拔起者的任何機會。他們也依靠旅外姊妹來照顧他們共同撫養的孩子。

審視非傳統跨地域家庭後，讓我們更清楚看見傳統家庭。事實上，傳統與非傳統有如瓦片重疊。男人出洋到東南亞尋求更好的工作，家鄉的村落在人口數量上成為女性主導之地。華人男性大批充塞遙遠的殖民地，妓院成了旅外女性、虛構親屬關係與生理親子關係的基地。外移速度加快更激化了販童的情況，導致生在好家庭的女孩更容易遭到女性人口販子跨地域網絡的覬覦。一次家庭挫折——父親之死——可能就會讓心愛的女兒，變成三千公里以外的莊園主人的玩物。

潮州農民見證了遭難家庭的苦難現實。對於財務安全的焦慮，迫使人們前往國外，希望能以匯回家的錢來支持家庭。那些匯款解決了二十世紀潮州區域面對的許多經濟挑戰。現金潮浪則鼓舞更多人離家，更加速這場外移，激化傳統家庭生活要面對的挑戰，並將這些家庭轉變成一場大團結。

第九章　潮州海域的高峰時刻
一八九一至一九二九年

（泰國）都潮州店。後來有些華裔，華人的後裔不要講潮州話，講的是泰國話。我去的時候全部都講潮州話。因為如果每一個華僑去泰國不會講潮州話就無法謀生。……暹羅清一色是潮州人。

——陳錦華

經歷了十九世紀中的動盪後，潮州又迎來一陣貿易擴張。商人持續控制商貿，也持續從海外機會中獲利。各階層旅外者從東南亞跟上海匯回巨額款項。農業與技術勞工增加的人口，也在莊園產業及跨地域公司經營裡找到工作。外移到海外殖民地與王國的領域策略，讓他們取得土地與天然資源。

隨著二十世紀到來，故鄉又崛起新的挑戰。面對東南亞的競爭，蔗糖貿易量下滑。由於麻藥再次遭禁，因此印度鴉片被迫走入地下，而土產鴉片愈來愈能滿足娛樂用藥者的需求。這些都是令人氣餒的挑戰，因為蔗糖－豆粕－鴉片貿易，從十七世紀開始就是經濟的骨幹；然而這些挑戰也不是不可超越。地方農民轉作其他作物，特別是鴉片與水果；涉入海洋貿易的商人則持續在上海、香港、新加坡、西貢與曼谷蓬勃發展。專精蔗糖生產的勞工外移到對家鄉帶來挑戰的那些海外領域。許多「東南亞蔗糖」實際上是「華人蔗糖」。隨著勞工外移，為華人擁有的企業工作，生產也移到海外。隨著人口增長，潮州海域提供的資源與工作機會，確保跨地域經濟得以在大蕭條前的歲月裡持續繁榮。

這個區域比較難撼動的問題是政治。方耀於一八九一年去世，無論對他的軍事統治有什麼想法，他至少維持了秩序，促進發展。隨著方耀過世，地方上的械鬥與海盜再度出現。如前所見，清朝在一九一二年遭到推翻，民國時期（一九一二至四九年）的政治相當混亂。善堂與商會等公益組織，填補了初生建國過程中的許多縫隙，然而一九一一年革命後的暴力、軍閥騷擾、一九二二年的颱風災難及共產黨起事，全都阻礙了粵東地區的經濟發展。潮州除了土地與小企業的投資外，旅外商人將企業能量專注在海外事業；在這些地方，他們的利益持續獲得國王與殖民當局的保護。進入海外經濟與領域，逐漸成為家族翻身的重要途徑。

二十世紀的頭幾十年，外移現象大幅加速，進一步讓潮州的社會經濟生活與東南亞交纏在一起。外幣——墨西哥銀元、港幣、法屬印度支那元（piaster）、菲律賓披索、海峽殖民地元與日圓——隨著移民每幾年由海外返鄉，充斥當地市場。[1]外匯抵銷了貿易不平衡，因此讓整個區域受益，卻也激化了社會分歧，因為即便是涓滴海外資金，都能讓家族獲得他人沒有的財務安全。擁有海外關係——特別是商業連帶——的家族，更可能購買土地，也激怒了比較不幸的親友鄰里。一九二〇與三〇年代的農民起事中，跨地域家族成為攻擊目標。

潮州海域故事的高潮，相當複雜，因此我選擇從單一家族的經驗來訴說這個故事——來自潮安（過去的海陽）的劉家。他們並非典型；就像其他海外商業巨擘家族，財富與地位讓他們跟其他旅外者截然不同。然而他們的行動卻提供一扇有用的舷窗，讓我們一窺此時潮州海域各地更廣闊的社會經濟潮流。他們的故事，展現出超越種種阻礙的小販成為創業家，以商業投資推動跨越全球的工業革命，更讓自己家族躋身殖民地菁英。後續世代將投資多角化，進入鴉片、金融、房地產與南海各地由潮州人主導的稻米貿易。家族生活的跨地域性格；雙重國籍；致力於故鄉福祉；海外匯款的加持，在政治世界崩解的情況下，確保家族的利益；然而海外匯款的詛咒，也區隔了擁有海外關係跟沒有的人：這些趨勢都透過劉家三代的經驗展現。他們帶我們返回十七世紀的主軸：豐厚的海域生活既是恩惠，也是禍根。

一八九一到一九二九年，見證了潮州海域的繁榮高峰。正如易經預示：「日中則昃，月盈則食。」[2]我們現在回頭審視，這些商人的成就，甚至是許多勞工的成就，如何在現代潮州的社會世界裡投下陰影。隨後的敵意與暴力也預見了更大的革命即將到來。

遷徙與其不滿

如前所見，十八與十九世紀時，華人大幅透過跟暹羅或暹羅華人女性通婚，並改宗南傳佛教，來融入暹羅社會。施堅雅已經指出這股融合趨勢在一九〇〇到一九四七年間緩了下來，因為華人婦女開始跟著男性外移。慈善家也為自己的兒童建立華人學校，灌輸他們更加堅決的文化認同。此一認同受到中華國族主義興起而強化，後者消解了華人方言團體之間的緊張衝突，因為此刻他們找到支持共和國的共同目標。[3]陳錦華於此時移民到暹羅，發現當地的商業世界非常「潮州化」。

暹羅人本身也愈趨民族主義，他們的觀點認定對華人的種族醜化，認為後者主宰了暹羅人的經濟生活。這類仇恨受到泰皇拉瑪六世瓦棲拉兀（Wachirawat，一八八一至一九二五年，在位一九一〇至一九二五年）煽動，如同其他西化菁英，他也受到英美反閃族主義的「黃禍」教條影響。一九一四年，他親自寫下反華長文，題為〈東方猶太人〉，大加撻伐他所說的拜金華人，明顯與人民的價值觀相違背，後者更重視生命中的高貴事物。他更哀嘆他們的人數就「足以淹沒世上的任何國家」。[4]

泰皇的沉思固然不怎麼光彩（畢竟，華人投資的最大受益者就是暹羅王室與貴族），它們仍指出二十世紀華人移民的一項特徵：逐漸增加的數量。我們已經看到潮州外移加遽，多數都是受到政治動盪與環境災害的影響。其他中國籍貫團體也出現移民上升的情況，因此共同改變了華人與當地人的關係，不只在暹羅，東南亞其他地方也是如此。在潮州人的情況裡，十九世紀的特色是跟當地領袖合作；事實上，他們是在暹羅、婆羅洲與馬來亞的當地菁英邀請下抵達當地並在此繁榮發展。潮州人在馬來亞的主要地點——柔佛的當地領袖，積極參與並投資華人事業，也對華人領袖維持政治權威。然而隨著華人人口在十九世紀末增加，華人更加緊密圍繞著兄弟會黨組織起來，馬來蘇丹對「數目激增的華人頭人」施以權威的體系也逐漸衰微。整個半島各地，華人開始跳過馬來權威，同時從馬來人的觀點來看，「緊縮對於經濟資源的掌握」。[5]華人移民的數量讓本地領袖難以維持最終控制。這是移民數量增加導致華人與當地人關係產生質變的一種方式。

此一轉變與一八九〇年代後東南亞殖民主義的政治經濟改變同時發生。全球經濟正從商貿轉向工業資本主義，海峽殖民地與其他地方的殖民當局也從自由貿易政策，轉向更趨向國家掌控的生產模式。以施堅雅的話來說，「殖民統治變得更強力、更官僚也更有效率」。殖民者對於跟華人之間的非正式權力分享逐漸失去耐心，不只是鴉片收入，還有更大脈絡下的華人自治。特別是海峽殖民地，我們看到英國當局對殖民地子民行使更強力、直接的治理，希望去除長久以來的主權內的主權（imperium in imperio）——華人透過自己「祕密幫會」的力量管理自己。[6] 因此二十世紀，華人的獨立政治權力遭到限縮，經濟優勢遭到挑戰（卻非消滅），因為英國人決心更直接參與商品生產。然而到了此時，潮州人已經積累了足夠的資本，就像上海的情況，也開始分散投資，進入現代經濟的其他部門。身邊的世界雖然改變，商業網絡卻讓他們能夠站穩腳步。

劉亞日的高峰

劉喜日（劉亞日〔Low Ah Jit〕，生年不詳至一八八四年）在一八四〇年代的某個時間點，搭乘「紅頭」船，前往新加坡。[7] 他從海陽縣（一九一四年改名為潮安縣）的劉隴村出發。這處村落緊鄰傳統港口及海關站所在的庵埠港，因此也成了提供許多工作機會的商業區域。當時，附近的村民都是操縱平底快船在船隻之間裝卸貨物的搬運工。當地因為此地與沿岸國際運輸的連結，稱這處村落為「海村」。[8]

即便劉家被視為「貧困卻端正」的家庭，卻不可能像他的傳記所暗示的那般赤貧。他擁有航向遠方殖民地的資源，抵達之後，又不需在莊園或礦場內受苦。他一開始以操作舢舨為生——潮州人主導了此地以舢舨進行小型交易的生意——同時也擔任傳統的中間人角色，向當地人買來貨物，在城裡販售。他明顯有足夠的財務支持（也許來自已經在新加坡的親屬），買下一艘舢舨，展開自己的公司。此外，劉喜日的同鄉劉建發（Liu Jianfa 或 Lau Kiat Huat，生卒年不詳）也被描述為生於貧困。劉建發在同時間前往英國殖民地砂勞越，建立了一處胡椒甘蜜莊園，後來涉入國際貿易與鴉片包稅。劉建發幾乎隻手鼓舞了大批潮州人移民到砂勞越，到了一八六〇年代，他成為當地最富有也是最具影響力的華人。[9] 兩個人的驚人發展取徑，暗示他們的冒險一開始，可能有不明的財務支持。

劉喜日的故事從早期新加坡潮州人由甘蜜胡椒賺得第一桶金開始。事實上，他一生的事業反映出馬來亞南方的潮州公司，由農產品轉到橡膠與其他生意的過程，因為甘蜜產業在十九世紀末開始沒落。[10] 水上叫賣的過程中，他開始專精馬來膠，這是一種由東南亞原生的膠木樹（taban）自然產出的橡膠樹脂。馬來膠的工業用途在一八四三年左右開始為人所知，橡膠作為電絕緣體的需求也穩定增加。馬來膠很適合永久埋在土壤跟水中——以長期浸在鹹水中也能保持穩定彈性而聞名——因此是跨洋電報纜線絕緣體的完美材料。然而膠木樹卻需要二十五到三十年的時間才能開始生產，也比巴西橡膠（Para rubber）的產量低，因此英國商人對此投資不大熱衷。相對地，他們從拉丁美洲原產地進口巴西橡膠，馴化轉植作物的過程讓英國人在海峽殖民地的橡膠生產直到一八九五年才真正啟動。[11]這就將馬來膠的生意留給了劉喜日這樣的華人。由於各大洋相繼裝設海底電纜，劉喜日發現對馬來膠的需求日增，因此於一八五〇年左右，開始了生產與批發公司，英文稱為劉亞日公司（Low Ah Jit，北京話為 Liu Yari）。他在馬來膠生意上取得先機，這間公司崛起成為馬來半島各地的主要馬來膠批發商，商業利益讓劉喜日變成海峽殖民地中最富有的人之一。其他親屬也投資馬來膠生意，但劉亞日父子公司（Low Ah Jit and Sons，中文則是榮豐號與四間聯號）成為領導企業。[12]

那些年代裡，英國主導了電纜的生產與裝設，因此那裡對馬來膠的需求龐大。劉喜日跟英國公司派特森西蒙斯公司（Paterson, Simons, and Co）打造出相互有利的關係。這間一八二八年在新加坡成立的公司，是第一間出口馬來膠到歐洲的公司，演變成主要的運輸公司。他們的馬來膠主客戶是電報興建與維護公司（Telegraph Construction and Maintenance Company，簡稱 Telcon 或 TC&M），這間公司是生產安裝電報線的首屈一指英國公司。到了一九〇〇年，電報興建與維護公司已經製造並安裝全世界三分之二的電報線——跨越大西洋、印度洋與太平洋，超過十六萬英哩的線路，連結倫敦到孟買及紐約，香港到舊金山，這些不過是全球海陸多個電訊節點之一。[13]

劉喜日是那個故事的重要部分：來自劉隴村的舢舨小販崛起成為英國公司的主要批發供應商，後者則成為世界首屈一指電訊公司的主要絕緣體供應商。劉喜日可說是天時地利人和皆具；

他創立公司的時候，恰逢水底電纜正在鋪設。首先是一八五〇年代跨越英吉利海峽與愛爾蘭海，接著從一八六〇年代到一九二〇年代跨越更寬廣的大洋。[14] 劉喜日在馬來膠貿易中的角色，讓家族置身於殖民資源榨取與歐洲科技革命的交會點。他們的生意，也是大英帝國擴張高峰上，通過電報連結倫敦與殖民地及海軍基地，此一過程的一部分。

劉家與英國出口商之間的商業關係，部分解釋了他們對英帝國的親近認同。我們已經看到劉喜日的兒子劉長意與劉明意於一八七九年，在汕頭領事館登記為英國子民。劉喜日本人也於一八五七年五月歸化為英國子民（以劉亞日之名）。[15] 他們是英帝國與中華帝國雙方的國際子民，雖然他們的跨地域策略難掩諷刺，他們是真心認同出生地及積累名聲財富的殖民地。無論如何，劉喜日在第二次鴉片戰爭期間選擇英國公民身分，確實令人疑惑。他也許單純不涉政治，但可能也不怎麼支持清朝政府。一八六五年，他被傳召為四名義福會（Ghee Hok Society）成員的刑案審理，擔任品格證人。這個「祕密幫會」高度涉入新加坡的女性販運、娼妓與械鬥。創會兄弟是起事反清的潮州人，後於一八五三及五四年逃到海峽殖民地。這個案件裡，被告被控綁架數名與丈夫一起搭船抵埠的華人女性。[16] 海峽殖民地的勞工碰到問題時，通常會向同語言社群的名人求援，此刻已相當富裕的劉喜日，推測應該跟地下世界令人厭惡的詐欺手段沒什麼關係。然而身為前船伕，他可能也是這個由反清難民組成的團體的一員。即便他並不相信那些教條，很可能他也曾立誓要推翻朝廷。他與潮州的連結仍舊緊密，在此退休養老，並於一八八四年在此過世。

此時，他的三子劉長意與五子劉坤意（Liu Kunyi 或 Low Koon Yee，一八六二到一九二六年）接手他的生意。兄弟代表了跨地域家族經驗中的不同分流。劉長意是兩人中比較英化的一個。他生於新加坡，就讀英語菁英學校萊佛士學院。傾英的海峽英籍華人公會（Straits Chinese British Association）於一九〇〇年成立時，他當選執委。在新加坡跟潮州，兩兄弟都是英籍華人社群的守護者。例如，聯合好幾名親屬，他們參加在汕頭的英國子民聚會，歡送將於一九一三年轉任他職的英國領事哲美遜（E. G. Jamieson，生卒年不詳）。劉亞日公司是新加坡九間支持一九〇二年「英王登基慶典」的華人公司之一；當年度愛德華七世（Edward VII，一八四一至一九一〇年，在位一九〇一至一九一〇年）登基，因此這是對新王公開宣示忠誠。[17]

另一方面，劉坤意則生於潮州，也許出自不同母親。他成為新加坡華人商會的幹部成員，這個組織是一九〇六年由傾中與中國文化的商人所建。雖然劉坤意的流動人生中並不介意擁抱多個主權，誕生於中國的他，仍比兄長更感受到家鄉的文化引力。[18]

到了二十世紀，兩兄弟將父親蓬勃的公司發展成大型跨國企業。除了劉亞日公司（或榮豐號），他們還推進三間劉亞日公司旗下「關係企業」（聯號）的發展；兩間以馬來膠及中國與海峽殖民地之間的一般進出口業務為重心（榮利號〔Rongli〕與榮業號〔Rongye〕），一間則負責甘蜜生產（榮茂號〔Rongmao〕）。榮利號發展成以香港為基地的南北線生意網絡中的中階企業，此一網絡主導了東南亞與廣東省之間的稻米貿易。劉喜日的另一個兒子劉孝欽（Liu Xiaoqin或Low How Kim，生卒年不詳）一開始管理這間公司。[19]

無論如何馬來膠明顯仍是他們的企業核心。在馬來膠價的頂峰，每噸售價高達七百到八百銀元。[20]新加坡是整個東南亞馬來膠貿易的進口與再出口中心。殖民地從馬來亞、婆羅洲、廖內及其他地方進口馬來膠，然後再出口到歐洲與美國。從一八八五到九六年，馬來膠的總進口與再出口量來到六十一萬九千三百七十七英擔（六千九百三十七萬零兩百二十四帝國英磅），總價值達四百八十五萬五千七百九十四英鎊（約合二〇一九年的五億五千五百萬英鎊）。這些年裡，光是新加坡與馬來亞兩地產的馬來膠出口量，就來到十一萬一千六百二十八英擔（一千兩百五十萬兩千三百三十六帝國英磅），總價值達一千五百八十萬八千四百四十一英鎊（大約合二〇一九年的一億八千五百二十萬英鎊）。[21]劉喜日的兒子劉孝欽通知菲律賓的美國殖民當局，在一八五〇到一九〇〇的半世紀中，新加坡出口了約達三億美磅的馬來膠，在一九〇一年最高等級的馬來膠售價是每擔兩百六十美元。[22]我們無法得知多少生意屬於劉亞日父子公司旗下，然而這些公司主導了馬來亞各地的馬來膠批發生意，包含新加坡與英屬北婆羅洲，這些年肯定賺得成千上萬的財富。劉家以交易精明聞名；無數庫房讓他們掌握大批囤貨，待高價而沽。這門生意的獲利能力，必然導致區域內四處分散的膠木樹群走向難以為繼的「枯竭之途」。[23]

到了二十世紀初，以所擁有的房地產來說，劉長意成為新加坡第十二大華人富豪，也是第五大潮州人富豪。[24]一八九八到一九〇〇年之間，他也加入控制新加坡鴉片餉碼承包（Singapore Opium Farm）的富裕集團，進一步提升家族財富。這並非劉家首度涉入鴉片壟斷事業。劉孝欽於一八七七年時擔任鴉片承包商的主任助理，控制了霹靂州安順地區的承包事業。[25]然而，家族財富並不靠鴉片。從新加坡駁船碼頭（Boat Quay）的總部，劉亞日父子公司進行貿易的品項繁多，包含稻米、甘蜜、胡椒、棉、藤、鴉片與一般雜貨。然而財富的主要來源還是橡膠。[26]

劉長意與劉坤意共有十三個兒子與好幾個女兒，出生在潮州與新加坡，多數男性後代都從商。第三代中最具有開拓精神的，是劉炳炎（Liu Bingyan 或 Low Peng Yam，生卒年不詳），劉長意的三子。如我們所知，劉炳炎娶了方耀總兵的女兒（我們不知道她的名字）。劉炳炎是一八七六年生於新加坡，推測這樁婚姻應該是老一輩在中國安排的，因為方耀在一八七〇年代曾與劉家往來。家族企業之一的榮利號曾經捐獻方耀在廣州建立的同鄉會館——潮州八邑會館，至少有一名家族成員與方耀共同在一八七六年時擔任創館理事。[27]兩家的關係可能是在潮州建立的。劉長意與弟弟劉明意在一八七七年返鄉長居，當時方耀正在募款重建隴溪書院，書院鄰近他們的村落。地方縣志高調指出方耀與「紳富」在一八七〇年代期間為書院及河道疏濬募款，劉家可能也有貢獻。[28]等到劉家崛起成為一股商業勢力時，「地方菁英」的概念早已轉變。身為海峽殖民地的繁榮家族又與家鄉父老維持聯繫，他們肯定是這個區域的「富人」。生於新加坡的劉炳炎與方耀女兒之間的婚事，反映出跨地域網絡策略，將「地方」菁英與海外旅居者連結起來。因此地方「紳富」實際上就是個跨地域團體。

劉炳炎最知名之處，就是四海通銀行的董事與股東，這間銀行是服務海外潮州人需求的最重要現代銀行。四海通銀行的名稱反映出它在二十世紀提供潮州稻米網絡資金的角色；四海通在曼谷跟香港設有分行。[29]四海通銀行是一九〇六年於新加坡，由一群有影響力的商業菁英發起，包含廖正興（胡椒甘蜜大亨，也是銀行的長期總經理）、陳瑞麒（Chen Ruiqi或Tan Swi Khi，一八六二至一九二四年，甘蜜園主陳棉捷〔Chen Mianjie〕之子，商業先鋒大亨佘有進的女婿）、藍金昇（Lan Jinsheng 或 Nga Kim Seng，生卒年不詳，以稻米與其他貿易在暹羅與新加坡致富）。[30]劉家並非原始董事會成員，然而到了一九一三年，劉炳炎與劉坤意加入董事會。一九一四年，佘有進的兒子佘柏城（Seah Peck Seah，生卒年不詳）也加入董事會，他是劉坤意長子劉炳先（Liu Bingxian，生卒年不詳）的岳父。[31]

十九世紀，鴉片是甘蜜莊園經濟的一部分。這些殖民地的鴉片銷售，主要是掌握這些「江主（kangchu 或 jiangzhu）」手中，他們替佘家跟陳家管理甘蜜胡椒莊園。[32]無須多言，所有家族都參與控制殖民地（特別是新加坡）鴉片餉碼承包的集團，並從中獲利。

因此我們再次看到鴉片產生的資本，轉入金融業服務潮州人需要的過程。然而不像上海的潮陽幫，許多海外華人並非僅靠鴉片生意來籌募金融資本。劉家的多數財富是來自十九世紀偶發的馬來膠貿易需求；佘柏城本身則投資石油業。[33]然而十九世紀的甘蜜生意，在莊園殖民與殖民壟斷的層級上，卻是與鴉片的政治經濟密不可分。現在，許多財富的繼承人則轉進金融業。

四海通銀行由潮州人為潮州人經營，這也招致其他華人的嘲諷，主要是福建人，他們將新加坡的潮州文化比為「拉幫結派」跟「傳統華人」。[34]從一九〇六年創立到一九九八年期間，這間銀行確實以海外潮州社群為主，直到被更大的（福建人創立的）華僑銀行（Oversea Chinese Banking Corp）吸收。四海通銀行促進東南亞各地潮州稻米網絡成員的利益，也照顧小商號與存款戶；後者在殖民地世界初來乍到，用自己的語言辦理交易將更為安心。除了菁英之外，多數華人不用歐洲銀行，因為歐洲銀行通常不接受小額存款，也常有一種讓華人覺得「拒人於千里之外」的氛圍。像四海通這樣具有同鄉屬性的銀行，當華人企業需要更大資本或者貿易涉及外匯時，也會居中協調華人企業與歐洲銀行。隨著潮州貿易網絡擴張，獲利的銀行也隨之演化，為稻米、森林與海洋產品、海產及其他商品貿易提供金援。[35]對於現代跨地域經濟發展來說，四海通銀行至關重要。

當一次世界大戰在一九一四年爆發時，在這段不穩定的時期劉炳炎以對四海通銀行忠心不二而聞名。由於恐慌存戶爭領現金，因此爆發擠兌。不像其他類似規模的銀行，這間銀行撐過風暴，因為它一直維持大量現金存款。更重要的是，劉炳炎在危機高峰時，借了五十萬美金給銀行，此一行動保證了銀行的償付能力。[36]銀行倒閉會嚴重影響存款戶與小商號，因此他不只充實銀行儲備，也保護了銀行客戶。

劉亞日父子公司持續存活到二次世界大戰之後，然而劉坤意與去世兄長劉長意的兒子——劉炳炎、劉炳風（Liu Bingfeng，生卒年不詳）與劉炳家（Liu Bingjia，生卒年不詳）——之間卻拆夥了。[37]拆夥的原因並未公布，但可以猜想得到劉家年輕一輩想走自己的路。劉長意的兒子雖然持續投資馬來膠，卻在其他事業上更加積極，特別是金融、房地產與稻米。劉坤意的兒子，特別是劉炳思（Liu Bingsi 或 Low Peng Cer，生卒年不詳）與劉炳先（Liu Bingxian 或 Low Peng Soy，生卒年不詳），在一九二六年父親過世後，持續經營劉亞日父子公司。他們也轉進其他事業，創立專精暹羅進出口貿易的潤豐號（Liu Runfeng）與榮章號（Rongzhang），在暹羅致力於樹膠生產。第三代在父執輩退出之後，追尋各自的目標，也更積極進入暹羅經濟擴張事業。[38]

稻米王者：缺乏殖民主義的領域主義

這些橡膠大亨會把手伸進稻米貿易並不令人驚訝。稻米一直是貿易主體，這股趨勢在一八九〇年代加速。隨著潮州當地農人從稻米與糖蔗耕作，轉向鴉片生產，本地的稻米生產減量，更讓貿易有利可圖。印度進口的鴉片遭課高額關稅，同時中國本地生產的鴉片品質提升，促使中國消費者更願意購買土產鴉片。地方農人也增加水果與花生（製作烹飪用油）的產量。因此在十九世紀的最後幾十年中，稻米進口量將近成長三倍，從一八八一到九一年的六百六十三萬一千九百九十八擔，下一個十年則來到一千七百六十萬五千五百一十七擔。[39]

蔗糖仍舊是重要的出口產品，然而當地人得面對更便宜的東南亞蔗糖競爭。根據海關官員所言，潮州的蔗糖是透過小規模農業生產，農人仰賴出口貿易商預付現金。他們不願意轉換成東南亞生產模式——「以組織體系與現代經濟原則運作的大型農場」。[40]換句話說，他們不願意像暹羅或荷屬東印度的人一樣，讓自己無產化進入莊園形式的農場工作。相對地，他們寧願承受競爭，轉植其他作物。方耀的家鄉普寧就反映出這種轉變。一八六〇年代，普寧曾是主要的糖蔗耕作區，然而到了一九三〇年代，造訪此區的旅人厭惡地發現此地廣植罌粟。[41]這些年裡，蔗糖是唯一經歷明顯衰退的潮州主要出口產品：從一八八二到一八九一的一千四百九十四萬一千零七十五擔，下個十年減為一千三百一十五萬八千九百四十四擔。[42]

此時，潮州人已經將一些過去人口稀少卻資源豐富的東南亞區域，納入他們的跨地域經濟之中。海外企業家持續長久傳統，在暹羅廣大莊園生產蔗糖。他們也將好些工業蔗糖精製的工作，外包到暹羅王國去，因此不難發現暹羅蔗糖精製廠中的勞工都是潮州人。[43]雖然潮州蔗糖生產者與爪哇莊園競爭，但爪哇島上大多數蔗糖精製勞工也是潮州人。[44]事實上，中國的中國人生產者的競爭對象，經常是暹羅及荷屬東印度群島上的華人大亨。潮州海域各地，家族在老家保有小塊農地，卻在海外適應產業規模的農業生產，不是無產化的農場，就是糖廊工人，不然就是莊園與糖廍所有人。現代階級形成的過程，部分也是跨地域形成。

這些改變，與南海稻米貿易中潮州商人逐漸專業化，是同時發生的。事實上，現代東南亞稻米貿易的歷史，正是潮州海域崛起的故事。到了十九世紀末，潮州商賈網絡崛起，成為稻米貿易中的主導者，占據了曼谷、西貢、香港與汕頭等長期商業力量節點。稻米占據了暹羅與法屬印度支那出口總量的半數以上。在印度支那，稻米出口貿易主要是掌握在郭琰（Guo Yan 或 Quách Đàm，一八六三到一九二七年）及姪子郭思高（Guo Sigao，音譯，生卒年不詳）等潮州人手中，他們的通合公司（Thong Hiep）是主要的碾米廠及西貢出口商。[45]到了一九〇九年，潮州人在西貢的稻米貿易中心堤岸（Cholon）經營一百零八間公司。潮州工人是南越河船工的骨幹，也是西貢裝卸貨物碼頭工人的主體。更重要的是，潮州人是在芹苴、朔莊、茶榮、迪石及薄寮等地區墾植稻米的農民主力；這些地方都位於西貢以南的湄公河三角洲。法國殖民地給了潮州旅外者投資機會，及都市與鄉村勞工的工作機會，同時還能獲取農地。法國殖民官員並不擔心他們的發展。正如尚－安德黑．拉法格（Jean-André LaFargue，一九一七至二〇〇七年）討論到這些農民時指出，他希望華人能夠「令我們殖民地內荒地的人口倍增」，並對殖民地的成功有所貢獻。[46]

同時間在暹羅，碾米業成了另一個潮州商人成功邊緣化英國競爭者的案例。英國投資者尋求插足暹羅王國的稻米經濟，卻遭到以曼谷跟新加坡為基地、由潮州人主導的稻米網絡所阻擋。[47]

在新加坡，傳統上福建人主導了稻米的商業碾製與交易過程，[48]這一點也在一八九〇年代開始改變。港口的潮州人稻米網絡開始展開更有效的競爭，藍金昇、佘應佐（She Yingzhong，生卒年不詳）、李偉南（Li Weinan，生卒年不詳）、郭琰、陳慈黌與劉家開始更積極發展新加坡的跨國稻米生意。他們理所當然會仰賴自己跟暹羅與其他地方的潮州話族群之間的連結，而在一九〇六年後推動這個團體向上攀升的機構媒介，正是四海通銀行。[49]稻米貿易需要大量資本支出，儲存與運輸帶來特殊挑戰。這間銀行的總部設在新加坡，曼谷與香港各有分行，在南海稻米貿易擴張時期，為潮州人逐漸加深的參與提供金援。當甘蜜、馬來膠與鴉片包稅生意正值下滑，英國人也更明確採行莊園農業生產模式（特別是巴西橡膠）之際，四海通讓新加坡的潮州人能夠更積極涉入稻米碾製與行銷。銀行在這個關鍵的轉型時刻，推動潮州人的商業利益，服務在新加坡、曼谷與香港的跨地域客戶。它協助稻米從暹羅與西貢出口到新加坡（東南亞其他地方的穀物流通中心）及香港（殖民地及中國南方的流通中心）。[50]香港分行作為託收行，也是新加坡與暹羅貨幣交換處，很快就崛起成為東南亞潮州商業的東亞「要衝」。[51]一九一四年劉炳炎拯救銀行時，他也支撐了潮州稻米網絡的持續成功。

劉家在稻米貿易中的涉入程度，很難追蹤細節。他們一直參與中國與東南亞之間的稻米與織品進出口貿易。聯行之一的榮利號是組成香港「南北行」的七十間公司之一，這些都是涉入中國與東南亞貿易的最重要潮州企業。[52]他的父親劉長意與叔叔劉明意在一八七九年於汕頭登記為英國子民，他們自稱為稻米商人。他們登記的家族企業是榮豐號，這是他們父親在海峽殖民地開創馬來膠生意的組織。但同時，這間企業也進行其他商品貿易，最明顯的就是稻米。劉明意也回報該公司與名為陳源盛號（Chenyuansheng 或 Tan Gwan Seng）的汕頭米業關係進行交易，後者正巧是劉明意的岳父所有。這間公司是港口萬年豐會館的有力成員。他的岳父陳雨亭（一八四二至一九一五年）更是上海機器織布局的早期投資人之一；機器織布局正是一八八〇年代李鴻章（一八二三至一九〇一年）自強新政的主要計畫之一。[53]

再一次又展現了劉家運用跨地域婚姻策略，服務他們距離遙遠的財務利益。劉炳炎與方耀女兒的婚姻也鞏固了他們與地方強人之間的連結，後者也是地主與商業世家出身。劉炳炎叔父與陳源盛號東家之女的婚姻，強化了他們與潮州海陽縣稻米批發商網絡的連帶。這些姻親同時更夾帶與上海工業世界的連結。劉家正在新加坡打造馬來膠生意，但驚人的是，他們在汕頭領事館卻自稱為稻米商，因為比起橡膠生意，他們的稻米貿易事業可能跟潮州當地經濟的連結度更高。劉家是南海稻米貿易的中階參與者，然而這類商貿卻強化了他們與曼谷、新加坡、香港、西貢、廣州、上海及潮州本地的潮州跨地域家族網絡的連結。

香港與新加坡，而非汕頭、廣州或廈門，崛起成為東南亞對中國稻米貿易的樞紐。這兩地都是「自由港」——不對貿易課稅，兩地也都演變成首屈一指的亞洲轉運港。此外，因為鄰近中國南方，香港更成為潮州話使用者主導的南北行的總部。這間貨物貿易商的商會在一八五〇年左右開始合併（一開始「北」與「南」指涉長江南北的中國港口；最終「南方」則擴大納入東南亞。）[54]這個商會是由香港的兩大潮州公司領導：由高滿華創立的元發行，以及陳煥榮創立的乾泰隆行。如蔡志祥研究所示，這兩大商業巨擘之間的相似性十分驚人。然而元發行於一九三四年結束，乾泰隆行則存活至今，成為香港最古老的中國進出口公司。乾泰隆行是透過特別強盛的家族聯號企業支持下來的：曼谷的黌利行（Wanglee 或 Hongli）、新加坡的陳元利行（Tan Guan Lee）、汕頭的陳黌利行（Tan Wan Lee）及西貢的乾元利行（Kien Guan Lee）。事實上，母公司最終被其中一間「聯號」子公司所取代——以曼谷為基地的黌利行取而代之成為全球巨頭，從一八七一年開始撐起家族的企業網絡。這間公司是由陳煥榮的兒子陳慈黌（一八四一至一九二〇年）所創，陳慈黌與兒孫輩將黌利行打造成曼谷最大的稻米進口商與碾米廠之一，後來更擴張進入運輸、保險與金融等行業。即便今日，陳家家族網絡仍舊被視為泰國「前五大」資本集團之一。蔡志祥將陳家的長期興盛歸功於家族企業動力。公司掌控權在傳給下一代之前，會先由兄弟堂兄弟掌控，此舉讓陳家各支都涉入公司財務。相對地，高家則維持「一脈相傳」：控制權由父及子。也因此高家的分支認為公司被高滿華直系「占領」，因此很少願意注入更多資金。高家的家族網絡也不足以應付維持遠方的生意，因此元發行跟十八間聯號企業就在大蕭條期間崩盤。[55]單單「親屬關係」並不足以讓商業網絡世代繁盛。家族各房都必須有某種控制權，確保這些複雜的事業體能夠長期持續下去。

劉亞日公司與其聯號企業雖然撐過了大蕭條與二次大戰，他們也遇到類似高家危機的情況，因此削弱了力量。劉喜日的公司也是「一脈相傳」；他的兒子們單獨繼承他的事業，一八六〇年代後甥姪輩都不在公司中擔任重要職位。劉喜日的兒子過世後，他們的兒子——亦即堂兄弟——產生分裂，並在他們之間重新分配家族企業。他們明顯也支持「一脈相傳」的企業管理方式；兄弟還能長期一起經營企業，堂兄弟卻走不下去了。

對跨地域商業來說，「一脈相傳」在景氣好的時候行得通，卻讓公司在面對大蕭條時束手無策。正如我們在前一章中所見，劉坤意的兒子在一九三一年賣掉大批新加坡房地產，也許就是因為現金需求。劉長意的兒子劉炳炎遇到更困難的挑戰。一九三一年十月，他被告上海峽殖民地最高法院，因為未能付清一九二八與二九年兩筆總數達六千美元的貸款。他並未出庭，因此在一九三二年被視為「不再居住於本庭轄區」。此案直到一九三四年仍未解決，此時他已從歷史紀錄中消失了。[56]對於一九一四年拿出五十萬美金，一手拯救了東南亞首屈一指潮州銀行的人來說，卻是令人驚訝的落幕。一脈相傳的家族企業，也沒能讓他們避過全球貿易的災難性緊縮。

慈善浪潮

無論如何，第三代也延續了家族的跨地域慈善事業傳統。出生在海峽殖民地的劉炳炎，在一次大戰期間，捐獻了好幾個英國慈善團體，包含「我們支持基金」（Our Day Fund）——捐款給英國紅十字會幫助傷兵，以及「馬來亞空軍中隊」（Malaya Aircraft Squadron）——捐款建立一支殖民地空軍武力。[57]特別是遠在歐洲，英國人的「我們支持基金」捐款，是殖民地大臣要求華人領袖帶頭捐款，「以身作則」。相對地，馬來亞空軍中隊的募款行動，則是由華人本身發起，表示這些英籍華裔子民對於英國本土的興趣，比不上培植他們成就的殖民地。

如同多數旅外華人，他們也將慈善事業導向故鄉，正如一九二二年「汕頭風災」，促使整個跨地域潮州世界全都關注起他們的家鄉。這次颱風是潮州現代史上最嚴重的天災。風暴本身的力量深不可測，夾帶豪雨強風，重擊屋舍商家。最可怕的是，它還引起大潮，在八月二日晚間十一點半席捲整個沿岸平原；幾乎沒人能看見，更別提預備面對怪獸級的水牆。死亡人數難以估計，因為許多屍體被捲到海裡，但至少有三萬四千五百人死亡，部分地方菁英宣稱總死亡人數高達七萬人。光是澄海縣就有將近兩萬七千名受害者。一度曾是鴉片走私海盜與反政府之輩驕傲故鄉的外砂村，整個被海嘯沖走。住在當地約一萬名的農漁民，超過七千人不是當下溺斃，就是被隨之而來的沉重瓦礫碎片打死。汕頭港附近綿延十六英哩的農地，在海嘯過後數週仍處於淹水狀態，百分之六十的作物全毀。一九二三年的收成也遭到鹽分浸潤土壤的嚴重影響。揭陽縣的炮台地區雖然暴風衝擊較小，卻詭異地重演了一六六〇年代的遷界動亂，再次成為大規模劫掠的區域。飢餓難民衝進警局、鹽場與釐金局，搶奪任何有價值的東西。雪上加霜的是，在這個高度仰賴漁業、運輸與商業的區域，這些產業幾近全面停擺。海關與貨棧都被沖走，港口仍舊充塞受損船隻建物，以及人類家畜的破損屍體。在遠離任何水道一英哩以上的乾燥陸地上，目擊者驚駭發現一艘巨大的蔗糖船。58

官方無法提供任何急難救助，更別談長期重建援助。正如一九一五年後中國許多地方，廣東省也困於軍閥衝突之中。地方軍事強人陳炯明擺出一副空洞的同情姿態，允許當地人可以從他最近要求的三十萬圓「借款」中，「減去」六萬圓作為賑災之用。[59]行政官員也沒有比較有效率。一九一一年的革命之後，汕頭以外的地方，政府幾乎是不存在。受創的樟林港區，最能稱得上政府機關的就是警察局，裡頭的員工全是風災受難者（警察局長是他整個家族中唯一的生還者）。舊的區長辦公室被保安民兵（保衛團）所取代，這是獲得官方許可、地方菁英組織的類民團。當人手不足的汕頭政府呼籲成立救災分所，這些民兵就直接在新名稱底下重新組織起來。[60]缺乏有效的政治體制，當地聞人被迫擔起救災的重擔。

地方菁英各盡己能來救災。樟林救災分所募得九千圓來應付直接賑災需求，並開始重建堤防。當地救災作為得到暹羅與新加坡海外旅居者的支持，匯款給在地親屬。[61]南商會（Southern Merchants Association）與暹羅商會（Bangkok Traders' Guild）是汕頭兩大有影響力的商業組織，也成功向常關（Native Customs）請願，暫時停課關稅，並取得失蹤或受損貨品的減讓。當地慈善機構迅速掩埋散布沿岸成千上萬具無名屍體，避免隨之而來的疫情，速度令當代觀察者相當驚訝。[62]

然而這次災情規模太大，當地人難以獨自面對，因此海外潮州人網絡也採取行動。劉家攜手其他新加坡商人，回應了求援呼聲。劉炳思是劉坤意最出色的兒子。就像他的父祖輩，他也是在潮州出生、受教育，因此對故鄉有極深的認同。也許出於這個理由，他也是家族中最積極參與賑災募款的人，他在俱樂部組織會議與歌劇演出，個人更向汕頭匯出十萬元（海峽殖民地銀幣）捐款。[63]

他是匯款支持賑災的許多商人之一。回應汕頭總商會（Swatow Chamber of Commerce）的急迫呼聲，香港潮州八邑會館（Hong Kong Chaozhou Native Place Association of the Eight Districts）、香港潮州八邑商會（Hong Kong Chaozhou Chamber of Commerce of the Eight Districts）、西貢潮州商會（Chaozhou Chamber of Commerce of Saigon）及西貢潮州會館（Chaozhou Native Place Association of Saigon）在香港組成一個救災分所，募集六十萬圓的財務支持與稻米、衣物及藥物，送往汕頭的姊妹組織。[64]

上海潮州會館持續匯款，支持傷者就醫、風災孤兒及當地慈善組織。他們一度募集五萬一千圓，重建潮安、澄海、饒平與揭陽的十五道堤防。潮州會館由潮陽人主導；事實上許多關於賑災的會議都是由轉入製造及金融業的前鴉片大亨郭子彬本人主持。他很少參加會館例會，業界大老現身正證明了這些商人看待這場危機（及他們的大額匯款）的認真程度。[65]就像新加坡劉家，他們的金援也前往任何需要協助的地方，不只是自己的村落。明顯地，遠離家園讓他們產生一種「潮州人」的意識，不只是來自單一家族或村落的人。他們也以跨地域仕紳的方式回應災情——齊集捐款、建造堤防並提供慈善救助。

一九二九年，他在新加坡潮州八邑會館（Native Place Association of the Eight Districts of Chaozhou in Singapore）的創立過程中，扮演重要角色。當時已經有一個照顧新加坡潮州人的組織，即一八四五年佘有進與十二個商業家族共同創立的義安公司（Ngee Ann Kongsi）。義安公司對移民提供協助，也傳布跟媽祖（海上女神）及大眾神祇玄天上帝崇拜有關的潮州宗教信仰與儀式。每位有能力的潮州人都被期待要捐獻白銀，因此多年來積累了數量可觀的共有資產，並帶來收入。佘家與來自潮州澄海的盟友完全控制義安公司，然而該公司多年來從未公布管理組織的規範章程。來自其他縣的商人，包含海陽（今日潮安）劉家，厭惡佘家頑強把持所有決定權。緊張衝突在一九二九年爆開來，當時反佘派成立了另一個同鄉會，作為挑戰義安公司的機構。他們也控告佘有進的孫子佘應忠（Seah Eng Tong，生卒年不詳），就義安公司的房地產與其他資產的控制權掀起一場法律戰。最終，義安公司根據一份正式條例重組，資產管理也轉給新的管理委員會，潮州社群的共同資產改由多方人士組成的團體來經營；今日他們管理兩個組織。劉炳思是八邑會館發起時的財務長，協助實現義安公司的機構法制化。[73]

反佘派強烈認同中國故土，這種情感也影響了劉炳思的慈善生涯。他積極致力於改善端蒙中學（Tuan Mong School），此舉被認定為潮州商業社群反佘派的第一個制度性挑戰。成立於一九〇六年的端蒙中學，是在新加坡推動潮州話公共教育的先鋒學校；原始二十八位創辦人中，一位佘家人都沒有。這是十分不尋常的現象，因為佘家從未遺漏任何跟潮州有關的重大慈善活動。這間學校的多數創辦人，也是四海通銀行的創辦人，包含廖正興與藍金昇。端蒙中學成為反佘派的原始「權力基礎」，也成為一九二九年前，這群人與義安公司爭奪慈善事業控制權的工具。學校創建時，劉炳思還太年輕，但他的父親劉坤意卻是創校基金的主要贊助者；劉炳思後來也成為捐款人，更多年出任該校董事。[74]

端蒙中學有「現代」課程，但更重要的是，致力於用潮州話教育年輕人。這轉向，不只是針對二十世紀前英語化的新加坡菁英教育，也針對中國更加「民族主義」的趨勢——當時北京話逐漸成為中國教育的「標準」方言，從語言上同化中國人。劉炳思特別針對潮州文化的熱誠，反映在他終其一生贊助學校及表演藝術；他也是潮州方言戲劇的主要贊助者（偶而客串演出）。[75]他代表了挑戰佘家勢力者之中的傾中派，但在這個案例，那些挑戰是出自對故鄉的忠誠。

劉炳思也維持家族傳統，跟英國人保持良好關係。一九三九年二次大戰在歐洲爆發，他支持了馬來亞愛國基金（Malaya Patriotic Fund），並出任該組織的潮州委員會。這是英帝國試圖從殖民地募款，支持家鄉戰爭的行動之一。他還募集大量金錢，支持中國本地的戰爭，擔任新加坡援中委員會潮州小組主席，並自掏腰包貢獻大量但數目不明的捐款。[76]雖然在兩地參與公益慈善，他卻一直未歸化為英國子民，直到一九五一年共產黨掌握了中國，他的故鄉不再歡迎資本家成功故事之後。[77]他仍舊維持跟潮州的深刻連結，直到再也難以為繼。

僑匯

對二十世紀潮州經濟來說，海外匯款至關重要。正如吳春熙的定義，「僑匯（僑批）是用來描述海外華人的（金融）『匯款』，支持家庭與被撫養人，為匯款人或其家庭購買土地或房屋，或用來投資工商事業。」[78]官員回報潮州「富裕且人口眾多」的區域，通常將其富足特別歸功於來自暹羅、新加坡與印度支那的金流。[79]我們無法確定那些年中匯回的實際金額，一九四九年前有太多匯錢的方式，系統性研究卻太少。然而累計數字卻是十分驚人，一九一二與一三年的數字估值累計，約是每年兩千五百萬圓。一九二〇年代年度匯款總數，則在兩千七百萬到三千萬之譜。[80]地方列表的一九二六到三一年估值（見表9.1）顯示了來自東南亞的慷慨支持。這些數字也許過低，卻反映出來自不同地區的相對數量，以及隨著時間發生的改變。

不意外地，最大數量來自暹羅，當地擁有一百五十萬潮州人，是當地華人數量的百分之六十。新加坡的估值也相當可觀，新加坡殖民地的潮州人數雖然只有暹羅的百分之二十，在大蕭條之前，他們的匯款數量已達暹羅潮州人匯款數的百分之七十到七十九。一九二六年，新加坡人送往汕頭的匯款更超過暹羅的匯款數。即便新加坡潮州社群的人數在下降，這處繁榮殖民地的居民持續匯回大額款項。新加坡的數字也反映出新加坡是銀行與金融交易的中心，住在其他殖民地的華人也傾向從新加坡匯款。[81]

表 9.1　一九二六到三二年進入汕頭的僑匯（節錄，幣別：中國銀圓）

匯出地	1926	1927	1928	1929	1930	1931	1932
新加坡	9,156,000	7,298,000	7,408,000	7,250,000	3,577,000	7,120,000	4,654,000
暹羅	9,011,000	9,200,000	9,330,000	12,930,000	13,820,000	8,234,000	6,120,000
印度支那	2,120,000	2,503,000	2,311,000	2,507,000	2,310,000	2,005,000	1,510,000
蘇門答臘	229,000	192,000	231,000	205,000	262,000	153,000	102,000
香港	1,210,000	250,000	1,280,000	1,150,000	1,233,000	828,000	750,000
檳城	510,000	455,000	516,000	494,000	628,000	420,000	348,000
總計	22,236,000	19,8980,00	21,076,000	24,536,000	21,840,000	18,760,000	13,484,000

資料來源：《汕頭指南》1933，頁 134。

作 者 註：這些資料如何蒐集不得而知。《潮汕地區僑批業資料》的編輯宣稱它們是《汕頭指南》編輯謝雪影的個人調查。數字大致上與經濟史學者的毛估值相符，似乎是來自地方認知。部分原加總數字有誤，此處予以更正。

僑匯是種恩惠，在二十世紀上半葉打平了這個地區（事實上是整個中國）猖獗的貿易赤字。學者估計一九一〇年代的僑匯每年約在二千到三千萬圓之譜，而這些數字將近平衡了進出口之間的逆差。一九一二年的統計（見表9.2）顯示出此一現象。

這些僑匯來自海外的工商業投資，及國外工作的薪資，這些一開始都不太需要潮州本地的資本支出。然而這些活動的收益，回饋了故鄉區域，帶來大規模的財富回流。當代分析者呈現出這些資金維持家庭並打平赤字。[82]

一九四三年日本戰時當局評估貿易不平衡的成因時，注意到潮州在先前數十年中並沒有產業發展上的長足進展，持續出口他們長期以來的外銷產品，包含瓷器、刺繡、水果與加工食品，及其他產品，主要仍是非工業製品。許多日常需要產品，包含稻米及藥品、工業產品，都靠進口。這個區域的消費量高於生產出口量。[83]正是僑匯支撐了這樣的消費情況。

我們再次看到，要理解潮州經濟，不能跳脫它的跨地域面

表 9.2　一九一二年汕頭貿易量（中國銀圓）

	進口	出口	赤字
對外貿易	24,096,300	9,284,958	14,811,342
國內貿易	29,682,440	12,290,768	17,391,672
總數	**53,778,740**	**21,575,726**	**32,203,014**

資料來源：Hicks 1993，輯一，頁 100。關於一般赤字，見 Cheong, Lee, and Lee 2013: 75。

向。[84]海外華人的產業與其他投資（礦產、莊園經濟、工廠生產、房地產與銀行金融等），是故鄉地方經濟不可或缺的一部分，反映出的動能，正是遠方的殖民地與王國官僚保護著現代事業的昂貴投資，然而對家鄉的投資卻維繫了地主與商業等傳統產業。潮州地方官員相信，不像移民到美國的廣州人，一九一一年後潮州移民並不想在故鄉大舉投資現代事業。原因正是粵東地區愈來愈不安全。「（潮州移民）為何要匯大筆金錢回家投資？他們為什麼想蓋更多道路（或）建工廠……？多數人的家位於『（反共）掃盪區域』之一，駐有大批士兵對抗盜匪與共產黨……回家時……他們根本不敢露財。」[85]潮州的鄉村地區成為東南亞殖民地工業都會的不安全「郊區」，這裡是母子居住的家園，父親則出洋去打造現代全球經濟。多數產業投資都是在潮州的政治疆界之外進行，將暹羅、馬來亞、印度支那與上海的部門納入潮州跨地域經濟之中。[86]

進行僑匯的管道相當分散，但二十世紀最常見的途徑，是透過批館（piguan），即私人匯款行。這些是在中國與東南亞兩邊設點的合作社，主要是協助僑匯與貨幣交易，但至少在中國，它們也有其他生意，如買賣農產品與外國貨物。來自東南亞的批款透過電報傳送到潮州的合作批館。一九一〇年代，六十間左右的批館中，三十間與暹羅當地的交易商有往來，二十間則與新加坡交易商往來，十間則與法屬印度支那及檳城的交易商合作。他們的辦公室設在汕頭，幾間比較大型的批館也在內陸城市設有分館。批館人員將批銀換成中國銀圓，連同伴隨批信，送到城裡收件者手中；偏遠地區則僱用送件人員。[87]

位於香港及東南亞的外國銀行，也成為僑匯的另一種正式機構，雖然它們通常用來轉匯比較大筆的金額，因此使用的常是富裕家庭。汕頭有些批館的資金不足以解款它收到的所有匯票，會向外國銀行購買解匯單，因此這些銀行也在僑批轉匯的過程中扮演重要但間接的角色。[88]參與此類服務的銀行包含殖民時期的熟悉行號，如匯豐銀行（英屬）、印度支那銀行（法屬）、臺灣銀行（日屬）等等。服務海外潮州人利益又有劉家人擔任董事的四海通銀行，是二十世紀頭二十年裡，中國人經營的金融機構中，以僑匯交易聞名者。特別的是，它在汕頭並沒有分行，而是透過光益裕批局代理。光益裕批局是專精派送新加坡與印度支那僑匯的傳統中式銀行。光益裕批局在澄海、潮陽與揭陽縣都設有分號；一九一三年時，擁有約十萬中國銀圓左右的中等資產。[89]從一九三四經濟大蕭條年代的統計數字來看，光益裕批局是汕頭最活躍的僑匯解款行號，解匯了兩萬三千九百一十五封批信與電報匯來的三十五萬八千七百二十五圓。其他批館或銀行都遠遠不及這個數字。[90]然而一九三四年的數字，卻是從一九一〇年代末期高峰年代的派送數目下滑，請見表9.3。

光益裕批局是新加坡與印度支那匯款的最大解款行；一九一七到一九年間，沒有任何其他行號能夠解款從這兩地匯來的幾百萬圓。相對地，一九三四年的數字就反映出全球大蕭條對殖民地經濟的災難性衝擊。

表 9.3　一九一七到一九年間光益裕批局派發的僑匯（中國銀圓）

來源地	1917 年	1918 年	1919 年
新加坡	1,850,000	1,790,000	1,860,000
印度支那	1,560,000	1,680,000	1,740,000

資料來源：Ma Yuhang 1921: 18–19。

四海通銀行服務的對象是潮州旅外者，那麼它為何不在自己故鄉開設分行？事實上，日本人所有的臺灣銀行是二次大戰之前，唯一在汕頭經營分行的現代外國銀行。[91]一九一一年的革命混亂之後，除了處理匯款與進出口貿易所需，潮州銀行的經理們肯定不願拿大筆資金冒險。這場動亂初期，不同軍隊陣營間發生嚴重衝突，意圖爭取代表新的共和國。地方武裝分子與革命者抗拒廣州的控制，沿著客家與福佬人（操潮州語）的族群界線分庭抗禮。光益錢莊就在一九一二年四月被迫暫時關門，因為派系之一的領袖，惠州區指揮官林激真（一八七六至一九三六年）宣稱銀行經理在新加坡豪商之間散布對他不利的惡毒謠言，因此向它要脅金錢。林軍同時也劫掠了汕頭總商會會館，四處劫掠顯露出港區治安脆弱。臺灣銀行暫時代理海關的銀行需求，只因為手頭上有一隊日本兵可以捍衛銀行。[92]

威脅並不限於港區。另一支客家派系相關的軍隊攻擊了庵埠港北邊的玄天上帝廟。好幾代信徒將金箔一層層貼在道教神像上，這些軍隊則將每片金箔都刮下來。謠言傳說他們蒐集了一百磅重的黃金，

「激怒了附近百個村落」。[93]劉隴應該是這些村落之一，劉家人肯定也很清楚，在如此變化莫測的區域中，難保金錢的安全。等到革命動亂平定後，新的問題又升起：軍閥行動；二二年風災；二七年海陸豐蘇維埃爆發；持續的共產黨起事；最終是三七年日軍入侵。因此四海通銀行不可能在此設立分行。他們的代理人管理當地匯款；倘若需要金融機構國際觸角的服務，英國人保護下的香港分行，不過搭個船，或一通電報的距離。正如一位當地觀察家注意到，「（存款）通常會選擇香港銀行，而非移民家鄉社區附近的銀行，（以策）安全。」[94]這也突顯了粵東地區持續的政治問題如何限制了現代發展。

無論如何僑匯對留在潮州的家人來說，是不可或缺的收入。中國社會學家陳達從一九三四到三五年，帶領一組田野調查團隊，在東南沿海各地進行研究，包含一八二三年移民新加坡的佘有進出身的澄海鄉間。[95]他們發現在研究的家庭中，匯款數字落差很大；同時也發現當地食物供給僅能支應每年四個月的消費需求；其他八個月裡，這些家庭完全仰賴匯款現金。當然，這是大蕭條的年代，但僑匯顯然對生存來說至為關鍵。針對這個區域一百個家庭進行深入訪談所獲得的數字（見表9.4），更強調了這一點。

無論階級差異，僑匯都構成澄海移民家庭每月收入總數的百分之七十五到八十四。這些家庭以基本需求支出為優先，例如食物、衣物與棲身之所，滿足這些需求之後，才會將資金用在婚禮或蓋更好的房子之類的考慮。僑匯滿足移民家庭生活所需的同時，也提高了少數幸運家庭的階級地位。正如一位汕頭總商會成員注意到，「若少了僑匯，大批家庭的生計將受到嚴重影響。」[96]更沒提到的，是那些未能享受到僑匯生命線的家庭。

表 9.4　一九三四年十月到三五年九月，一百個移民家庭的月收入來源

家庭月收入（銀圓）	家庭數與社會階級	每月收到東南亞僑匯的平均數		本地來源月收入的平均數		家庭平均月收入總數
		銀圓	占月收入百分比	銀圓	占月收入百分比	
低於 20	17「貧窮」	11.40	75.5	3.70	24.5	15.10
20–49	49「低收入」	25.70	80.6	6.20	19.4	31.90
50–124	21「中收入」	68.10	78.6	18.50	21.4	86.60
125–250	13「高收入」	192.60	84.1	36.30	15.9	228.90
平均數／總數	**100 個家庭**	**53.90**	**81.4**	**12.30**	**18.6**	**66.20**

資料來源：陳達（Chen Ta）1940: 82（階級劃分，見頁 86)。陳達以收入劃分階級。

再度土崩瓦解

僑匯確實下降，而且是突然發生。表9.1點出全球大蕭條對潮州的金援帶來重大衝擊。一九三一與三二年的數字，比起前十年，更是雪崩式下降。新加坡的數字下降最早且最劇烈，反映出殖民經濟很大層面上，是為了供應西方工業的資源需求，而西方經濟在一九二九年崩潰。橡膠與錫產業受創特別重，海峽殖民地則經歷嚴重的失業潮。曼谷、新加坡與西貢的稻米市場，因為全球所有穀物供應過剩，價格暴跌，受到嚴重衝擊。由於一度充足的土地逐漸稀少，導致東南亞鄉村邊界關閉，更刺激了東南亞各地商品出口的緊縮。[97]

一九二九到三二年間潮州僑匯數字，反映出全球商業金融危機。這些下降，得跟東南亞當局開始嚴格限制華人移民，以緩解失業情況，放在一起考慮。在海峽殖民地，移民配額讓華人移民數字從一九三〇年的二十四萬兩千人，降到一九三三年的兩萬八千人。在法屬印度支那，光是一九三一年的前六個月，就有一千四百名移民被送回中國。暹羅人直接調升華人居留許可證的費用——從一九二八年的十泰銖，三一年漲為三十泰銖，三二年來到一百泰銖；這也阻礙了移民。[98]大批失業男性開始從暹羅、印度支那與新加坡搭船返鄉，許多人下船時被迫仰賴存心善堂的慈善服務。[99]因此，汕頭出現了少見的反向移民潮，返鄉的華人比離港的人還多（見表9.5）。

這些數字反映出移民數量大幅下滑，卻也展現出，返鄉加入本地經濟的人，多過出洋尋求海

表 9.5　一九二八至三三年間，進出汕頭的乘客人數

年分	離開人數	抵埠人數
1928	211,977	141,861
1929	沒有資料	沒有資料
1930	123,724	94,726
1931	80,202	81,962
1932	36,824	70,864
1933	44,858	59,722

資料來源：CSDQZ，8。

外機會的人。儘管情況在一九三四年略為改善，這些返鄉者——主要是工作年齡男性——仍加入了潮州的失業族群裡。特別重要的是，這群人是勞動階級，因此在危機中將無所依靠。此外，倘若先前他們從海外送來僑匯，這些窮困潦倒的家庭也將無以為繼。

即便面對這些反轉，僑匯仍舊協助這個區域抵擋了全球經濟的下行。資金流雖然緊縮，在二戰前卻未消失，同時在一九三〇年代中期後，國外貢獻又開始爬升。當然，有些僑匯數字的起起伏伏反映出匯率浮動。例如，當國民政府於一九三五年放棄銀本位制，隨之而來的是中國圓相對外國貨幣的劇烈貶值。也就是說，我們並不清楚，這個「復甦」是否反映出，當時一塊新加坡幣或一泰銖究竟能換得多少中國圓。然而多數學者仍舊相信僑匯幫助許多中國人，在一九三七年前挺過大蕭條的危機。[100]

然而僑匯卻幫不上缺乏海外奧援的農民階級。在陳達的東南沿海田野調查中，他確定擁有移民傳統的家庭，通常有商業連結。他的團隊深入訪談了一百個澄海家庭的耆老；這些家庭總共有六百二十六人，其中一百五十人住在海外東南亞地區。一百五十位移民中，八十一人進行某種商業工作（店主、小販、經理人等等），五十六人為勞工。十三人出發時「沒有工作」。先前已經看到，這些旅外者送回家的匯款，構成了故鄉家人收入的百分之七十五到八十四。[101]

陳達團隊也研究了澄海縣一個沒有移民傳統的區域。他們發現一百個受訪家庭中，除了一個家庭之外（例外者為勞工），務農是他們的主要收入來源。這些農民只有單一職業，這是很少見的情況，但他們的副業也跟農業有些關係。比起主要從商的移民社群，這些非移民家庭明顯貧困許多（見表9.6）。

擁有從商親屬匯款的移民家庭，比缺乏海外連結的務農家庭，享有更高收入。此一差異呈現在所有階級團體中，在中收入與高收入階層卻更加明顯。最貧困的一群是鄉村非移民家戶。最富裕的則是擁有海外連結的高收入階級家庭。驚人的是，「中收入階級」非移民農村家庭的收入，甚至比擁有海外匯款者支持的「低收入階級」家庭還低。葛學溥於一九二三年左右在潮州的潮安縣（過去的海陽）另一個區域進行的人類學田野研究，也支持陳達的發現。他的調查展現了「來自外移區域的財富造成貧富極端的存在」。[102]到了一九二〇年代，外移社群存在的區域裡，財富

表 9.6　一九三四到三五年，澄海縣移民與非移民家庭平均月收入

階級	移民家庭（圓）	非移民家庭（圓）	實際差距（圓）	非移民收入占移民收入的百分比
貧窮	15.10	10.90	4.20	72.18
低收入	31.90	18.14	13.76	56.86
中收入	86.60	28.06	58.54	32.6
高收入	228.90	54.68	174.22	23.88

資料來源：資訊出自陳達 1940: 83, 87。

作　者　註：陳達以「階級」與收入認定非移民家庭，然而此處界定階級的收入數字，卻與界定移民家庭階級地位的數字不一致。他明顯以不同收入標準定義階級。

與移民已經完全相互連結在一起。

潮州經濟架構的階級差異展現出跨地域性質，僑滙體制更激化社會敵意。商業家族長期受到攻擊。例如，一八六七年，新寮村（位於揭陽縣）加入地方同盟，對榕江沿岸出口蔗糖的商人勒索金錢。同一年，他們綁架勒贖一名在新加坡工作多年、取得英國公民身分，在揭陽退休養老的商人。聰敏的商人預先向領事館登記。地方官不願意跟圍村起衝突，英國人卻出於職責派出一艘砲艦，成功救出商人。監禁四個月後，他虛弱不堪，必須被扛上船。英國領事相信「富裕」旅外者返家時，總是時刻面對威脅。[103] 夾帶著一八六九到七三年成功的清鄉行動，方耀宣稱要讓擁有海外連結的家庭生活好過一點。然而，他在九一年過世，且如第五章所見，潮州再度陷入械鬥與海盜肆虐。他的後繼者中——無論是軍閥或國民政府——都無法維持方耀與其盟友在一八六九到九一年間締造的那種軍事化秩序。

王昌瑞的家族經驗正反映出商業與鄉村階級之間的那種緊張關係。王昌瑞是一九二〇年生於仙溪村。這個村落靠近庵埠港，距離劉家祖厝只有一英哩。王家四房都住在這個區域。王昌瑞所屬的第五房大量從事貿易，好幾代都旅居海外；一九二〇年代時相當富裕，甚至有親族出任當地汕頭政府公職。他有些親戚出洋到新加坡，因為在柔佛附近的親戚發展得很好。其他人則前往暹羅、上海與香港。另一方面，王家的三房卻幾乎全都是農人，二戰前很少有人出洋。王昌瑞以世代繼承來解釋不同職業取向。由於他的祖先「出洋做生意，他的子孫多數也是做生意。如果在中國種田，他的子孫就多數是種田。」[104]

王昌瑞從商的這一房與務農的那一房之間充滿敵意，長期鬥爭。三房成員經常在他家門前潑「糞」，或朝他們投擲石塊。他還記得一九二〇年代至少有一場大型暴力衝突與財產訴訟。這股敵意來自階級衝突。實際上在王昌瑞出生前，王家才從附近的嶺子村搬到仙溪來（不過他家本來在仙溪就有房產）。他們進一步在此買田置產，遭致比較窮的務農三房深深怨恨。他記得一次爭議中，「三房人說他們窮，我們有錢……他們認為我們是用金錢引誘他，借給他，到他無能力還就強迫他將地賣給我們。」[105]他指的可能是「活賣」。十五世紀後，在東南沿海地區，土地很少會永遠賣斷。房地產「買賣」通常指的是一段短暫時間，基於出售者的立即現金需求；一旦合約到期，賣家可以贖回房地產。然而，實際上賣家卻永遠無法贖回，因此導致爭議鬧上官府，甚至演變成械鬥。這類爭執在潮州已有數代之久，因此心懷怨恨的王家親戚害怕自己會失去產業控制權時，並不令人訝異。幾十年後，王昌瑞在第二故鄉新加坡回憶這些爭執，了解到其中隱藏意涵：「這是因為貧富關係的關係。三房種田的人多，我們五房有錢。」[106]

階級敵意還以其他形式展現。庵埠形成海外華人在潮安縣（前海陽縣）的商業中心，許多富裕家族住在這裡，卻很少僱用當地農民或窮人來擔任勞力或僕傭。王昌瑞家也是如此。「我們的鄉裡家裡要僱人幫忙都是僱外地人，好像普陽市、府城那邊的人較窮，他們的婦女多數出來庵埠幫忙。」問題並不只是拒絕僱用當地人從事低下工作；當地人也不願意替身邊的有錢人工作，特別是還有親屬關係的情況下。王氏族內的農人也拒絕為他們工作：「他們是講究面子的問題，他明知他們窮……所以要僱他，他也不要。」[107]

鄉村階級動力給他留下相當深刻的印象。雖然他家的財務資源讓他們過著舒適的生活，但務農親戚卻有他們的力量：人數。當訪問者問他：「你剛才說什麼強和弱？為什麼有的房頭較強，為什麼有的房頭較弱？」他回道：「強就是說我的人丁多，有力，在鄉裡打架我就贏你，就是強。弱是說你沒有勢力，沒有錢。」他知道自家財富構成某種形式的力量，但偶而又會在財富與人數的相對力量上自相矛盾。但在械鬥的激烈動力上，他相信他的對手占了上風。「每個鄉裡是以人丁最多，就是有勢。」人數的力量讓王家三房在家族耆老的群體會議上當道。「不過參加表決，因為（你的）人比他的少，（我們）一定沒有他們的力那麼好。」[108]就像許多財務健全的家戶，他家也在一九二七年海陸豐蘇維埃的「時局不安定」時搬到汕頭，此後也不再涉入家族紛爭。

附近劉隴村的劉家則出於類似卻又有些不同的理由，經歷了比王家更慘的際遇。這個成功的商業移民社群，身處的港區也是充滿了缺乏海外生命線的農民。然而劉家更有錢，也比王家擁有更多複雜的政治連帶關係。如前所見，劉長意在一八七九年以一千零五十兩買下四百零六畝土地，並登記地契為出租土地，這塊地離當時已經具有相當規模的劉隴村有一段距離。他期待英國領事館保護這片產業。考慮到一九三〇年代粵東地區平均農場規模是九點四三畝，光是這次買賣就可以讓劉家躋身地主階層。[109]距離汕頭三英哩，這塊地適合養魚，也很可能是方耀在潮陽推動的牛田洋發展計畫的一部分。這項計畫填海造出迫切需要的土地，並提升區域的水利基礎設施，卻也是當地農民勞役開發得來，後代至今仍憤憤不平。劉家的海外成就是辛勤工作與偶然投資的成果，但在故鄉的資產卻看來像是受到地方強人與英帝國主義者的領事館庇護。他們也無法喬裝跟惡名昭彰的方家之間的跨時空交纏。他們跟方家是姻親。親屬關係與共同利益之下，他們跟迫使成千上萬人流亡海外的那場行動，脫不了關係。一八六九年後，他們也是在方耀創造的「穩定安全」下棲身的家族之一，雖然更多人的怨恨仍在翻騰。

三個世代間，他們為了保護遙遠利益而採取的婚姻與政治策略，確實奏效，但這些卻不足以對抗一九二〇年代針對鄉村菁英而來，庵埠港區開始發動的有組織農民運動。一九二七年與二八年初短暫的海陸豐蘇維埃期間，他們遭到攻擊。更嚴重的是一九三四年共產黨人發動的猛攻。澄海縣龍田鄉人蔡湖（Cai Hu，生卒年不詳）在兄長引介下，於一九三二年加入革命運動。有段時間，他的游擊隊在庵埠附近行動。兩年中，手上擁有二十艘小船的游擊隊，劫掠韓江上的商業航運及附近村落。到了一九三四年，他們重組為紅三連，經常攻擊潮安與澄海河岸邊上的「豪紳地主」；劉家就是其中之一。「（一九三四年）二月一日夜，集中攻打庵埠劉隴村，」蔡湖回憶道。「這是紅三連下平原最大的一仗。庵埠游擊隊和沒收隊幾百人配合行動，戰鬥打得很順利。打死了劉隴鄉警備隊長，繳獲槍枝二、三十桿，電話機一架。抓獲豪紳地主六、七人。」軍隊接著轉往其他地區。[110]

考慮到部分海外親戚的富裕程度，這是令人驚訝的微薄收穫。劉家的武裝程度，似乎並不如普寧方家後代。這場攻擊的真正目標，明顯是那六到七位「豪紳地主」，推測應該是為了勒贖。綁架是這些年裡革命者生存策略中常用的一招。一九三四年蔣介石的國民黨人擊潰江西蘇維埃後，這個反抗團體最終被納入南逃的紅軍正規軍（而非長征北逃）。他們在中國南方掀起所謂的

能避過災難。

當地共產黨員知道分田地的承諾，可能無法解決現代的人口挑戰。當李立三（一八九九至一九六七年）在一九二七年聽到黨中央決定要徵收地主超過兩百畝的田產時，他寫下：粵東同志都「很懷疑」。「一路上，我們發現隊伍裡的廣東農民討論此事，一位農民苦澀地說：『倘若我們沒收地主兩百畝以上的土地，那佃農根本不會拿到土地。』因為在廣東……很少有擁有超過兩百畝土地的大地主。這類討論讓同志感到緊張。」[116] 粵東地區根本沒有足夠的「大地主」土地，可以分給許多貧農跟漁民。然而，直到一九三〇年代，東南亞地區仍有許多土地。十七世紀後，大規模移民減緩了這個區域面臨的許多問題。海外連結並不只是讓投資者致富，或提供勞工就業機會，它還確保了潮州人民的基本生存。一九二九年後卻得找出新解方。

結語　領域主義與國家

歐洲人有句話說：「（新加坡）這兒的歐洲人養所有的牛，中國人擠所有的奶。」

——南洋汕頭海外華人互助會，一九三四年

潮州海域的全盛時期，從潮州暹羅王鄭昭在一七六七年勝利時崛起，到一九二九年全球經濟災難崩潰後衰退。潮州商人加入福建與廣州商人的行列，成為東南亞貿易與商品生產的主導者；成群勞工也透過旅外工作來維持家庭生計。一八六九到一九四八年間，將近六百萬（五百八十五萬五千五百五十七）中國人離開汕頭港，三百九十六萬零三百二十人返回，離港者多出了一百八十三萬六千八百二十四人。[1]這些人主要在潮州人擁有的商號中工作，在海外莊園裡生產甘蜜、胡椒、稻米、蔗糖、橡膠與水果，在礦坑中辛苦勞動，或擔任船夫水手。海外投資取得的資金主要在海外再投資；家鄉人則愈發仰賴僑匯生活。潮州的文化經濟，也跟上海、曼谷、馬來亞、婆羅洲與香港的文化經濟，愈發交纏難分。也就是說，一七六七到一九二九年的這段時期，見證了中國東南與南海各地領域據點之間的重大匯流。東南沿海的中國人並未陷於「生態死巷」。就像歐洲殖民國家，十八世紀中之後，他們也取得海外的土地、資源與工作機會。

潮州海域的歷史是否為一部殖民史？二十世紀初年的中國學者傾向刻畫海外同胞，展現出殖民征服精神與創業動能。改革派知識分子梁啟超稱這些現代早期海外社群的創建者為「殖民者」，意有所指地使用「殖民」這個詞，而非更常見的稱呼，如客民（旅外者）或移民──更別提清代初年的用詞「叛徒」。他特別點出八個人為「中國殖民八大偉人」。明顯地，其中兩名「偉人」是潮州人，三人出身嘉應州客家區域，此地曾經隸屬潮州府管轄。[2]梁啟超將鄭昭與羅芳伯這些人描繪為軍事與經濟力量傑出的統治者，對抗西方入侵者，捍衛華人利益。他特別將具有一半潮州血緣的鄭昭描繪成當代中國正需要的政治領袖，以根除軍事戰敗與半殖民的羞辱。「大城（暹羅）陷落，」他寫道，「在鄭昭領導下復起，就像越王句踐，團結人民，帶領他們重返榮耀。乾隆時期……他們起義，與緬甸三戰三勝。重新奪回所有領土，暹羅人民遂擁戴他為國王。」（滅之，前王遺族悉殲焉……國變後，乃臥薪嘗膽，陰結國人圖光復。乾隆四十三年，遂起義，與緬人三戰，三破之，盡復故地，暹民戴為王。）[3]此處指涉越王句踐（前四九六至四六五年），是透過毅力恆心與軍事勝利消除羞辱的古典典故，梁啟超興奮地將鄭昭放在拯救危國的偉人傳統之中，卻忽略了鄭昭篡奪暹羅王位之事，而且許多暹羅人與清朝本身並不承認他的國王地位（北京朝廷稱他為「頭目」）。[4]

梁啟超對於海外華人先鋒的讚譽，接近擁護中國殖民主義。他眾所周知地宣稱，東南亞大多數人都是中國黃帝的後裔，因此「無論從地勢或歷史的觀點，這些地方都是我族天然之殖民地也。」（以地勢論，以歷史論，實天然我族之殖民地也。）[5]他的東南亞，正是中國人得以掙脫國內綁手縛腳的政治氛圍，展現出大膽活力的場域，而後者正是活化國家所需要的特質。對他來說，科學上與歷史上都很明顯，中國人應該統治這些土地上的原住民族。蔡秀敏（Siew-min Sai）曾經描述二十世紀初年中國知識圈中的這種思想為「漢族中心主義」式的殖民主義，這類觀點視華人在區域內的擴張為自然，基於這是文化上類華人的大致和平滲透。[6]

杜讚奇等學者則思考了二十世紀初年中國國族主義的跨國面向。國族主義者試圖將旅外者納入故鄉的政治中，同時又合理化中國人對於外國土地的控制。愛國知識分子，他寫道：「運用論述將跨國者國族主義化……建立連結……並將這些健忘的『旅外者』的忠誠轉向（中國人的）地緣體（geobody）。」不論是利用泛亞主義將邊界地區人民納入中華國族之中，或者對海外華人灌注漢人「種族」認同及「孔子儒教」，都是「馴化跨國性」更大議題的一部分。[7]當上海暨南大學學者試圖將中國國族認同與華人移民連結在一起的時候，學者陳珮珊（Shelly Chan）也指出這種「中國國族形成的離散時刻」。這些「南洋」或南海研究專家將海外華人描繪成：「若缺乏中國保護……（及）地緣政治吸納，就不完整的殖民者」。在此理解下，海外拓殖地為中國國家所吸收後，就達成了真正的殖民。[8]

部分民國時期的潮州人參與了跨地域傳統的「馴化」過程。代表南洋汕頭海外華人互助會出版報告的出版社，將潮州移民描繪成為國家利益採取行動：

帝國主義者的統治確實十分殘酷，然而面對困苦，海外華人展現出非凡忍耐。他們生活在政府壓迫下。他們不以為樂，只是持續不懈忍受痛苦。以移山填海的精神，穩固經濟地位……代表漢民族，他們光榮邁向二十世紀。[9]

這是中國國族主義時代下對旅外者歷史的誤植詮釋。更忽視了他們自己先祖對抗明清暴力海禁的折磨，為了自己家族村落的存活，而非「民族」這類文化抽象新詞，「光榮邁向」海疆前沿。固然還是有些潮州人將他們自己的海外史，詮釋為東南沿海故土歷史的自然延伸。例如，馬來亞歡慶「潮州史」偉大人物的紀念冊中，並不區分在中國留下影響或在馬來亞成功的人。[10]這種趨勢固然反映出潮州人集體共同生活的跨地域框架，但也必須放在國族主義占領海外範疇的脈絡中來看。

這些崛起中的邊疆擴張論述，具有演化成支撐正式殖民擴張之意識形態的潛力。李長傅（一八九九至一九六六年）在二十世紀上半葉，寫下關於最具影響力的「中國殖民」歷史（事實上，今日此書仍持續獲得引述）。出版於一九三七年的《中國殖民史》從歷史初期開始，對於中國人移民到東南亞與其他地方，提出全面性綜觀。他將中國「殖民主義」與歐洲（以及逐漸增加的日本）殖民區隔開來，後者乃基於軍事力量與經濟剝削。相對地，他宣稱中國式殖民的特色，是在東南亞大規模移民墾殖，是福建與廣東兩省的自然地理延伸，這兩省則是百分之九十五移民的故鄉。東南邊疆彎曲漫長的海岸線，當地居民與海洋具有長久關係，也熟悉中國邊界以外的領域。李長傅也有中國北方人對兩區居民的刻板印象（他是江蘇人）。東南沿海居民不只被描繪成在接受「儒教」思想（例如不願拋棄祖宗墳墓）上「開化遲」，還「民性剽悍，海盜橫行」。[11]論及他們非凡的海上勝跡時，李長傅混合了自然環境，和他自己推測的東南海疆人民的文化傾向。

在他的觀點裡，東南中國超過六世紀的擴張只被一件事情阻攔，那就是西方帝國主義在東南亞的崛起。十九、二十世紀是「西方勢力的世紀」，這段中國人臣服於歐美宰制的時期，與資本主義及歐洲殖民控制的進一步建制化同時發生。中國擴張的勝利途徑在十九世紀遭到扭曲，不只是因為歐洲人的到來而已，更因為同時期工業資本主義的演進帶給西方人的優勢，加上最重要的，現代民族國家的強力支持。對他來說，這是關鍵變項：海外華人得自生自滅，明清軍事力量既沒有保護也沒有支持他們。[12]

時至今日，中國大陸學者仍持續抱怨朝廷的忽視。中華人民共和國的歷史學者不再政治不正確地宣稱海外華人是「殖民者」。相反地，他們主張帝國末期的中國人「開發新地供人類移居」，或宣稱中國移民的「模式」及對東南亞的投資，與西方、日本的模式，在道德上截然不同。[13]研究進入臺灣與菲律賓的中國移民時，曾少聰強調中國人「並未採取殖民主義者的路線，也就是說中國並未建立海外殖民地。這是中國海外移民的特點。」相對地，「中國的海外移民是人民自發行動，他們選擇的道路是同當地人民和平共存與互相發展……進入臺灣與菲律賓的（和平）海外移民，深刻反映出中國在歷史上的海洋角色。」[14]曾少聰建立了中國移民的非交戰本質後，卻又不協調地哀嘆海外華人對抗歐洲人時備受打壓，因為後者「獲得政府與軍隊支持」。他引述十六世紀潮州大海盜林鳳為例，曾經幾乎要從西班牙統治者手中，奪過呂宋島的控制權。明朝不但沒有支持他，甚至還對他下了海域禁令，從各方面壓迫他。曾少聰視此為「大悲劇」，因其反映出華人必須被迫在外國土地上保衛自己。他的觀點裡，甚至更嚴重的是爪哇與呂宋島現代早期好幾起反華屠殺事件中，數千名華人遭到屠戮，中國王朝卻對此不聞不問。「中國政府並未採取任何保護行動……」他抱怨道。「明清朝廷並不關心華人遭到屠殺……少了政府支持，海外華人缺乏足夠力量，推翻殖民者的無良剝削統治。」[15]

這當然是個重點，也突顯了海外華人商工的經驗為何與歐洲殖民主義並不相同的一個原因。明清並未允許「殖民的」東南亞地區獨自壯大。兩朝從未被扯進殖民式戰爭，好讓南海成為華商冒險家的坦途。事實上，除了在清鄉行動中將人趕出去，非朝貢式華人資本主義企業的成功或海外移民，都跟中國國家毫無關係。

教科書中對歐洲帝國主義的詮釋，將它描述為「擴張國家宰制弱勢國家或區域的領土、人民及資源的過程」。歐洲殖民國家的繁衍，卻是個複雜、多面向的過程，隨著時間變化；長期內奪取領土控制權的能力則仰賴歐洲國家型式的延伸，通常視透過軍事力量的使用（或威脅）。[16]即便在「非正式殖民主義」的經濟宰制體系內，雖然不牽涉直接殖民統治，國家支持仍舊是關鍵。歐斯特哈默（Jürgen Osterhammel）梳理出「非正式殖民主義」與單純霸權之間的不同時，他指向建構要素。非正式殖民主義是「企業與政治－軍事機構（殖民地總督式的外交官、一支海軍中隊、外國指揮下的軍隊或警力等等）有能力將優勢潛能轉變成有效影響力與控制」。[17]這種非正式、非國家驅動、商業導向的殖民主義，奠基在國家行動的建制存在之上。英國人之所以能進入上海這個最完美的半殖民條約港，就是因為他們對清朝發動戰爭。為了服務西方與日本的野心而被強加在中國身上的不平等條約體系，多數是戰爭與外交壓力的產物，並在砲艦的陰影下長存。

國家跟資本主義企業綁在一起的過程，並不總是預謀發生，偶而也有歐洲商人尋求冒險的行動，迫使政府訴諸武力。第一次鴉片戰爭（一八三九至四二年）就是個經典案例。清朝官員在反鴉片行動中沒收了英國走私商人的鴉片存貨。倫敦的「中國遊說團」（China Lobby）要求施加懲罰性回應，當時首相（第二代墨爾本子爵〔William Lamb, 2nd Viscount Melbourne, 1779-1848〕）派遣一支海軍前往中國海岸，英國砲艦決定性地擊敗中國人。因此英國人取得香港——英帝國史上最長久的殖民地之一。此事並非由倫敦發起的偉大預謀，而是為了回應海外英國人對中國人威脅他們人身財產安全的抱怨。以此方式，英帝國開始更正式在東亞擴張。

明清兩朝對於菲律賓、荷屬東印度群島與暹羅的華人遭到屠殺的反應，則是再清楚也不過了。海外華人完全得靠自己，然而中國政府力量的缺席，實際上讓這些華人取得土地、榨取資源及宰制商業的方式更為長久，在二十世紀之前，也許比歐洲人的方式更成功。正如凱恩（P. J. Cain）與霍普金斯（A. G. Hopkins）指出，帝國主義「涉及對另一個國家主權的入侵，或試圖入侵」。[18]一九二九年前中國人在人口與經濟上擴張進入東南亞的奇異之處，則是其非國家主義、非正式的性格。原住人民也許對華人經濟力量不滿，或報以可憎的反華主義，卻沒有任何正式的中國殖民架構可供反抗推翻。[19]

海外華人墾殖長期以來服務了東南沿海家族與村落的利益。國族主義論述試圖要讓新興的中央集權民族國家搭上這傳統的便車。欲將庶民分散模式下的移民，導向更大的國族目的，此種努力正反映出中國國家在國際場域中的弱勢。政府在軍事或外交上做不到的事——令其對東南亞的政治影響力獲得外國承認——可能透過論述與文化達成。此一趨勢並非中國獨有。關於離散族群或對外移民的敘事，在一八七一年後義大利民族國家的產生，或至少是它的想像上，扮演了重要角色。政策制定者將義大利人大舉外移，描繪成該國國際力量的展現，並將義大利移民刻畫為「大義大利」（Greater Italy）的一部分，他們需要羅馬的指導，以確保在文化與政治上仍保持「義大利性格」。義大利的經驗大致上可與中國經驗相比擬：如同明清中國，義大利國家一開始也將移民描述為「罪犯」與「不負責任的冒險者」，後來才開始將他們視為一股具有動能的現代化力量。來自兩國的移民都是天量，也造成大型海外聚落。僑匯也都構成驚人的資本轉移到貧困故鄉。義大利與中國的國族主義者同樣懊悔兩國的帝國榮光似乎都落在遙遠過往，並期待將旅外同胞納入一個有機整體，引領國家再生。兩國都將國際弱點因勢利導，強調自己的海域擴張過往都是奠基在和平商業往來之上——義大利的案例是中古時代後期的威尼斯與熱那亞城邦，中國則是商人組成的自治公司合夥關係。這些傳統都是比大英帝國更優秀的財富與權力模式。[20]這類跨國認同形成了現代建國過程的一項工具，它們也安慰了野心勃勃的國族主義者，不至於因為自己的國家未能在國際事務中扮演更重要角色而感到失望。

中國國族主義的跨國想像在二十世紀初年的重要歷史時刻崛起。這構成了中國人一種初生卻具有攻擊潛能的泛中華思想（Pan-Sinicism），與日本人的泛亞（Pan-Asian）思想同時崛起，挑戰歐美殖民主義。日本的「南進」太平洋一開始是商業性的，到了一九三〇年代，開始與一種「極端民族主義」結合，後者高舉日本「種族」將為東亞與東南亞帶來「大東亞共榮圈」的神祕命運。公然宣稱為「反殖民」，這種思想被概念化為新形式的國際主義，在日本的帶領下，將掃除歐洲領土征服的墮落暴政，發起由「亞洲人」自己控制的「經濟共榮體」。當然，隨著日本戰時擴張推進，此一概念也成為日本控制鄰國領土的意識形態基礎。[21]

正如陳珮珊已指出，暨南大學一群中國學者發展他們對東南亞的思想時，多半以日本為參照（事實上許多人曾經留學日本）。中國人的部分國際假設，跟日本人是一樣的：錯誤文明篡奪他們國家的「天然殖民地」的認知；深信國家應該在殖民過程扮演更有組織的角色；他們的「種族」比移民區域的原住民族更加優越的信念。除了這些共同信念外，中國人還發明了新想法，最明顯的就是「移民就是殖民」。[22]

這令人不禁假想猜測，倘若一九三〇年代中國本地歷史發展有所不同的話，中國人是否會將這些想法付諸行動。直到一九三七年戰爭爆發前，他們仍舊缺乏政府力量與軍事能力，將這些思想付諸實踐。這些中國論述唯一成功之處，是激怒東南亞的民族主義者，後者也正開始要從歐洲人手中爭取自己的獨立，因此痛恨南京國民政府採取的「僑民」（renationalize overseas

Chinese）政策，例如發行中國護照給海外華人的作為。[23]最終是二戰暴力將此論述撇到一旁，如今日本人跟歐洲人一樣，承受殖民征服的歷史罵名。

二十世紀的國族主義者採用了歐洲國家主義邏輯，主權於領土之上，最終透過軍事力量維繫。本書研究探索的領域主義，是一種人類在地理空間上以全方位行為「控制資源」的現象；它是「社會力量的地理展現」。[24]人類採取各種行動，最大化從土地而來的利益。我們已經看到海域各地的潮州人採用的種種策略。有時他們透過暴力來推進利益：例如後遷界時期家族之間的武裝械鬥，以及中國方言團體在暹羅灣沿岸的競爭。然而潮州人通常將主權控制留給他人，他們自己則專注在個人或團體的議題上。他們也仰賴歐洲殖民政府與外交服務來確保他們的經濟利益。

經濟自利的非正式、非國家主義取徑，是資源榨取的有效手段。事實上，比起政治主權在任何特定地點可能實施的情況，缺乏行政控制更能在廣大的跨地域世界中，提升潮州人的優勢。到了十八世紀末，西婆羅洲的潮州人已經將新加坡與曼谷，跟加里曼丹一樣，納為他們進出口貿易的地點。[25]像郭琰這樣的「稻米大王」在西貢碾米業中致富，同時也是新加坡的主要房地產所有人。劉家的財富來自新加坡的橡膠、鴉片與金融業；連結汕頭、香港、西貢、新加坡及曼谷的稻米貿易；以及暹羅的橡膠產業。他們是新加坡最大的地主之一；也是潮州最大的地主之一。這些揭露了什麼樣的領域策略？婚姻、移民與商業行動，讓他們獲得外國土地上的充沛資源。連同其他華人，他們放棄領域內的司法－政治行政管轄，相對地控制了商品與部分勞力市場，讓他們得以宰制南海港口城市的多數商業活動。他們的產業中心包含曼谷、新加坡、西貢與香港。民國時期哀嘆華人「未能」從西方人手中奪取這些殖民前哨戰控制權的國族主義者並不完全了解，讓歐洲人全責保護牧地卻能「擠走所有的奶」，才是更好的策略。缺乏領土主權的情況下，他們控制了經濟資源。這不禁讓人想將住在海外殖民地、王國或蘇丹國領土上的華人，比為中國東南沿海的土地租佃制度——「一田兩主」。地主基本上擁有土地，並期待佃農繳交佃租；佃農則「擁有」表層權利及農田產出。

今日，中華人民共和國的領袖奠基在前人國民政府的殖民想像上，對連結中國與東南亞的廣袤水體世界，行使領土管轄權。兩個政府都人為創造出「九段線」——為了對南海爭議島嶼行使強硬主權控制而畫出來的界線。這道線擦過每個東南亞鄰居的沿海地帶，更違反聯合國海洋公約（UN Convention on the Law of the Sea）；中華人民共和國本身也是公約簽署國。北京自己對於宣稱的細節閉口不談，反而仰賴政府相關的國際法專家來鋪奠基礎，將這些島嶼與鄰近海洋納入自己的民族國家之中。這些法律專家以「歷史所有權」（historic title）為基礎來合理化自己的論述，此一所有權奠基在「自古以來」的華人海洋旅行、商業與地圖繪製的傳統。然而他們忽略了，例如越南宣稱擁有部分西沙群島，這是基於越南在一八一六年就占領了這些島嶼。中國法律專家宣稱，越南的所有權無效，因為「直到一八八四年越南仍向中國朝貢」。將古老的朝貢體系重新想像成一種現代政治現象，讓這些鄰居臣服於中國國家主權之下，中國人似乎正在擁抱一種歐洲模式的殖民建國過程。事實上，這些學者稱「中國國家掌控了從東亞到地中海的海路」。[26]這並不是我們的潮州旅外者出洋，沿這些海路賺錢致富時，所會做或需要做的宣言。

「強者行其所能為，弱智忍其所必受。」西元前四百一十六年雅典屠殺米洛斯（Melos）人民，好建立一處五百人的殖民地，修昔底德（Thucydides，約前四六〇至前四〇〇年）解釋雅典人為何不義時，沉思權力與帝國之間的道德複雜性。[27]這句知名引言經常為「現實主義」政治學者引述，用來解釋國際關係中的權力動態與道德邏輯（亦即「強權就是公理」）。[28]十九、二十世紀，歐洲人、美國人與日本人運用軍事力量，迫使他人接受他們在南海領域的征服。十八世紀後，旅外華人並沒有可與歐洲人一戰的海軍力量，但也不需要。他們摘到所有殖民主義的果實——土地、資源、工作與投資機會——甚至不需要付出任何領土行政管理的成本、繁雜與惡名。他們把這些都留給名義上的領主——殖民地政府。在東南亞的「弱者」群中，這些華人就著土地使用、資源榨取跟資本積累等卑微的工作，湊合著過日子。這是今日一心想在南海烙下領土主權的中華人民共和國政府值得學習的一課。以國家主義、軍事侵略取徑達成領土目標，並不總是確保天然資源取得的最佳策略；特別是鄰居們不但擁有長久殖民主義記憶，還歡慶抵抗殖民歷史之時。

需要感謝的人太多，此處難以一一羅列，但我必須懇謝以下人士多年來的知識、專業與個人支持，包含Joseph Esherick、Madeleine Zelin、Peter Perdue、Nicola Di Cosmo、Tobie Meyer-Fong，及已故的Frederic Wakeman。此刻收到我的電子郵件，他們肯定都還會怕。其他給予無盡協助的人，還包含Chen Chunsheng、Chen Jingxi、John Wong、Kaoru Sugihara、Chen Hua、Prasenjit Duara、Ross Yelsey、Joseph Lee、Martin Barrow、Blaine Gaustad、Janet Theiss、Maram Epstein、Susan Naquin、Seng Guo-Quan、Andrea Goldman、Li Chen、Anne Reinhardt、Tong Lam，及已故的Thomas Buckley, S.J。許多朋友同事在二十多個不同機構的報告與會議中，幫我拼湊這個計畫種種面向，此處難以一一羅列致謝。好幾位學者讀過本書部分初稿，並提供迫切需要的回饋，包含Helen Siu（點出蜑人的重要性）、Michael Szonyi（指出我對「暴力文化」的執著）、Lucille Chia、Adam McKeown、Amy Stanley、Daniel Immerwahr及Laura Hein。Haydon Cherry、Peter Carroll、Sunil Amrith及Eunike Setiadarma慷慨讀過全文初稿，並提供精彩建議。出版社兩位不知名試讀者特別認真，也深具啟發，試著幫我把初稿轉成一本更好讀的書。未能實踐所有建議，是我個人的問題；然而我也要指出，最終修訂版是在世紀大疫封鎖芝加哥時完成的。

我很榮幸與普林斯頓大學出版社合作。深具洞察力的編輯Thalia Leaf耐心引導，從臃腫不堪的初稿，到「過胖」版本（試讀者的話），再到雖不算健美、不過已經讀得下去的長度。非常感謝 Jeremy Adelman、Sunil Amrith 及 Emma Rothschild，將本書納入「經濟生活史」書系中。感謝 Anita O'Brien 精細審稿編輯，David Cox 專業繪製地圖，Jenny Wolkowicki 效率管理所有出版事務。

家人朋友幫我面對許多日常挑戰，這些事情經常延遲書籍的寫作出版。Mark、Jim、Blaine、Meg、Toni、Bronwyn、Ken、Jim、Jon、Ann、Jane、Len、Tim、Debbie、Erin 及 Mitchell 給我許多書以外的生活幫助。Bill 與 Tom 的品酒課、關愛支持與許多冒險，讓我銘感於心。本書紀念我的母親，她短暫的生命與南海歷史在命運之中交纏。

縮寫說明

AJMR	《亞洲學報暨英屬印度及屬地月報》 *Asiatic Journal and Monthly Register for British India and Its Dependencies*
ARLCSS	《海峽殖民地立法局年度報告》 *Annual Reports, Legislative Council of the Straits Settlements*
CBYWSM	《籌辦夷務始末》（咸豐朝）*Chouban yiwu shimo (Xianfeng chao)*
CHD	《潮州海關檔案》*Chaozhou haiguan dang'an*
CHYB	《潮州會館議案備查》*Chaozhou huiguan yi'an beicha*
CMGJ	《潮陽民間故事精選》*Chaoyang minjian gushi jingxuan*
CO	英國殖民地部 [British] Colonial Office
CSDQZ	《潮汕地區僑批業資料》*Chao Shan diqu qiaopiye ziliao*
CZZ	《潮州志》*Chaozhou zhi*

DR	《十年報告》*Decennial Reports*
DYCGNGM	《第一次國內革命戰爭時期的農民運動》 *Diyici guonei geming zhanzheng shiqi de nongmin yundong*
FO	英國外交部（[British] Foreign Office）
GDTC	《嘉定通志》 *Gia-dinh-thung-chi: Histoire et description de la Basse Cochinchine*
GPA	中國廣州的廣東省檔案 Guangdong Provincial Archives GUANGZHOU China
GPA/FO 931	英國國家檔案局的廣東省檔案 Guangdong Provincial Archives stored in National Archives of Great Britain
GXCZPZZ	《光緒朝朱批奏摺》*Guangxuchao zhupi zouzhe*
JMA/SWATOW/LHL	渣甸洋行檔案／信件往來／未裝訂信件／汕頭／地方館行信件 Jardine Matheson Archives/In-Correspondence/Unbound Letters/Swatow/Local House Letters
KYQSCRFDZ	《康雍乾時期城鄉人民反抗鬥爭資料》 *Kang Yong Qian shiqi chengxiang renmin fankang Douzheng ziliao*

LDYLCWJ	《藍鼎元論潮文集》*Lan Dingyuan lun Chao wenji*
LGCSSZJT	《旅港潮州商會三十週年紀念特刊》 *Lü Gang Chaozhou shanghui sanshi zhounian jinian tekan*
MCT	《馬來亞潮僑通鑑》*Malaiya Chaoqiao tongjian*
MQSLCZSJ	《明清實錄潮州事輯》*Ming Qing shilu Chaozhou shiji*
NAS/OHC/HFQ	新加坡國家檔案館／口述歷史中心／華人方言群 National Archives of Singapore/Oral History Centre/Huaren fangyan qun
NAS/OHC/XXR	新加坡國家檔案館／口述歷史中心／新加坡先驅人物 National Archives of Singapore/Oral History Centre/Xinjiapo xianqu renwu
NCH	《北華捷報》*North China Herald*
PLCSS	《海峽殖民地立法局議事記錄》 *Proceedings of the Legislative Council of the Straits Settlements*
QDBX	《清代地租剝削形態》*Qingdai dizu boxiao xingtai*
QTCBMMSHA	《清廷查辦祕密社會案》*Qingting chaban mimi shehui an*
SB	《申報廣東資料選輯》*Shenbao: Guangdong ziliao xuanji*
SBZX	《上海碑刻資料選輯》*Shanghai beike ziliao xuanji*

SDQ	《沙隴史地風情錄》*Shalongshi difeng qinglu*
SKJKQHSZ	《汕頭開埠及開埠前後社情資料》*Shantou kaibu ji kaibu qian hou sheqing ziliao*
SNHHSB	《汕頭南洋華僑互助社務報告》*Shantou Nanyang huaqiao huzhu shewu baogao*
SPER	《上海政治經濟報告》*Shanghai: Political and Economic Reports*
ST	《海峽時報》*Straits Times*
XCBHJJ	《新加坡潮州八邑會館金禧紀念刊》*Xinjiapo Chaozhou bayi huiguan jinxi jiniankan*
XKTBWA	《刑科題本違禁案件》*Xingke tiben weijin anjian*
YZDS	《鴉片戰爭檔案史料》*Yapian zhanzheng dang'an shiliao*
ZGDS	《照軒公牘拾遺》*Zhaoxuan gong du shiyi*
ZJZ	《中國禁毒史資料》*Zhongguo jindushi ziliao*
ZZFL	《硃批奏摺法律律例》*Zhupi zouzhe falü lüli*

附錄　一八七五至七九年十大條約港口貿易總值

一八七五至七九年十大條約港口（進出口）貿易總值（關銀）

條約港（1891 年人口）	1875	1876	1877	1878
廣州（1,600,424）	24,788,043	25,739,690	23,888,177	25,115,980
天津（950,852）	17,058,711	18,741,493	22,942,468	20,773,479
漢口（800,370）	32,955,514	33,580,934	29,396,672	29,488,544
福州（636,351）	18,098,568	15,871,907	15,554,429	17,059,328
上海 (404,956）	44,866,937	59,182,062	49,565,966	47,383,945
寧波（250,209）	12,846,315	12,404,421	12,451,653	12,650,602
鎮江（135,220）	12,403,137	10,992,235	11,198,936	14,857,312
廈門（96,370）	9,032,686	9,065,201	10,138,097	9,074,116
九江 (53,101）	12,829,172	12,950,558	11,828,054	12,087,847
汕頭 (40,216）	16,612,747	18,241,968	18,608,019	19,237,846
交易總值（包含另外九個港口）	175,977,748	190,922,821	180,336,000	187,151,963
鴉片占進口總值的百分比	37.39%	39.87%	41.32%	45.57%

資料來源：大清海關《一八七八年條約港貿易報告》，頁 xvi–xx；人口資料來自 DR 1882–1891，頁 xxix–xxxi。
一八七四年，一關銀等於一英鎊。

Zhao Chunchen. 1995. "Shantou kai bu shi shikao" [A historical investigation into the opening of Shantou]. *Chaoxue yanjiu* 3: 154–70.

Zheng Baitao. 1993. "Chaoyang ren quguo suotan" [Fragmentary conversations about Chaoyang people emigrating abroad]. *Chaoyang wenshi* 10: 36–41.

Zheng Ruiting. 2001. "Qingmo Minguo shiqi Shalong de Shanghai ke [Shanghai sojourners from Shalong in the late Qing and Republican period]." *Chaoyang wenshi* 18: 81–87.

Zheng, Yangwen. 2005. *The Social Life of Opium in China*. Cambridge: Cambridge University Press.

Zheng Yifang. 1981. *Shanghai qianzhuang, 1843–1937* [Chinese native banks, 1843–1937]. Taibei: Zhongyang yanjiuyuan.

Zheng Yingshi. 1965. "Chaoji yapianyanshang zai Shanghai de huodong ji qi yu Jiang Jieshi zhengquan de guanxi" [The activities of the Chaozhou opium merchants in Shanghai and their connection to the political power of Chiang Kai-shek]. *Guangdong wenshi ziliao* 21: 1–30.

Zheng Zhenman. 2001. *Family Lineage Organization and Social Change in Ming and Qing Fujian*. Translated by Michael Szonyi. Honolulu: University of Hawaii Press.

Zhongguo jindai gongyeshi ziliao [Sources on China's modern industrial history]. 1957. Shanghai: Kexue chubanshe.

Zhongguo jindushi ziliao, 1729–1949 [Documents on the history of Chinese narcotics proscriptions, 1729–1949]. 1998. Tianjin: Tianjin renmin chubanshe.

Zhou Jiarong. 2012. *Xianggang Chaozhou shanghui jiushinian fazhanshi* [Ninety years historical development of Chaozhou Chambers of Commerce in Hong Kong]. Hong Kong: Zhonghua shuju.

Zhu, Marlon. 2012. "Typhoons, Meteorological Intelligence and the Inter-Port Mercantile Community in 19th-Century China." Ph.D. dissertation, Binghamton University.

Chaozhou bayi huiguan.

Xinjiapo Duanmeng xuexiao sanshi zhounian jiniance [The Thirtieth Anniversary Album of the Tuan Mong School of Singapore]. 1936. Singapore: Shanghai Zhonghua shuju.

Xu Ke. 1984. *Qing bai lei chao* [Classified collection of Qing anecdotes]. Beijing: Zhonghua shuju; orig. 1917.

Yap Pheng Geck. 1982. *Scholar, Banker, Gentleman Soldier*. Singapore: Times Books.

Yapian zhanzheng dang'an shiliao [Archival sources for the history of the Opium War]. 1992. 7 vols. Tianjin: Tianjin guji chubanshe.

Ye Xian'en. 1989. *Guangdong hangyun shi* [History of Guangdong shipping]. 2 vols. Beijing: Renmin jiaotong chubanshe.

———. 1995. "Notes on the Territorial Connections of the Dan." Translated by David Faure. In *Down to Earth: The Territorial Bond in South China*, edited by David Faure and Helen F. Siu, 83–88. Stanford, CA: Stanford University Press.

Yen, Ching-hwang. 1976. *The Overseas Chinese and the 1911 Revolution*. Kuala Lumpur: Oxford University Press.

———. 1986. *Social History of the Chinese in Singapore and Malaya*. New York: Oxford University Press.

Young, John Parke. 1931. "The Shanghai Tael." *American Economic Review* 21.4 (December): 682–84.

Yow, Cheun Hoe. 2013. *Guangdong and Chinese Disapora: The Changing Landscape of Qiaoxiang*. New York: Routledge.

Yu Jiao. 1994. *Chao Jia fengyue ji* [A record of feminine seduction in Chaozhou and Jiayingzhou]. In *Congshu jicheng xubian*, 96: 743–60. Shanghai: Shanghai Shudian.

Yuan, Bingling. 2000. *Chinese Democracies: A Study of the Kongsis of West Borneo, 1776–1884*. Leiden: Research School of Asian, African, and Amerindian Studies.

Yuen, William Tai. 2013. *Chinese Capitalism in Colonial Malaya, 1900–1941*. Bangi: Penerbit Universiti Kebangsaan Malaysia.

Zakaria, Fareed. 1999. *From Wealth to Power*. Princeton, NJ: Princeton University Press.

Zeng Guoquan. 1969. *Zeng Zhongxiang gong quanji* [Complete writings of Zeng Zhongxiang]. Taipei: Chengwen chubanshe; orig. 1903.

Zeng Shaocong. 1998. *Dongyang hanglu yimin: Ming Qing haiyang yimin Taiwan yu Feilübin de bijiao yanjiu* [Migrants on the sea routes of the Eastern Sea: A comparative study of maritime sojourners to Taiwan and the Philippines during the Ming and Qing]. Nanchang: Jiangxi gaoxiao chubanshe.

Zhang Guanlan. 1987. "Rexin gongyi shiye de shiyejia Guo Zibin" [The public spirited industrialist Guo Zibin]. *Chaoyang wenshi* 2: 19–22.

Zhang Guotao. 1964. "Chang Kuo-t'ao's Report." In "The Ashes of Defeat," translated and edited by C. Martin Wilbur, 31–34. In *China Quarterly* 18 (April-June): 3–54; orig. 1927.

Wong, R. Bin. 1982. "Food Riots in the Qing Dynasty." *Journal of Asian Studies* 41.4 (August): 767–88.

———. 1997. *China Transformed: Historical Change and the Limits of European Experience*. Ithaca, NY: Cornell University Press.

———. 2000. "Opium and Modern Chinese State-Making." In *Opium Regimes*, edited by Timothy Brook and Bob Tadashi Wakabayashi, 189–211. Berkeley: University of California Press.

Wong, Yee Tuan. 2007. "The Big Five Families in Penang, 1830s-1890s." *Chinese Southern Diaspora Studies* 1: 106–15.

———. 2011. "Uncovering the Myths of Two 19th-Century Hokkien Business Personalities in the Straits Settlements." *Chinese Southern Diaspora Studies* 5: 146–56.

Wood, Leonard, William H. Taft, et al. 1902. *Opportunities in the Colonies and Cuba*. New York: Lewis, Scribner.

Wright, Arnold, and H. A. Cartwright, eds. 1908. *Twentieth-Century Impressions of Hongkong, Shanghai, and Other Treaty Ports of China*. London: Lloyd's Greater Britain.

Wright, Arnold, H. A. Cartwright, and Oliver T. Breakspear. 1908. *Twentieth-Century Impressions of Siam*. London: Lloyds.

Wu, Chun-hsi. 1967. *Dollars, Dependents, and Dogma: Overseas Remittances to Communist China*. Stanford, CA: Hoover Institution Press.

Wu Fengbin. 1993. *Dongnanya huaqiao tongshi* [History of Overseas Chinese in Southeast Asia]. Fuzhou: Fujian renmin chubanshe.

Wu Kuixin. 1997. "Chaozhou gece 'Wu Zhongshu' de renminxing yu lishi yiyi" [The popular character and historical significance of the Chaozhou songbook, "Wu Zhongshu"]. *Chaoxue yanjiu* 6: 195–207.

Wyatt, David K. 2003. *Thailand: A Short History*. 2nd ed. New Haven, CT: Yale University Press.

Wynne, Mervyn. 2000. *Triad and Tabut*. New York: Routledge; orig. 1941.

Xie Qinggao. 1962. *Hailu zhu* [*Record of the Seas, Annotated*]. Taibei: Taiwan Shangwu yinshuguan; orig. 1820.

Xie Shi. 2008. "Chen Kun 'Ru bu ji zhai congshu' yu Qingdai Xian-Tong nianjian Chaozhou shehui [Chen Kun's "Ru bu ji zhai congshu" and Chaozhou society during the Xianfeng and Tongzhi eras]. *Chaoxue yanjiu* 14: 111–54.

Xie Xiquan. 2001. "Zheng Yingshi de yishu daolu [The artistic path of Zheng Yingshi]. *Chaoyang wenshi* 18: 38–43.

Xie Xueying, ed. 1933. *Shantou zhinan* [Shantou guidebook]. Shantou: Shantou shishi tongxunshe.

Xinjiapo Chaozhou bayi huiguan jinxi jiniankan [The golden jubilee souvenir magazine of the Chaozhou Eight-District huiguan]. 1980. Edited by Pan Xingnong. Singapore:

edited by Anthony Reid, 51–93. Honolulu: University of Hawaii Press.

———. 1977a. "Introduction." In *The City in Late Imperial China*, edited by G. William Skinner, 3–31. Stanford, CA: Stanford University Press.

———. 1977b. "Regional Urbanization in Nineteenth-Century China." In *The City in Late Imperial China*, edited by G. William Skinner, 211–49. Stanford, CA: Stanford University Press.

Smedley, Agnes. 1956. *The Great Road.* New York: Monthly Review Press.

Smith, Michael Peter. 2001. "Translocality: A Critical Reflection." In *Translocal Geographies*, edited by Katherine Brickell and Ayona Datta, 181–98. Surrey, UK: Ashgate.

So, Kwan-wai. 1975. *Japanese Piracy in Ming China during the 16th Century.* East Lansing: Michigan State University Press.

Sommer, Matthew. 2000. *Sex, Law, and Society in Late Imperial China*. Stanford, Calif.: Stanford University Press.

———. 2015. *Polyandry and Wife-Selling in China*. Berkeley: University of California Press.

Song Ong Siang. 1984. *One Hundred Years History of the Chinese in Singapore*. Singapore: Oxford University Press; orig. 1902.

Song Zuanyou. 2007. *Guangdongren zai Shanghai, 1843–1949*. Shanghai: Renmin chubanshe.

Spence, Jonathan. 1996. *God's Chinese Son*. New York: Norton.

———. 1999. *The Search for Modern China*. 2nd ed. New York: Norton.

Stanley, Amy. 2012. *Selling Women*. Berkeley: University of California Press.

Stelle, Charles. 1940. "American Trade in Opium Prior to 1820." *Pacific Historical Review* 9.4 (December): 425–44.

Straits Settlements. 1922. *Report for 1921*. London: His Majesty's Stationery Office.

———. 1940. *Report for 1938*. London: His Majesty's Stationery Office.

Straits Times. 1845–1980.

Struve, Lynn. 1984. *The Southern Ming, 1644–1662*. New Haven, CT: Yale University Press.

Suehiro, Akira. 1989. *Capital Accumulation in Thailand, 1855–1985*. Tokyo: Centre for East Asian Cultural Studies.

Swettenham, Frank. 1975. *British Malaya*. New York: AMS Press; orig. 1948.

Tagliacozzo, Eric, and Wen-Chin Chang, eds. 2011. *Chinese Circulations*. Durham, NC: Duke University Press.

Taiguo Chaozhou huiguan chengli wushi zhounian tekan [Special commemoration of the fiftieth anniversary of the founding of the Chaozhou huiguan of Thailand]. 1988. Bangkok: Taiguo Chaozhou huiguan.

Tai Hua mingren huizhi [Collectanea of famous Chinese in Thailand]. Edited by Huang Ziyi. Bangkok: Nanhai congshu chubanshe, 1963.

Scott, James. 2009. *The Art of Not Being Governed*. New Haven, CT: Yale University Press.

Sellers, Nicholas. 1983. *The Princes of Ha-Tien (1682–1867)*. Brussels: Thanh-Long.

Sewell, William H. 2005. *Logics of History*. Chicago: University of Chicago Press.

Shalong shi difeng qinglu [A historical record of Shalong's local customs]. 2001. Edited by Zheng Ruiting. Chaoyang: Chaoyang shi Shalong wenhuazhan yinhong.

Shanghai beike ziliao xuanji [Selections from historical materials on inscriptions in Shanghai]. 1980. Shanghai: Shanghai renmin chubanshe.

Shanghai qianzhuang shiliao [Historical sources on Shanghai native banking]. 1960. Shanghai: Shanghai renmin chubanshe.

Shanghai: Political and Economic Reports, 1842–1943. 2008. 10 vols. Edited by Robert L. Jarman. Slough, UK: Archive Editions, 2008.

Shantou haiguan zhi [Gazetteer of the Shantou Customs Bureau]. 1988. Shantou: Shantou haiguan bianzhi bangongshi.

Shantou shizhi [Shantou municipal gazetteer]. 1999. 4 vols. Beijing: Xinhua chubanshe.

Shantou zhinan [Shantou guidebook]. 1933. Edited by Xie Xueying. Shantou: Shantou shishi tongxunshe.

Shen Binghong. 2001. *Lingnan diyi qiaozhai* [The leading overseas Chinese residence of Lingnan]. Shantou: Shantou daxue chubanshe.

Shen Fu. 2008. *Fu sheng liu ji* [Six records of a floating life]. Gutenberg Ebook.

———. 2011. *Six Records of a Life Adrift*. Translated by Graham Sanders. Indianapolis: Hackett.

Shen, Huifen. 2012. *China's Left-Behind Wives*. Honolulu: University of Hawai'i Press.

Shenbao. 1872–1949. Electronic.

Shenbao: Guangdong ziliao xuanji (1872–1949) [Selected materials relating to Guangdong in "Shenbao," 1872–1949]. 1995–1996. 17 vols. Guangzhou: Guangdong Provincial Archives.

Shiga Ichiko. 2008. "Chūgoku Kantonshō Chō-San chiiki no zendō [The benevolent halls in the Chao Shan region of Guangdong, China]. *Ibaraki kirisutokyō daigaku kyō* 42: 197–216.

Shih, Vincent. 1967. *The Taiping Ideology*. Seattle: University of Washington Press.

Siah U Chin. 1848. "The Chinese in Singapore." *Journal of the Indian Archipelago and Eastern Asia* 2: 283–90.

Siam Repository. 1872.

Siu, Helen, ed. 2010. *Merchants' Daughters*. Hong Kong: Hong Kong University Press.

Skinner, G. William. 1957a. "Chinese Assimilation and Thai Politics." *Journal of Asian Studies* 16.2 (February): 237–50.

———. 1957b. *Chinese Society in Thailand*. Ithaca, NY: Cornell University Press.

———. 1996. "Creolized Chinese Societies in Southeast Asia." In *Sojourners and Settlers*,

Remer, C. F. 1933. *Foreign Investments in China*. New York: Macmillan.

Rhoads. Edward. 1975. *China's Republican Revolution: The Case of Kwangtung, 1895-1913*. Cambridge, MA: Harvard University Press.

Rogaski, Ruth. 2004. *Hygienic Modernity*. Berkeley: University of California Press.

Rowe, William. 2007. *Crimson Rain: Seven Centuries of Violence in a Chinese County*. Stanford, CA: Stanford University Press.

———. 2009. *China's Last Empire*. Cambridge, MA: Harvard University Press.

Rungswasdisab, Puangthong. 1994. "Monopolize Cambodian Trade: Siamese Invasion of Hatien in the Eighteenth and early Nineteenth Centuries." In *Thailand and Her Neighbors (II): Laos, Vietnam, and Cambodia*, edited by Thanet Aphornsuvan, 83–121. Bangkok: Thammasat University Press.

———. 1995. "War and Trade: Siamese Intervention in Cambodia, 1767–1851." Ph.D. dissertation, University of Wollongong.

Ruschenberger, W.S.W. 1838. *A Voyage Round the World, Including an Embassy to Muscat and Siam in 1835, 1836, and 1837*. Philadelphia: Carey, Lea, and Blanchard.

Rush, James R. 1990. *Opium to Java: Revenue Farming and Chinese Enterprise in Colonial Indonesia, 1860–1910*. Ithaca, NY: Cornell University Press.

Sack, Robert David. 1986. *Human Territoriality: Its Theory and History*. New York: Cambridge University Press.

Sahlins, Marshall. 1985. *Islands of History*. Chicago: University of Chicago Press.

Sai, Siew-min. 2013. "The Nanyang Diasporic Imaginary." In *Chinese Indonesians Reassessed*, edited by Siew-min Sai and Chang-Yau Hoon, 45–64. New York: Routledge.

Sakarai, Yumio. 2004. "Eighteenth-Century Chinese Pioneers on the Water Frontier of Indochina." In *Water Frontier*, edited by Nola Cooke and Li Tana, 35–52. Lanham, MD: Rowman and Littlefield.

Sakarai, Yumio, and Takako Kitagawa. 1999. "Ha Tien or Banteay Meas in the Time of the Fall of Ayutthaya." In *From Japan to Arabia*, edited by Kennon Breazeale, 150–220. Bangkok: Foundation for the Promotion of Social Sciences and Humanities Textbooks Project.

Salmon, Claudine, and Roderich Ptak, eds. *Hainan: de la Chine a l'Asie du Sud-Est*. Wiesbaden: Harrassowitz, 2001.

Sang, Tze-Lan D. 2003. *The Emerging Lesbian: Female Same-Sex Desire in Modern China*. Chicago: University of Chicago Press.

Scarth, John. 1860. *Twelve Years in China*. Edinburgh: Thomas Constable.

Schottenhammer, Angela. 2007. "Introduction." In *The East Asian Maritime World, 1400–1800*, edited by Angela Schottenhammer, 1–86. Wiesbaden: Harrassowitz.

Schumpeter, Joseph. 1951. "The Sociology of Imperialisms." In *Two Essays by Joseph Schumpeter*, 1–98. New York: New American Library; orig. 1918.

Ping Jinya. 1999. "Jiu Shanghai de yandu" [The opiate poison of old Shanghai]. In *Ershi shiji Shanghai wenshi ziliao wenku* [Library of historical materials of Shanghai in the twentieth century], vol. 10: 313–20. Shanghai: Shanghai Shudian chubanshe.

Po, Ronald. 2018. *The Blue Frontier*. Cambridge: Cambridge University Press.

Pomeranz, Kenneth. 2000. *The Great Divergence: China, Europe, and the Making of the Modern World Economy*. Princeton, NJ: Princeton University Press.

Ptak, Roderich. 1998. "Ming Maritime Trade to Southeast Asia." In *From the Mediterranean to the China Sea*, edited by Claude Guillot, Denys Lombard, and Roderich Ptak, 157–91. Wiesbaden: Harrassowitz.

Puning xianzhi [Gazetteer of Puning district]. 1747, 1995.

Purcell, Victor. 1948. *The Chinese in Malaya*. London: Oxford University Press.

———. 1965. *South and East Asia since 1800*. Cambridge: Cambridge University Press.

Qin Baoqi. 1988. *Qingdai qianqi Tiandihui yanjiu* [A study of the Tiandihui of the early Qing]. Beijing: Zhongguo Renmin Daxue chubanshe.

———. 2004. *Zhongguo dixia shehui* [The underworld society of China]. Beijing: Xueyuan chubanshe.

Qingdai dizu boxiao xingtai [Forms of rent exploitation during the Qing]. 1982. 2 vols. Beijing: Zhonghua shuju.

Qingdai Yueren zhuan [Biographies of Guangdong people of the Qing]. 2001. 3 vols. Beijing: Zhonghua quanguo tushuguan wenxiansuo wei fu zhi zhongxin.

Qingshi gao [Draft history of the Qing]. 1928. Electronic.

Qingting chaban mimi shehui an [Secret society cases as investigated by the Qing]. 2006. Edited by Liu Ziyang. 40 vols. Beijing: Xianzhuang shuju.

Qu Dajun. 1985. *Guangdong xinyu* [New words from Guangdong]. 2 vols. Beijing: Zhonghua shuju chubanshe; orig. 1690s.

Raphael, Vicente L. 1995. *Discrepant Histories: Translocal Essays on Filipino Cultures*. Philadelphia: Temple University Press.

Rao Zongyi. 1995. "Nan'ao: Taihai yu dalu jian de tiaoban [Nan'ao: gangplank between maritime Taiwan and the Chinese mainland]. *Chaoxue yanjiu* 3: 1–5.

———. 1996. "Qingchu Chaozhou qianjie kao" [A study of the coastal evacuation of Chaozhou in the early Qing]. In *Rao Zongyi Chao Shan difang shi lunji* [The collected writings on Chao Shan local history of Rao Zongyi], edited by Huang Ting, 306–13. Shantou: Shantou daxue chubanshe; orig. 1947.

Raustiala, Kai. 2009. *Does the Constitution Follow the Flag? The Evolution of Territoriality in American Law*. New York: Oxford University Press.

Reid, Anthony. 2004. "Chinese Trade and Southeast Asian Economic Expansion in the Later Eighteenth and Early Nineteenth Centuries." In *Water Frontier*, edited by Nola Cooke and Li Tana, 21–34. Lanham, MD: Rowman and Littlefield.

China in the 1920s and the 1930s." In *Weathering the Storm*, edited by Peter Boomgaard and Ian Brown, 198-226. Singapore: Institute of Southeast Asian Studies.

Norton-Kyshe, James William. 1898. *History of the Laws and Courts of Hong Kong*. London: Unwin.

Oakes, Tim, and Louisa Schein. 2006. "Preface" and "Introduction." In *Translocal China*, edited by Tim Oakes and Louisa Schein, xii–xiii and 1–35. New York: Routledge.

Ong, Aihwa, and Donald Nonini, eds. 1997. *Ungrounded Empires: The Cultural Politics of Modern Chinese Nationalism*. New York: Routledge.

Osterhammel, Jurgen. 1986. "Semi-Colonialism and Informal Empire in Twentieth-Century China." In *Imperialism and After*, edited by Wolfgang Mommsen and Jurgen Osterhammel, 290–314. London: Allen and Unwin.

———. 2014. *The Transformation of the World*. Princeton, NJ: Princeton University Press.

Ouyang Enliang and Chao Longqi. 2002. *Zhongguo mimi shehui* [Chinese secret societies]. Vol. 4: *Qingdai huidang* [Qing groups]. Fuzhou: Fujian renmin chubanshe.

Ouyang Zongshu. 1998. *Haishang renjia: Haiyang yuye jingji yu yumin shehui* [Families of the seashore: Maritime fishing economies and fishing communities]. Nanchang: Jiangxi gaoxiao chubanshe.

Owen, David. 1934. *British Opium Policy in China and India*. New Haven, CT: Yale University Press.

Ownby, David. 1993. "Introduction." In *"Secret Societies" Reconsidered*, edited by David Ownby and Mary Somers Heidhues, 3–33. Armonk, NY: M. E. Sharpe.

———. 1996. *Brotherhoods and Secret Societies in Early and Mid-Qing China*. Stanford, CA: Stanford University Press.

———. 2001. "Recent Chinese Scholarship on the History of Chinese Secret Societies." *Late Imperial China* 22.1 (June): 139–58.

Ownby, David, and Mary Somers Heidhues, eds. 1993. *"Secret Societies" Reconsidered*. Armonk, NY: M. E. Sharpe.

Packer, George. 2006. "Knowing the Enemy." *New Yorker* (December 18): 60–69.

Pallegoix, Jean-Baptiste. 1854. *Déscription du royaume Thai ou Siam*. 2 vols. Paris: n.p.

Patton, Robert H. 2008. *Patriot Pirates*. New York: Vintage.

Peattie, Mark. 1984. "Japanese Attitudes toward Colonialism." In *The Japanese Colonial Empire, 1895–1945*, edited by Ramon Myers and Mark Peattie, 80–127. Princeton, NJ: Princeton University Press.

Peking Gazette. 1872–1886. Shanghai: North China Herald and Supreme Court and Consular Gazette.

Perdue, Peter. 2005. *China Marches West*. Cambridge, MA: Harvard University Press.

Phipps, John. 1836. *A Practical Treatise on the China and Eastern Trade*. London: W. H. Allen.

McKeown, Adam. 2001. *Chinese Migrant Networks and Cultural Change*. Chicago: University of Chicago Press.

Meyer-Fong, Tobie. 2013. *What Remains: Coming to Terms with Civil War in Nineteenth-Century China*. Stanford, CA: Stanford University Press.

Michael, Franz. 1966. *The Taiping Rebellion*. Seattle: University of Washington.

Michie, Alexander. 1900. *The Englishman in China During the Victorian Era*. 2 vols. Edinburgh: William Blackwood and Sons.

Miles, Steven B. 2017. *Upriver Journeys: Diaspora and Empire in Southern China*. Cambridge, MA: Harvard University Asia Center.

Min Yue bianqu sannian youji zhanzheng shiliao huibian [A compendium of historical sources on the three-year guerilla war in the Fujian-Guangdong border region]. 1985. 2 vols. Edited by Zhonggong Fujiansheng Longxi diwei dangshi ban'gongshi and Zhonggong Guangdongsheng Shantou shiwei dangshi ban'gongshi. Hua'an, n.p. [neibu].

Ming huidian (Wanli ed.). 1989. Beijing: Zhonghua shuju; orig. 1587.

Ming Qing shilu Chaozhou shiji [Compilation of matters relating to Chaozhou in the *Veritable Records* of the Ming and Qing]. 1998. Hong Kong: Yiyuan chubanshe.

Mingshi [Dynastic history of the Ming]. 1739. Beijing. Electronic.

Molina, Antonio. 1984. *Historia de Filipinas*. 2 vols. Madrid: Ediciones Cultura Hispanica del Instituto de Cooperacion Iberoamericana.

Motono, Eiichi. 2000. *Conflict and Cooperation in Sino-British Business*. New York: St. Martin's.

Muir, Edward W. 1993. *Mad Blood Stirring*. Baltimore: Johns Hopkins University Press.

Munn, Christopher. 2000. "The Hong Kong Opium Revenue." In *Opium Regimes*, edited by Timothy Brook and Bob Tadashi Wakabayashi, 105–26. Berkeley: University of California Press.

Murphy, Rhoads. 1977. *The Outsiders*. Ann Arbor: University of Michigan Center for Chinese Studies.

Murray, Dian, with Qin Baoqi. 1994. *The Origins of the Tiandihui*. Stanford, CA: Stanford University Press.

Nanyō ni okeru kakyō (Shina ijūmin) [The overseas Chinese of the Nanyang (Chinese migrants)]. 1914. Edited by Taiwan Ginkō [Bank of Taiwan]. Taihoku-shi:Taiwan Ginkō.

Ng, Chin-keong. 1983. *Trade and Society*. Singapore: Singapore University Press.

———. 1990. "The South Fukienese Junk Trade at Amoy from the Seventeenth to Early Nineteen Centuries." In *Development and Decline of Fukien Province in the 17th and 18th Centuries*, edited by E. B. Vermeer, 297–316. Leiden: Brill.

Nidhi Eoseewong. 2005. *Pen and Sail: Literature and History in Early Bangkok*. Chiang Mai: Silkworm.

Norlund, Irene. 2000. "Rice and the Colonial Lobby: The Economic Crisis in French Indo-

Lü Gang Chaozhou shanghui sanshi zhounian jinian tekan [Thirtieth anniversary special issue of the Chaozhou Chamber of Commerce of Hong Kong]. 1951. Hong Kong: Lu Gang Chaozhou shanghui.

Luo Xianglin. 1961. *Xi Poluozhou Luo Fangbo deng suo jian gongheguo kao* [A study of the establishment of a republic in West Borneo by Luo Fangbo]. Hong Kong: Zhongguo xueshi.

Luo Yudong. 2010. *Zhongguo lijinshi* [History of Chinese lijin]. Beijing: Shangwu yinshuguan; orig. 1936.

Ma Yuhang. 1921. *Shantou jinkuang yiban* [Shantou's current situation in a nutshell]. Shantou: n.p.

Macauley, Melissa. 1998. *Social Power and Legal Culture*. Stanford, CA: Stanford University Press.

Macauley, Melissa. 2009. "Small Time Crooks: Crime, Migration, and the War on Drugs in China, 1819–1860." *Late Imperial China* 30.1 (June): 1–47.

———. 2016. "Entangled States." *American Historical Review* 121.3 (June): 755–79.

Macmillan, Allister. 1907. *Seaports of the Far East*. London: Allister Macmillan.

Malaiya Chaoqiao tongjian [Chronicle of Chaozhouese in Malaya]. 1950. Edited by Pan Xingnong. Singapore: Nandao chubanshe.

Manarungsan, Sompop. 2000. "The Rice Economy of Thailand in the 1930s Depression." In *Weathering the Storm*, edited by Peter Boomgaard and Ian Brown, 189–97. Singapore: ISEAS.

Mancall, Mark. 1968. "The Ch'ing Tribute System." In *The Chinese World Order*, edited by John Fairbank, 63–89. Cambridge, MA: Harvard University Press.

Mangan, James Clarence. 1859. *Poems*. New York: Haverty.

Mann Jones, Susan. 1972. "Finance in Ningbo." In *Economic Organization in Chinese Society*, edited by W. E. Wilmot, 47–77. Stanford, CA: Stanford University Press.

———. 1974. "The Ningpo Pang and Financial Power at Shanghai." In *The Chinese City between Two Worlds*, edited by Mark Elvin and William Skinner, 73–96. Stanford, CA: Stanford University Press.

Marks, Robert. 1977. "The World Can Change! Guangdong Peasants in Revolution." *Modern China* 3.1 (January): 65–100.

———. 1984. *Rural Revolution in South China*. Madison: University of Wisconsin Press.

Martin, Brian. 1996. *The Shanghai Green Gang*. Berkeley: University of California Press.

Mayer, William F., and N. B. Dennys. 1867. *The Treaty Ports of China and Japan*. London: Trubner.

Mazumdar, Sucheta. 1998. *Sugar and Society in China*. Cambridge, MA: Harvard East Asia Center.

McCoy, Alfred. 2009. *Policing America's Empire*. Madison: University of Wisconsin Press.

Commercial Press; orig. 1937.
Li Li-san. 1964. "Li Li-san's Report: The Experience and Lessons of the August 1st Revolution." In "The Ashes of Defeat," translated and edited by C. Martin Wilbur, 9-24. In *China Quarterly* 18 (April–June): 3–54; orig. 1927.
Li, Lillian. 2007. *Fighting Famine in North China*. Stanford, CA: Stanford University Press.
Li, Tana. 1998. *Nguyen Cochinchina*. Ithaca, NY: Cornell Southeast Asia Program.
———. 2004. "Rice from Saigon: The Singapore Chinese and the Saigon Trade of the 19th Century." In *Maritime China in Transition*, edited by Wang Gungwu and Ng Chin-keong, 261–69. Wiesbaden: Harrassowitz.
Li Zhixian [Lee Chee Hiang]. 2004. "Xinjiapo Chaoren shantang suyuan: jian lun qi zai zaoqi yimin shehui de jiangou jichu" [The origins of the Chaozhou shantang in Singapore with a discussion of their structural foundation in early immigrant society]. *Chaoxue yanjiu* 11: 240–70.
———. 2006. "A Study of the Religious Culture of Teochew 'Shantang' (Hall of Charity): Benefaction and Spirit-Writing Rites." *Asian Culture* 30 (June): 57–77.
Liang Qichao. 1957. "Zhongguo zhimin ba da weiren zhuan" [Biographies of eight grandees of Chinese colonialism]. In *Zhongguo weiren zhuan wuzhong*, 51–55. Taibei: Taiwan Zhonghua shuju; orig. 1905.
Lim, Janet Chiu Mei. 1958. *Sold for Silver*. Cleveland, OH: World Publishing.
Lin, Alfred H. Y. 1997. *The Rural Economy of Guangdong*. New York: St. Martin's.
Lin Dachuan. 1990. *Han jiang ji* [Records of the Han River]. Hong Kong: n.p.; orig. 1857.
Lin Juncong. 1987. "Nan'ao haidao tuanhuo 'Sanhe gongsi' shimo" [The entire story of the Nan'ao piratical gang's "Sanhe gongsi"]. *Shantou wenshi* 4: 160–69.
Lin, Man-houng. 2001. "Overseas Chinese Merchants and Multiple Nationality." *Modern Asian Studies* 35.4: 985–1009.
Lin Tian and Cai Qionghong, eds. 2002. *Song, Yuan, Ming, Qing Chaozhou minbian ziliao* [Sources on Chaozhouese popular change under the Song, Yuan, Ming, and Qing]. Puning: Chao Shan lishi wenhua yanjiu zhongxin.
Liu Sen. 1996. *Ming Qing yanhai dangdi kaifa yanjiu* [A study of the opening of coastal marshlands during the Ming and Qing]. Jieyang: Shantou University Press.
Lockard, Craig. 1971. "Leadership and Power within the Chinese Community at Sarawak: A Historical Survey." *Journal of Southeast Asian Studies* 2.2: 195–217.
Logan, James Richardson. 1847. "Annual Remittances by Chinese Immigrants in Singapore to Their Families in China." *Journal of the Indian Archipelago and Eastern Asia* 1: 34–37.
Lombard, Denys. 1998. "Une autre 'Méditerranée' dans le Sud-Est asiatique." *Hérodote* 88: 184–93.
Loubère, Simon de la. 1969. *The Kingdom of Siam*. Translated by A. P. Gen. London: Oxford University Press; orig. 1691.

Kuhn, Philip. 2008. *Chinese Among Others: Emigration in Modern Times*. Lanham, MD: Rowman and Littlefield.

Kulp, Daniel. 1925. *Country Life in South China.* 2 vols. New York: Columbia Teachers College.

LaFargue, Jean-André. 1909. *L'immigration chinois en Indochine: sa réglemantation, ses consequences économiques et politiques*. Paris: Henri Jouve.

Lamley, Harry. 1990. "Lineage Feuding in Southern Fujian and Eastern Guangdong under Qing Rule." In *Violence in China*, edited by Jonathan Lipman and Steven Harrell, 27–64. Albany: SUNY Press.

Lan Dingyuan. 1726. "Chaozhou haifang tushuo" [Chaozhou's coastal defenses illustrated]. In *Lan Dingyuan lun Chao wenji*, 53–57.

———. 1985. *Luzhou gong'an* [The cases of Luzhou]. Guizhou: Qunzhong chubanshe; orig. 1729.

———. 1993. *Lan Dingyuan lun Chao wenji* [Lan Dingyuan's collected essays on Chaozhou culture]. Shenzhen: Hai tian chubanshe.

Langer, William. 1935. "A Critique of Imperialism." *Foreign Affairs* 14.2: 102–19.

———. 1968. *The Diplomacy of Imperialism*. 2nd ed. New York: Knopf; orig. 1935.

Latham, A.J.H., and Larry Neal. 1983. "The International Market in Rice and Wheat, 1868–1914." *Economic History Review* 36.2: 260–80.

Launay, Adrien. 2000. *Histoire de la mission de Siam, 1662–1811*. 3 vols. Paris: Missions Étrangères; orig. 1920.

Le Bao [Lat Pau, Singapore Reporter]. 1922–1931.

Lee, James Z., and Cameron Campbell. 1997. *Fate and Fortune in Rural China*. New York: Cambridge University Press.

Lee, James Z., and Wang Feng. 1999. *One Quarter of Humanity*. Cambridge, MA: Harvard University Press.

Lee, Poh Ping. 1978. *Chinese Society in Nineteenth-Century Singapore*. Kuala Lumpur: Oxford University Press.

Lee, Joseph Tse-hei. 2003. *The Bible and the Gun: Christianity in South China*. London: Routledge.

LeFevour, Edward. 1968. *Western Enterprise in Late Ch'ing China*. Cambridge, MA: Harvard East Asia Monographs.

Leng Dong. 1999. *Dongnanya haiwai Chaoren yanjiu* [A study of overseas Chaozhouese in Southeast Asia]. Beijing: Zhonghua huaqiao banshe.

Lenin, V. I. 1939. *Imperialism: The Highest Stage of Capitalism*. New York: International Publishers; orig. 1917.

Leo, Jessica. 2015. *Global Hakka*. Leiden: Brill.

Li Changfu. 1966. *Zhongguo zhimin shi* [History of Chinese colonialism]. Taibei:

chubanshe; orig. 1704.
Jiang Zuyuan and Fang Zhiqin. 1993. *Jianming Guangdong shi* [Concise history of Guangdong]. Guangzhou: Guangdong renmin chubanshe.
Jieyang xianxuzhi [Gazetteer of Jieyang district]. 1890.
Jing Tsu. 2006. "Extinction and Adventures on the Chinese Diasporic Frontier." *Journal of Chinese Overseas* 2.2: 247–68.
Johnson, Cuthbert William. 1842. *The Farmer's Encyclopaedia and Dictionary of Rural Affairs*. London: Longman, Brown, Green, and Longmans.
Johnson, Linda Cooke. 1995. *Shanghai: From Market Town to Treaty Port, 1074–1858.* Stanford, CA: Stanford University Press.
———. 2000. "Dock Labour at Shanghai." In *Dock Workers: International Explorations in Comparative Labour History*, edited by Sam Davies et al., vol. 1, 269–89. London: Routledge.
Ju Han. 1989. "Chaozhou liu peng chuan shulue" [An account of the canopied boats of Chaozhou]. *Shantou wenshi* 6: 192–200.
Ka'i hentai [Chinese metamorphosed into foreigners]. 1958–1959. Compiled by Hayashi Shunsai and Hayashi Hōkō; edited by Ura Ren'ichi. 3 vols. Tokyo: Toyo Bunko; orig. circa 1732.
Kaikyō shokuminchi gairan [An overview of the Straits Settlements]. 1918. Edited by Ministry of Foreign Affairs, Bureau of Commerce. Tokyo: Gaimushō Tsūshōkyoku.
Kamen, Henry. 2003. *Empire: How Spain Became a World Power.* New York: Harper Collins.
Kang Yong Qian shiqi chengxiang renmin fankang douzheng ziliao [Historical sources on popular resistance struggles in urban and rural areas during the Kangxi, Yongzheng, and Qianlong eras]. 1979. 2 vols. Beijing: Zhonghua shuju.
Kathirithamby-Wells, Jeyamalar. 2005. *Nature and Nation: Forests and Development in Peninsular Malaysia*. Honolulu: University of Hawaii Press.
Kelsey, Harry. 1998. *Sir Francis Drake: The Queen's Pirate*. New Haven, CT: Yale University Press.
Keswick, Maggie, ed. 1982. *The Thistle and the Jade*. London: Octopus Books.
Khanh, Huynh Kim. 1986. *Vietnamese Communism*. Ithaca, NY: Cornell University Press.
Kiernan, Ben. 1996. *The Pol Pot Regime*. New Haven, CT: Yale University Press.
Kilcullen, David. 2006. "Counter-Insurgency Redux." *Survival* 48.4 (Winter): 111–31.
King, Paul. 1924. *In the Chinese Customs Service*. London: T. Fisher Unwin.
Klein, Kerwin. 1997. *Frontiers of Historical Imagination*. Berkeley: University of California Press.
Kuhn, Philip. 1970. *Rebellion and Its Enemies in Late Imperial China*. Cambridge, MA: Harvard University Press.

Hsieh, Kuo Ching. 1932. “Removal of Coastal Population in Early Tsing Period.” *Chinese Social and Political Science Review* 15: 559–96.

Hsu, Madeline. 2000. *Dreaming of Gold, Dreaming of Home*. Stanford, CA: Stanford University Press.

Hu Zhusheng. *Qingdai Hongmen shi* [History of the Hong League]. Shenyang: Liaoning renmin chubanshe, 1996.

Huang Haohan. 2012. “Niutianyang de lishi bianqian.” [Historical evolution of the Ox-Field Sea]. *Shantou daxue tushuguan: Chao Shan tezang wang* [Website of the Special Collections division of the Shantou University Library].

Huang, Philip. 1993. “Between Informal Mediation and Formal Adjudication: The Third Realm of Qing Civil Justice.” *Modern China* 17.3: 25–198.

Huang Ting. 1996. “Mingdai haijin zhengce dui Mingdai Chaozhou shehui de yingxiang” [The influence of the Ming maritime proscriptions on Chaozhou society]. *Hanshan shifan xueyuan bao* [Journal of the Hanshan Teachers College] 1996.1 (March): 5–16.

———. 2004. “Difang wenxian yu quyu lishi yanjiu: yi wan Qing Haiyang Wu Zhongshu Shijian wei li” [Local source materials and the study of regional history: the example of the Wu Zhongshu incident in Haiyang in the late Qing]. *Chaoxue yanjiu* 11: 45–74.

———. 2007. “Qingchu qianhai shijianzhong de Chaozhou zongzu” [Chaozhou lineages during the coastal evacuation of the early Qing]. *Shehui kexue* 2007.3: 139–51.

Huang Ting and Chen Zhanshan. 2001. *Chaoshan shi* [History of Chaoshan]. Vol. 1. Shantou: Guangdong renmin chubanshe.

Huang Xianzhang. 2010. “Fangcuo ju he Daren tian” [The Fang family bureau and the Big Man’s land]. Blog entry. http://www.chaozhinan.com/blog/hxz/article/15747.html.

Huen, P. Lim Pui. 2003. “Continuity and Connectedness.” In *New Terrains in Southeast Asian History*, edited by Abu Talib Ahmad and Tan Liok Ee, 301–27. Athens: Ohio University Press.

Huilai xianzhi [Gazetteer of Huilai district]. 1731.

Huizhou fuzhi [Gazetteer of Huizhou prefecture]. 1966; orig. 1881.

I Ching. 1967. Translated by Richard Wilhelm and Cary Baynes. Princeton, NJ: Princeton University Press.

Ingham, John. 1983. *Biographical Dictionary of American Business Leaders*. Westport, CT: Greenwood.

Ishii Yoneo. 1998. *The Junk Trade from Southeast Asia: Translations from the Tosen Fusetsu-gaki, 1674–1723*. Singapore: ISEAS.

Jackson, James C. 1968. *Planters and Speculators: Chinese and European Agricultural Enterprise in Malaya, 1786–1921*. Kuala Lumpur: University of Malaya Press.

Jaivin, Linda. 2001. *The Monkey and the Dragon*. Melbourne: Text Pub.

Jiang Risheng. 1986. *Taiwan waizhi* [Unofficial history of Taiwan]. Shanghai: Shanghai guji

Harvard University Press.
Hayes, James. 1979. "The Nam Pak Hong Commercial Association of Hong Kong." *Journal of the Hong Kong Branch of the Royal Asiatic Society* 19:216–26.
He, Sibing. 2012. "Russell and Company and the Imperialism of Anglo-American Free Trade." In *Narratives of Free Trade*, edited by Kendall Johnson, 84–98. Hong Kong: Hong Kong University Press.
He Zhiqing and Wu Zhaoqing. 1996. *Zhongguo banghui shi* [History of Chinese Brotherhoods]. Taipei: Wenjin chubanshe.
Headrick, Daniel. 1988. *The Tentacles of Progress*. New York: Oxford University Press.
Heidhues, Mary Somers. 1993. "Chinese Organizations in West Borneo and Bangka: Kongsis and Hui." In *"Secret Societies" Reconsidered*, edited by David Ownby and Mary Somers Heidhues, 68–85. Armonk, NY: M. E. Sharpe.
———. 2003. *Goldiggers, Farmers, and Traders in the 'Chinese Districts' of West Kalimantan, Indonesia*. Ithaca, NY: Cornell Southeast Asia Program.
Hertslet, Edward. 1896. *Treaties between Great Britain and China*. London: Harrison and Sons.
Hevia, James. 2003. *English Lessons*. Durham, NC: Duke University Press.
Hicks, George. 1993. *Overseas Chinese Remittances from Southeast Asia*. Singapore: Select Books.
Hinton, Alexander. 2005. *Why Did They Kill? Cambodia in the Shadow of Genocide*. Berkeley: University of California Press.
Ho, Dahpon. 2011. "Sealords Live in Vain." Ph.D. dissertation, University of California, San Diego.
Ho, Ping-ti. 1959. *Studies on the Population of China*. Cambridge, MA: Harvard University Press.
———. 1964. *The Ladder of Success in Imperial China*. New York: Columbia University Press.
Hobson, J. A. 1938. *Imperialism: A Study*. 3rd ed. London: George Allen and Unwin; orig. 1902.
Hofheinz, Roy. 1977. The Broken Wave. Berkeley: University of California Press.
Hong Kong General Chamber of Commerce. 1923. *Report of the General Committee of the Hong Kong Chamber of Commerce, 1922*. Hong Kong: South China Morning Post.
Hong Lin. 2006. "Taiguo qiaopi yu yinxingju chuyi" [Discussion of the remittances and silver letters of Thailand]. In *Taiguo qiaopi wenhua* [The Thai culture of remittances], edited by Hong Lin and Li Daogang. Bangkok: Tai Zhong xuehui congshu.
Hornby, Sir Edmund. 1928. *An Autobiography*. Boston: Houghton Mifflin.
Hou, Chi-ming. 1965. *Foreign Investment in China, 1840–1937*. Cambridge, MA: Harvard University Press.

Gould, Eliga. 2007. "Entangled Histories, Entangled Worlds: The English-Speaking Atlantic as a Spanish Periphery." *American Historical Review* 112.3 (June): 764–86.

Great Britain. 1869. *Report of the Royal Commissioners for Inquiries into the Laws of Naturalization and Allegiance*. London: Her Majesty's Stationery Office.

———. 1971. *British Parliamentary Papers, China: 31, Correspondence ... Respecting the Opium War and Opium Trade in China, 1840–85*. Shannon: Irish University Press.

Gregory, John. 2015. "Militarized Adjudication and the Frontier." Paper delivered at Association for Asian Studies conference.

"Guangdong Shantou Niutianyang de lishibianqian" [The historical evolution of Ox-Field Sea in Shantou, Guangdong]. *Zhongguo shuichan yangzhi wang* [China Aquaculture Network]. Website.

Guangxuchao zhupi zouzhe [Imperially-inscripted palace memorials of the Guangxu reign]. 1995–1996. 120 vols. Edited by First Historical Archives. Beijing: Zhonghua shuju.

Guldi, Jo, and David Armitage. 2014. *The History Manifesto*. Cambridge: Cambridge University Press.

Gutzlaff, Charles. 1968. *Journal of Three Voyages Along the Coast of China in 1831, 1832, and 1833*. Taipei: Ch'engwen Publishing; orig. 1834.

Hai-Lu-Feng geming genju dishi [The Hai-Lu-Feng revolution as told in local accounts]. 2000. Edited by Ye Zuoneng. Beijing: Zhonggong zhongyang dangxiao chubanshe.

Hai Ying. 1989. "Nan'ao jiguan zatan" [Miscellaneous discussions about the brothels of Nan'ao]. *Shantou wenshi* 6: 209–10.

Haiyang xianzhi [Gazetteer of Haiyang district]. 1900. Electronic.

Halsey, Stephen. 2015. *Quest for Power: European Imperialism and the Making of Chinese Statecraft*. Cambridge, MA: Harvard University Press.

Halwart, Matthias, and Modadugu V. Gupta. 2004. *Cultures of Fish in Rice Fields*. Penang: World Fish Center.

Hamashita, Takeshi. 2008. *China, East Asia and the Global Economy*. Edited by Linda Grove and Mark Selden. New York: Routledge.

Hamilton, Gary. 1977. "Nineteenth-Century Chinese Merchant Associations." *Ch'ing-shih wen-t'I* 3.8 (December): 50–71.

Han Feizi. 2001. "On the Prominent Schools of Thought." In *Readings in Classical Chinese Philosophy*, edited by Philip J. Ivanhoe and Bryan W. Van Norden, 335–42. New York: Seven Bridges.

Hang, Xing. 2015. *Conflict and Commerce in Maritime East Asia*. New York: Cambridge University Press.

Hansson, Anders. 1996. *Chinese Outcasts: Discrimination and Emancipation in Late Imperial China*. Leiden: Brill.

Hao, Yen-ping. 1970. *The Comprador in Nineteenth-Century China*. Cambridge, MA:

Fang Xiaolan and Zhou Xiao. 2001. *Chaoren xianbei zai Shanghai* [The forebears of Chaozhouese in Shanghai]. Hong Kong: Yiyuan chubanshe.

Farooqui, Amar. 1998. *Smuggling as Subversion*. New Delhi: New Age International.

Faure, David. 2004. "The Heaven and Earth Society in the Nineteenth Century."In *Heterodoxy in Late Imperial China*, edited by Kwang-ching Liu and Richard Shek, 365–92. Honolulu: University of Hawai'i Press.

———. 2007. *Emperor and Ancestor: State and Lineage in South China*. Stanford, CA: Stanford University Press.

Fawthrop, Tom, and Helen Jarvis. 2005. *Getting Away with Genocide?* Sydney: UNSW Press.

Feierman, Steven. 1990. *Peasant Intellectuals*. Madison: University of Wisconsin Press.

Fernando, M. R., and David Bulbeck, eds. 1992. *Chinese Economic Activity in Netherlands India*. Singapore: ISEAS.

Fielde, Adele. 1887. *Pagoda Shadows*. London: T. Ogilvie Smith.

Foccardi, Gabriele. 1986. *The Last Warrior*. Wiesbaden: Harrassowitz.

Fu, Lo-shu, ed. 1966. *A Documentary Chronicle of Sino-Western Relations*. Tucson: University of Arizona Press.

Galbiati, Fernando. 1985. *P'eng P'ai and the Hai-Lu-feng Soviet*. Stanford, CA: Stanford University Press.

Gao, Zhiguo, and Bingbing Jia. 2013. "The Nine-Dash Line in the South China Sea: History, Status, and Implications." *American Journal of International Law* 107.1 (January): 98–124.

Gardner, Christopher. 1897. "Amoy Emigration to the Straits." *China Review* 22.4: 621–26.

Geller, Jay. 2011. *The Other Jewish Question*. New York: Fordham University Press.

Gia-dinh-thung-chi: Histoire et description de la Basse Cochinchine [Gazetteer of Gia-dinh]. 1863. Translated by Gabriel Aubaret. Paris: Imprimerie imperial.

Godley, Michael. 1981. *The Mandarin Capitalists from Nanyang*. Cambridge: Cambridge University Press.

Gongzhongdang Yongzhengchao zouzhe [Imperially-inscripted memorials of the Yongzheng reign]. 1977–1980. Taibei: Guoli gugong bowuyuan, [1723–1736].

González de Mendoza, Juan. 1586. *Historia de las cosas mas notables, ritos y costumbres del gran reyno de la China*. Madrid: Casa de Pedro Madrigal.

———. 1854. *The History of the Great and Mighty Kingdom of China, and the Situation Thereof*. 2 vols. Translated by Robert Parke. London: Hakluyt Society.

Goodman, Bryna. 1995. *Native Place, City, and Nation*. Stanford, CA: Stanford University Press.

Goodman, Bryna, and David Goodman, eds. 2012. *Twentieth-Century Colonialism and China*. New York: Routledge.

Cooke, Nola, and Li Tana, eds. 2004. *Water Frontier: Commerce and the Chinese in the Lower Mekong Region, 1750–1880*. Lanham, MD: Rowman and Littlefield.

Crawfurd, John. 1820. *History of the Indian Archipelago*. 3 vols. Edinburgh: Archibald Constable.

———. 1830. *Journal of an Embassy from the Governor-General of India to the Courts of Siam and Cochin China*. 2 vols. 2nd ed. London: Colburn and Bentley.

Cushman, Jennifer. 1993. *Fields from the Sea: Chinese Junk Trade with Siam during the Late Eighteenth and Early Nineteenth Centuries*. Ithaca, NY: Cornell Southeast Asia Program.

Da Nan shilu: Qing-Yue guanxi shiliao huibian [The Veritable Records of Vietnam (Dai Nam thuc luc): a compendium of sources on Qing-Vietnamese relations]. 2000. Edited by Xu Wentang and Xie Qiyi. Taipei: Academia Sinica; orig. 1811–1909.

Dai Yixuan. 1982. *Mingdai Jia Long jian de wokou haidao yu Zhongguo ziben zhuyi de mengya* [The wokou pirates of the Ming Jiajing and Longqing eras and the sprouts of Chinese capitalism]. Beijing: Zhongguo shehui kexue chubanshe.

Delvert, Jean. 1961. *Le paysan cambodgien*. Paris: Mouton.

Dennys, N. B., and W. F. Mayers. 1867. *Treaty Ports of China and Japan*. London: Trubner and Sons.

Dhiravat na Pombejra. 2004. "Administrative and Military Roles of the Chinese in Siam during an Age of Turmoil." In *Maritime China in Transition*, edited by Wang Gungwu and Ng Chin-keong, 335–53. Wiesbaden: Harrassowitz.

Ding Shenzun et al. 2004. *Guangdong Minguo shi* [A history of Guangdong in the Republican era]. 2 vols. Guangzhou: Guangdong renmin chubanshe.

Diyici guonei geming zhanzheng shiqi de nongmin yundong [The peasant movement during the first revolutionary civil war]. 1953. Beijing: Renmin chubanshe.

Doty, E., and W. J. Pohlman. 1839. "Tour in Borneo." *Chinese Repository* 8 (October): 283–310.

Drabble, J. H. 1973. *Rubber in Malaya*. Kuala Lumpur: Oxford University Press.

Du Guifang. 1997. *Chaoshan haiwai yimin* [Overseas migrants from Chaozhou and Shantou]. Shantou: Shantou daxue chubanshe.

Duara, Prasenjit. 1997. "Transnationalism and the Predicament of Sovereignty: China, 1900–1945." *American Historical Review* 102.4.

Dusinberre, Martin. 2012. *Hard Times in the Hometown: A History of Community Survival in Modern Japan*. Honolulu: University of Hawai'i Press.

Elden, Stuart. 2013. *The Birth of Territory*. Chicago: University of Chicago Press.

Fan, I-chun. 1992. "Long-Distance Trade and Market Integration in the Ming-Ch'ing Period." Ph.D. dissertation, Stanford University.

Fang Fang yanjiu [Studying Fang Fang]. 1996. Edited by Zhonggong Guangdong Shengwei, Dangshi Yanjiu Shi. Guangzhou: Guangdong renmin chubanshe.

Cherry, Haydon. 2011. "Down and Out in Saigon." Ph.D. dissertation, Yale University.

Chin, John. 1981. *The Sarawak Chinese*. Oxford: Oxford University Press.

China, Imperial Maritime Customs. 1882–1891; 1892–1901; 1902–1911; 1912–1921; 1922–1931. *Decennial Reports*.

———. 1883. "The Fisheries of Swatow." Shanghai: Statistical Department of the Inspectorate General.

———. 1866–1912. *Reports on the Trade at the Treaty Ports in China*.

———. 1871–1896. *Swatow Trade Reports, 1870–1895*. Shanghai: Inspectorate General of Customs.

———. 1888. *Opium, Crude and Prepared*. Shanghai: Inspectorate General of Customs.

China, Republic of. 1928. "Sugar Trade in China." *Chinese Economic Journal* 36 (December): 1069–78.

Chirot, Daniel, and Anthony Reid, eds. 1997. *Essential Outsiders*. Seattle: University of Washington Press.

Chng, David. 1999. *Heroic Images of Ming Loyalists: A Study of the Spirit Tablets of Ghee Hin Kongsi Leaders in Singapore*. Singapore: Singapore Society of Asian Studies.

Choate, Mark. 2008. *Emigrant Nation: The Making of Italy Abroad*. Cambridge, MA: Harvard University Press.

Choi, Chi-cheung. 1995. "Competition among Brothers." In *Chinese Business Enterprise in Asia*, edited by Rajeswary Ampalavanar Brown, 96–114. London: Routledge.

———. 1998. "Kinship and Business." *Business History* 40.1 (January): 26–49.

———. 2015. "Rice, Treaty Ports, and the Chaozhou Chinese *Lianhao* Associate Companies." In *Merchant Communities in Asia, 1600–1980*, edited by Lin Yu-ju and Madeleine Zelin, 53–77. London: Pickering and Chatto.

Chouban yiwu shimo (Xianfeng reign) [Complete account of the management of alien affairs]. 1979. 8 vols. Beijing: Zhonghua shuju; orig. 1930.

Clouth, Franz. 1903. *Rubber, Gutta-Percha and Balata*. London: MacLaren and Sons; orig. (German) 1899.

Coates, P. D. 1988. *The China Consuls*. Hong Kong: Oxford University Press.

Cohen, Paul. 2003. "Remembering and Forgetting National Humiliation in Twentieth-Century China." In *China Unbound*, edited by Paul Cohen, 148–84. New York: Routledge.

———. 2009. *Speaking to History: The Story of Goujian in Twentieth-Century China*. Berkeley: University of California Press.

Cohn, Bernard. 1996. *Colonialism and Its Forms of Knowledge*. Princeton, NJ: Princeton University Press.

Comber, L. F. 1959. *Chinese Secret Societies in Malaya*. Locust Valley, NY: Augustin.

Conklin, Alice L., and Ian Fletcher. 1999. *European Imperialism, 1830–1930*. Boston: Houghton Mifflin.

Chaozhou zhi [Chaozhou gazetteer]. 1949. Edited by Rao Zongyi. Shantou.

Chaozhou zhi. 2005 (Reprint of 1949 ed.). Edited by Rao Zongyi. Hong Kong.

Chen Chingho [see also Chen Jinghe]. 1977. "Mac Thien Tu and Phraya Taksin: A Survey of Their Political Stand, Conflicts, and Background." *Proceedings of the Seventh IAHA Conference*, 1535–75. Bangkok: n.p.

Chen Chunsheng. 1997. "Baer fengzai suo jian zhi minguo chunian Chao Shan qiaoxiang: yi Zhanglin wei li" [The August 2nd typhoon as seen in the emigrant villages of early Republican-era

Chao Shan: the example of Zhanglin]. *Chaoxue yanjiu* 6: 369–95.

———. 2000. "Cong 'wolun' dao 'qianhai': Mingmo Qingchu Chaozhou difang dongluan yu xiangcun shehui biancheng" [From the wokou chaos to the coastal evacuation: local disorder in Chaozhou and rural change in the late Ming and early Qing] *Ming Qing longcun* 2.2: 73–106.

Chen Haizhong. 2011. *Jindai shanghui yu difang jinrong: yi Shantou wei zhongxin de yanjiu* [Modern chambers of commerce and local finance: research centered on Shantou]. Guangzhou: Guangdong renmin chubanshe.

Chen Jinghe [see also Chen Chingho]. 1963. *Shiliu shiji zhi feilübin Huaqiao* [The overseas Chinese in the Philippines in the sixteenth century]. Hong Kong: New Asia Research Institute.

Chen Kun. 1870. "Zhi Chao chuyan" [My humble opinions on governing Chaozhou]. Reproduced in Xie Shi, "Chen Kun 'Ru bu ji zhai congshu' yu Qingdai Xian-Tong nianjian Chaozhou shehui [Chen Kun's "Ru bu ji zhai congshu" and Chaozhou society during the Xianfeng and Tongzhi eras]. *Chaoxue yanjiu* 14 (2008): 111–54.

Chen Liyuan. 2007. "Hua'nan yu Dongnanya huaren shehui de hudong guanxi: yi Chaoren qiaopi wangluo wei zhongxin (1911–1949)" [The Interactions between South China and the Chinese communities of Southeast Asia: with a focus on the Chaozhou remittance networks, 1911–1949]. Ph.D. dissertation, National University of Singapore.

Chen Ta. 1940. *Emigrant Communities in South China*. New York: Institute of Pacific Relations.

Chen Tong. 2005. "Luelun jindai Shanghai waiji lüshi de falü huodong ji yingxiang [The legal activities of foreign lawyers in modern Shanghai and their influence]. *Shilin* 3: 20–38.

Chen Zehong. 2001. *Chao Shan wenhua gaishuo* [An overview of Chaoshan culture]. Guangzhou: Guangdong renmin chubanshe.

Chenghai xianzhi. 1764, 1815, 1992.

Cheong, Kee Cheok, Lee Am Hing, and Lee Poh Ping. 2013. "Chinese Overseas Remittances to China: The Perspective from Southeast Asia." *Journal of Contemporary Asia* 43.1 (February): 75–101.

Markets." *Crime, Law, and Social Change* 41: 79–94.

Cai Peirong. 2002. *Qingji zhu Xinjiapo lingshi zhi tantao, 1877–1911* [A study of the late-Qing consulate in Singapore, 1877–1911]. Singapore: Xinjiapo guoli daxue zhongwenxi.

Cain, P. J., and A. G. Hopkins. 2016. *British Imperialism*. 3rd ed. New York: Routledge.

Calanca, Paola. 2001. "Aspects specifiques de la piraterie a Hainan." In *Hainan: de la Chine à l'Asie du Sud-Est*, edited by Claudine Salmon and Roderich Ptak, 111–38. Wiesbaden: Harrassowitz.

———. 2010. "Piracy and Coastal Security in Southeastern China, 1600–1780." In *Elusive Pirates, Pervasive Smugglers*, edited by Robert Antony, 85–98. Hong Kong: Hong Kong University Press.

Campbell, Brian. 2012. *Rivers and the Power of Ancient Rome*. Chapel Hill: University of North Carolina Press.

Carroll, John. 2005. *Edge of Empires: Chinese Elites and British Colonials in Hong Kong*. Cambridge, MA: Harvard University Press.

Carstens, Sharon. 2005. *Histories, Cultures, Identities: Studies in Malaysian Chinese Worlds*. Singapore: Singapore University Press.

Cartier, Carolyn. 2001. *Globalizing South China*. Oxford: Oxford University Press.

Cator, Writser Jans. 1936. *The Economic Position of the Chinese in the Netherlands Indies*. Chicago: University of Chicago Press.

Census of British Malaya, 1921 (The Straits Settlements, Federated Malay States, and Protected States of Johore, Kedah, Perlis, Kelantan, Trengganu, and Brunei). 1922. Compiled by J. E. Nathan. London: Waterlow and Sons.

Chan, Shelly. 2018. *Diaspora's Homeland: Modern China in the Age of Global Migration*. Durham, NC: Duke University Press.

Chang, Hsin-pao. 1964. *Commissioner Lin and the Opium War*. New York: Norton.

Chao Shan baike quanshu [Encyclopedia of Chaozhou and Shantou]. 1994. Beijing: Zhongguo da baike quanshu chubanshe.

Chao Shan diqu qiaopiye ziliao [Historical sources for the overseas remittance industry in the Chaozhou-Shantou region]. 2004. Edited by Yang Qunxi. Shantou: Chao Shan lishi wenhua yanjiu zhongxin.

Chaoyang dashiji [Historical chronicle of Chaoyang]. 2005. Shantou: Shantou daxue chubanshe.

Chaoyang minjian gushi jingxuan [Selection of popular lore in Chaoyang]. 2005. Edited by Weng Mushun. Shantou: Gongyuan chuban youxian gongsi.

Chaoyang xianzhi [Chaoyang gazetteer]. 1884, 1997.

Chaozhou Fangshi zupu [Genealogical records of the Fangs of Chaozhou]. 1963. Edited by Fang Shaowei. N.p.

Chaozhou fuzhi [Chaozhou prefectural gazetteer]. 1679 (electronic), 1762 (electronic), 1893.

Bao, Jiemin. 2005. *Marital Acts: Gender, Sexuality, and Identity among the Chinese Thai Diaspora*. Honolulu: University of Hawai'i Press.

Bao Wei. 2005. "Fu jie hou de zongzu zhongjian: Chenghai Lin shi zongzu de ge'an yanjiu" [The reestablishment of lineages after the return from the evacuation border: An examination into the case of the Lins of Chenghai]. *Chaoxue yanjiu* 12: 186–96.

Barua, Pradeep. 2003. *Gentlemen of the Raj*. Westport, CT: Praeger.

Begbie, P. J. 1967 [1834]. *The Malayan Peninsula*. London: Oxford University Press.

Benton, Gregor. 1992. *Mountain Fires: The Red Army's Three-Year War in South China, 1934–1938*. Berkeley: University of California Press.

Bernhardt, Kathryn. 1999. *Women and Property in China, 960–1949*. Stanford, CA: Stanford University Press.

Betta, Chiara. 2002. "Silas Aaron Hardoon." *The Scribe: Journal of Babylonian Jewry* 75 (Autumn). Electronic.

———. 2003. "From Orientals to Imagined Britons: Baghdadi Jews in Shanghai." *Modern Asian Studies* 37.4 (October): 999–1023.

Blussé, Leonard. 1981. "Batavia, 1619–1740: The Rise and Fall of a Chinese Colonial Town." *Journal of Southeast Asian Studies* 12.1 (March): 159–78.

Blussé, Leonard, and Ank Merens. 1993. "Nuggets from the Gold Mines: Three Tales of the Ta-Kong Kongsi of West Kalimantan." In *Conflict and Accommodation in Early Modern East Asia*, edited by Leonard Blussé and Harriet Zurndorfer, 284–321. Leiden: Brill.

Blythe, Wilfred. 1969. *The Impact of the Chinese Secret Societies in Malaya*. London: Oxford University Press.

Boomgaard, Peter, and Ian Brown. 2000a. "The Economies of Southeast Asia in the 1930s Depression." In *Weathering the Storm*, edited by Peter Boomgaard and Ian Brown, 1–19. Singapore: Institute of Southeast Asian Studies.

———. eds. 2000b. *Weathering the Storm: The Economies of Southeast Asia in the 1930s Depression*. Singapore: Institute of Southeast Asian Studies.

Bowring, John. 1857. *The Kingdom and People of Siam*. 2 vols. London: Parker and Son.

Brickell, Katherine, and Ayona Datta, eds. 2011. *Translocal Geographies: Spaces, Places, Connections*. Surrey, UK: Ashgate.

Brook, Timothy. 1998. *The Confusions of Pleasure: Commerce and Culture in Ming China*. Berkeley: University of California Press.

Brooks, Barbara. 2000. "Japanese Colonial Citizenship in Treaty-Port China." In *New Frontiers*, edited by Robert Bickers and Christian Henriot. Manchester, UK: Manchester University Press.

Brown, Rajeswary Ampalavanar. 1994. *Capital and Entrepreneurship in South-East Asia*. New York: St. Martin's Press.

Bruinsma, Gerben, and Wim Bernasco. 2004. "Criminal Groups and Transnational Illegal

Koh Seow Chuan Collection. *Supreme Court of the Straits Settlements, Cases, 1910* [part 4], Suits 85–100. Manuscript [10 folders], 1910.

SHANGHAI MUNICIPAL ARCHIVES

Chaozhou huiguan yi'an beicha [Minutes of the meetings of the Chaozhou huiguan of Shanghai], 1914–1936.

SHANTOU MUNICIPAL LIBRARY

Cui Binyan. 1908. *Chaoyang xian minqing* [Conditions of the people of Chaoyang district]. Unpublished manuscript.

Zhaoxuan gong du shiyi [Collected writings of Mr. Zhaoxuan (Fang Yao)]. Vols. 3–4. Unpublished Manuscript.

Published Sources

"AHR Conversation: How Size Matters."2013. *American Historical Review* 118.5 (December): 1430–72.

Amrith, Sunil. 2011. *Migration and Diaspora in Modern Asia*. New York: Cambridge University Press.

Analects. 1979. Translated by D. C. Lau. New York: Penguin.

Anbu zhi [Gazetteer of Anbu]. 1990. Gen. ed. Lin Rensheng. N.p.: Xinhua chubanshe.

Andaya, Barbara, and Leonard Andaya. 2001. *A History of Malaysia*. 2nd ed. Honolulu: University of Hawaii Press.

Anderson, John. 1890. *English Intercourse with Siam in the Seventeenth Century*. London: Kegan Paul.

Antony, Robert. 2003. *Like Froth Floating on the Sea*. Berkeley: Institute of East Asian Studies.

Appadurai, Arjun. 1996. *Modernity at Large*. Minneapolis: University of Minnesota Press.

Armitage, David. 2012. "What's the Big Idea?" *History of European Ideas* 38.4 (June): 493–507.

Ashmore, Lida Scott. 1920. *The South China Mission of the American Baptist Foreign Mission Society*. Shanghai: American Baptist Foreign Mission Society.

Ashmore, William. 1897. "A Clan Feud Near Swatow." *Chinese Recorder* 28.5: 214–23.

Asiatic Journal and Monthly Register for British India and Its Dependencies. 1816–1829.

Augustine of Hippo. 1998. *The City of God against the Pagans*. Cambridge: Cambridge University Press.

Baker, Christopher. 1981. "Economic Reorganization and the Slump in South and Southeast Asia." *Comparative Studies in Society and History* 23.3: 325–49.

Balzac, Honoré de. 1962. *Père Goriot*. New York: Signet Classics.

JARDINE MATHESON ARCHIVES, UNIVERSITY OF CAMBRIDGE LIBRARY, CAMBRIDGE, UK

In-Correspondence/Unbound Letters/Private/Namoa, 1834–1839.

In-Correspondence/Unbound Letters/Local House Letters, Namoa, 1844–1860.

In-Correspondence/Unbound Letters/Local House Letters, Shanghai, 1844–1891.

In-Correspondence/Unbound Letters/Local House Letters, Swatow, 1853–1894.

NATIONAL ARCHIVES OF GREAT BRITAIN

Colonial Office

CO 273/Straits Settlements, Original Correspondence, 1838–1946.

CO 275/Straits Settlements, Sessional Papers, 1855–1940.

CO 882/5/17: *Hong Kong-Straits Settlements: Coinage of a British Dollar for Circulation in Hong Kong and the Straits Settlements. Minutes of Evidence Taken before a Departmental Committee and Correspondence*. 1894.

Foreign Office

FO 17/Political and Other Departments/General Correspondence before 1906.

FO 228/Foreign Office, Consulates and Legation, China, Swatow, General Correspondence, Series 1.

FO 233/96, Northern Department and Foreign Office, Consulates and Legation, China, Miscellaneous

Papers and Reports, 1727–1951, Shanghai: Mixed Court and Miscellaneous.

FO 656, Supreme Court, Shanghai, China, General Correspondence, Swatow, 1866–1898.

FO 881, Confidential Print (Numerical Series), 1827–1914.

FO 931, Guangdong Provincial Archives [Qingdai Guangdongsheng dang'an].

NATIONAL ARCHIVES OF SINGAPORE

Governor's Diary. 1852–1866.

Oral History Centre. *Economic Development of Singapore* (Xinjiapo jingji fazhanshi).

Oral History Centre. *Huaren fangyan qun* [Chinese Dialect Group Project]. Recorded in Chaozhouese, transcribed in Chinese.

Oral History Centre. *Xinjiapo xianqu renwu* [Pioneers of Singapore Project]. Chaozhou/Chinese transcript.

NATIONAL LIBRARY OF SINGAPORE

Cases Heard and Determined in Her Majesty's Supreme Court of the Straits Settlements. Vol. 4, 1885–1890. Edited by James William Norton Kyshe. Singapore: Singapore and Straits Printing Office, 1890.

參考書目

Archival and Unpublished Sources

FIRST HISTORICAL ARCHIVES OF CHINA, BEIJING

Xingbu dang'an/anjuan/Guangdong si/touqiang, hunjia, tuzhai, qita [Archives of the Board of Punishments/cases/Guangdong division/robbery, marriage, land and debts, and miscellaneous categories].

Xingke tiben, weijin anjian [Routine memorials of the Board of Punishments, contraband cases].

Zhupi zouzhe, falü, lüli [Imperially rescripted palace memorials, legal category, statutes and substatutes].

Zhupi zouzhe, falü, qita [Imperially rescripted palace memorials, legal category, miscellaneous].

GUANGDONG PROVINCIAL ARCHIVES, GUANGZHOU

Chaozhou haiguan dang'an [Maritime customs archives of Chaozhou].

G2013—*Huaqiao shiliao* [Historical materials on overseas Chinese].

GUANGDONG PROVINCIAL LIBRARY, GUANGZHOU

Mao Cheng. 1879. *Chao du ou cun* [Chaoyang documents accidentally preserved]. N.p. (preface 1877).

Shantou Nanyang huaqiao huzhu shewu baogao [Report on the Social Services of the Mutual Aid Society of Shantou Overseas Chinese in the Nanyang]. Shantou, n.p. Manuscript.

HONG KONG, PUBLIC RECORD OFFICE, HKMS202-1-10, WAR OFFICE

Kwangtung: Reports on Conditions, 1940–1946

INSTITUTE OF HISTORY AND PHILOLOGY, TAIWAN

Neige daku dang'an [Grand Secretariat Archives] (digital).

92. CHD, 1330: 5982–84, 24 April 1912（關於光益錢莊）；1330: 5963–66（關於林激真）；1330: 5971–76, 21 March 1912（關於商會）。林激真是客家人，謠傳帶著兩千士兵搭船，「搶奪所有能找到的金錢」。
93. CHD, 1330: 5936–38, 25 December 25 1911。該派系是張立村（Zhang Licun）麾下。
94. Chen Ta 1940: 78。
95. Chen Ta 1940: 6–7。研究中的「Z」區，位於月浦村（Yuepu）附近。
96. Chen Ta 1940: 82–84。
97. 關於暹羅稻米市場，見 Sompop Manarungsan 2000: 189–90；關於西貢與柬埔寨，見 Norlund 2000: 206–9。暹羅稻米出口量在這些年中上升，價格卻大跌。Boomgaard and Brown (2000a) 警告，東南亞的大蕭條情況難以一概而論，這場危機帶來不同影響。
98. Turnbull 2005: 146; Khanh 1986: 144; Skinner 1957b: 177。
99. GPA, G2013: *Huaqiao shiliao* 0055; also 0057, 0058, 0059。
100. Hicks 1993, book 2: 153; Cheong, Lee, and Lee 2013: 75 and 91。
101. Chen Ta 1940: 86。
102. Kulp 1925: xxiii, 104–5。
103. FO 228/439 (94–112); FO 228/419 (306–8)。
104. NAS/OHC/HFQ/Wang Changrui/reel 1。關於五房的旅外地點，見 reel 2。
105. NAS/OHC/HFQ/Wang Changrui/reel 1。關於潑糞事件，見 reel 3。
106. NAS/OHC/HFQ/Wang Changrui/reel 1。關於十九世紀的有條件買賣與械鬥，見 Macauley 1998: 229–78。
107. NAS/OHC/HFQ/Wang Changrui/reel 3。
108. NAS/OHC/HFQ/Wang Changrui/reels 1 and 3。
109. FO 228/634 (246–47)。關於農場平均規模，見 Alfred H. Y. Lin 1997: 36。
110. 關於一九三四年攻擊，見 *Min Yue bianqu sannian youji zhanzheng shiliao huibian* 1985, 2: 64–67。一九二七年，該村有九十人集體前往汕頭尋求庇護與政府協助。見 *Anbu zhi* 1990: 421–22。
111. 關於共產黨的綁架策略，見 Benton 1992: 78, 92, 147, 308。
112. DR 1912–1921: 169; 1922–1931: 155, 165。
113. Chen Liyuan 2007: 234; Cheong, Lee, and Lee 2013: 92–93。
114. NAS/OHC/HFQ/Wang Changrui/reel 1。
115. NAS/OHC/HFQ/Wang Changrui/reel 1；關於棺木，見 *Time Magazine*, 4 February 1946: 34；關於飢荒，見 Hong Kong PRO, HKMS2021–10: 67–68。
116. Li Li-san 1964: 16–17。

結語

1. CSDQZ, 7–8。數字不包含從較小港口出發的人。

67. Shiga 2008: 44; Chee-Beng Tan 2012: 82。

68. *Chaozhou huiguan yi'an beicha* 118: 13 (4 September 1922); LGCSSZJT (essay on "Huishi jiyao"), 5。沙隴鄭家將賑款送到自己的善堂——沙隴修德堂（Xiude Benevolent Hall of Shalong）。見 SDFQL, 232。

69. Li Zhixian 2004: 242；關於暹羅，見 Tamaki 2007。

70. 關於世敬堂與劉隴同鄉會，見 *Xinjiapo Chaozhou bayi huiguan jinxi ji'nian kan* 1980: 165; Shijie Chaoshang, http://ww.wchbp.com。

71. Li Zhixian 2006: 63–74。

72. MCT, 200。

73. 關於這些對抗，見 Yen 1986: 188–91; MCT, 331–33。關於劉炳思的角色，見 *Xinjiapo Chaozhou bayi huiguan jinxi jiniankan*, 154。關於繳納銀錢的義務，見 NAS/OHC/*Pioneers of Singapore*/Lien Ying Chao/reel 13。

74. 關於反佘派，見 Yen 1986: 190. On Lius, MCT, 16, 200; *Xinjiapo Duanmeng xuexiao sanshi zhounian jiniance* 1936: 11 and chap. 3, n.p.。

75. MCT, 200。

76. ST, 16 September 1939; MCT, 200。

77. ST, 14 July 1951: 2。

78. Chun-hsi Wu 1967: 15。

79. Cui Bingyan 1908: 4b。

80. 一次大戰前數字，見 Hicks 1993, book 1: 65；一九二〇年代數字，見 Remer 1933: 182–83（他的估值是根據對香港及美國銀行的研究，因此通常比本地統計來得高）。

81. Hicks 1993, book 1: 78；人口數，見 book 2: 124。

82. Remer 1933: 179; DR 1922–1931, 2: 155; Chun-hsi Wu 1967: 15。

83. Hicks 1993, book 2: 153。

84. 關於此，另見 Chen Liyuan 2007。

85. 引自 Chen Ta 1940: 75；另見 Yow 2013: 31。

86. 潮州也有現代發展。海外華人與日本人投資了潮汕鐵路。也設立了現代工廠。但這些都與潮州人在東南亞或上海推動的經濟發展無法相比。南洋汕頭海外華人互助會鼓勵華人催生工業化。然而，一九三一到三四年募得的款項，多數用來維持組織本身運作（薪水、文具、食物等）。見 SNHHSB 1934, sections on "Organization," 1–2 and "Finances," 1–4。

87. Hicks 1993, book 1: 65–70, 96。

88. Hicks 1993, book 1: 74。

89. On Guangyiyu, Hicks 1993, book 1: 78, 96–98; Cai Peirong 2002: 128; Chen Liyuan 2007: 52–53。

90. CSDQZ, 98。

91. Hicks 1993, book 1: 97。

1875: 287。

67. NAS/OHC/HFQ/Wang Changrui/reel 3。
68. CHD 463: 607 (8.15/1922); 464: 928 (1/22/1923)。
69. JMA/Swatow/reel 554/LHL 1880。
70. Wright and Cartwright 1908, 1: 216, 836。
71. Zhao 1995: 159; JM/Swatow/reel 550/LHL 460; FO 17/536 (141–42); FO 228/536 (181)。
72. *Swatow Trade Report*, 1879, 206–8。
73. *Swatow Trade Report*, 1879, 207–08。
74. China, *Native Customs*, 1902–1906, *Swatow Report*, 90。
75. FO 228/557 (168–69)。
76. 關於最高法庭，見首位大法官的回憶錄：Edward Hornby 1928: 191–330
77. FO 17/397 (236–41); FO 17/414 (1–6)。
78. FO 17/435 (352–57)。
79. 統計數字出自半年報，見 FO 656 (25–63)。
80. Alcock 觀察到在一八六九年，中國還沒有此現象。FO 881/1861 (5–7)，但汕頭沒有這個現象的紀錄。
81. FO 656/25 (2–3); FO 228/595 (138–41)。
82. King 1924: 33。
83. FO 656/25 to 656/63。雞姦案 (FO 228/333 [1: 8–9]) 中，中國僕役控方雖有九名證人，卻被視為誣告。在汙辱船長夫人的案件中，一名喝醉的水手在甲板上辱罵夫人，宣稱她鼻子上的擦傷是喝太多酒造成的。FO 656/25 (11)。
84. FO 228/557 (70)。
85. FO 228，一八六〇到一八九〇年。部分債務案件可能在領事回報前，就已經解決。見 FO 228/880 (182–206)。謀殺與試圖謀殺案從未解決，但中國官員已盡力找到犯人。我並未納入一件領事館搶案的未決案件，因為堅佐治本人很可能就是犯罪者。
86. Huang 1993。
87. DR 1882–1891: 538–39。
88. FO 881/1861, No. 68. ("China Report: Swatow")。
89. FO 228/634 (23–24); FO 228/480 (14–21)。
90. CO 275/13, 13 November 1871。
91. FO 228/480 (38)。
92. FO 228/373 (177–236); FO 228/354 (147–64); FO 228/396 (122)。兩年後達成和解——在新加坡。
93. FO 656/63 (2); FO 228/354 (238)。
94. Hertslet 1896, 2: 558; Norton-Kyshe 1898: 99; Great Britain, *Report of the Royal Commissions for Inquiries into the Laws of Naturalization and Allegiance* 1869:

35. FO 17/457 (69–70)。
36. JMA/Swatow/reel 552/LHL 1154 and LHL 1780; FO 228/634 (136–40)。
37. FO 228/458 (n.p.)。
38. 十八世紀收入，見 *Shantou haiguan zhi*, 15；一八七〇年代數字，見 *Reports on the Trade at the Treaty Ports*, 1878, lxxv；一八九一年數字，見 DR 1882–1891: xxix–xxxi。
39. *Report on Trade at the Treaty Ports in China*, 1875, 28。
40. *Swatow Trade Report*, 1875, 272; 1886: 330; 1895: 407. For sugar, FO 17/411 (24); FO 228/880 (Annex B)。一八七四年，一關銀價值一英鎊。
41. FO 228/880 (180)。
42. JMA/Swatow/reel 552/LHL 1190。
43. FO 228/835 (259–62, 285–309)。
44. Reports on Trade at Treaty Ports, 1880 (1881): 9; 1881 (1882): 244–45。
45. Mazumdar 1998: 383–85。
46. *Republic of China, Sugar Trade in China*, 1928, 1069–78。
47. FO 228/595 (205–6)。
48. *Reports on Trade at Treaty Ports*, 1880, 243。農民以遠期貸款購買肥料，因此豆渣使用量增加代表著對於債務承擔能力的信心提升。Ye Xian'en 1989, 1: 190。
49. Cui Bingyan 1908, n.p。
50. CSDQZ, 7。
51. Jiang Zuyuan and Fang Zhiqin 1993: 372–73。
52. FO 228/458 (82–100)。
53. FO 228/480 (35–43)。
54. FO 228/835 (259–62; 285–309); *Trade Report for Swatow*, 1889, 378。
55. FO 228/613 (23)。
56. Dennys and Mayers 1867: 235。
57. On the company, Zhu 2012: 4, 172。
58. Chen Haizhong 2011: 83–85; DR 1882–91: 537。從舊漳潮商會（Zhangzhou Chaozhou guild）中發展出來。
59. FO 228/536 (246)。
60. FO 228/536 (242–43)；中文版 FO 228/946 (145)。
61. FO 228/536 (242–43); FO 228/946 (145)。
62. FO 228/536 (246)。
63. FO 228/536 (247)。
64. JM/Swatow/reel 555/LHL 2664; LHL 2670。
65. JM/Swatow/reel 555/LHL 2664; LHL 2670; FO 228/855 (11–14, 43–61)。
66. FO 228/293 (3: 17–19)；中文版 FO 228/296 (9–10); FO 228/294 (105); Thomson

52. Zheng Yingshi 1965: 8。
53. SPER, 8: 142, 219。
54. *British Parliamentary Papers*, vol. 31, "Opium War and Opium Trade:" 424–31; Trocki 1990。
55. LeFevour 1968: 16–17; JMA/Swatow/reel 550/LHL 277。
56. JMA/IC/UL/Shanghai/LHL 10764 to 10769 (quote from LHL 10767)。Motono (2000: 95) 誤稱外國人因為對「自由貿易」的承諾，而反對這項交易。
57. Wright and Cartwright 1908: 516; Chen Tong 2005。
58. 例如 FO 233/96 (282–93)。Zheng Yingshi (1965: 9–10) 強調日本法庭總是站在日方爭論者這一邊。
59. FO 228/805 (271–72)。
60. 數字由 Luo Yudong 2010: 493 的表格計算而來。
61. Johnson 2000, 1: 272。部分潮州水手留在上海鴉片產業工作，見 QTCBMMSHA, 35: 10479。
62. FO 228/805 (255, 282)。
63. FO 228/805 (252)。
64. FO 228/805 (281)。
65. FO 228/805 (265–66, 281)。
66. FO 228/479 (12–49, 156–66, 248–54)。
67. FO 228/479 (241)。
68. 英國人可以透過批准一八七六年的《煙台條約》（Chefoo Convention），來解決釐金問題；條約將允許海關同時徵收關稅與釐金。但考量英屬印度的利益，因此延到一八八七年才批准協定。見 Owen 1934: 251–78。
69. *Shanghai qianzhuang shiliao* 1960: 107–9, 757–58。
70. Zheng Yifang 1981: 37。
71. *Shanghai qianzhuang shiliao* 1960, 109. 銀行經理與潮陽鴉片商家族聯姻場景。
72. *Shanghai qianzhuang shiliao* 1960: 107–8（統計數字來自頁 107–8 與頁 757 的資料）。資料來源為無名編纂者「訪問」前行員。
73. *Shanghai qianzhuang shiliao* 1960: 769–70。Mann Jones (1974) 點出寧波幫控制了十九世紀上海的本土錢莊業。
74. Murphy 1977: 181–82; Linsun Cheng 2003: 15–16, 138–39, Mann Jones 1972: 47, 71–72。
75. Zheng Ruiting 2001: 84; Zheng Yifang 1981: 36; Song Zuanyou 2007: 45。Young (1931: 682) 估計一九三一年上海銀兩約值三十二美分。鄭建明的投資約合二〇一八年的美金一百零四萬四千元。
76. *Shenbao*, 1895.08.21; 1895.08.23; 1895.08.30; 1895.10.12; 1896.03.19。
77. Zheng Yingshi 1965: 14–15。鄭子加的兒子鄭應時 (p. 20) 並不知道賄款數字，因為是由洋藥公所支付。

30. ZGDS, juan 3, n.p.; CMGJ, 357–60。
31. Zheng Ruiting 2001: 81–82; SDQ, 73, 226–32。鄭象德其他後代子孫中，最有名的是鄭午樓（Zheng Wulou，生於一九一三年），於暹羅致富。見 SDQ, 80; *Tai Hua mingren huizhi* 1963: 9。
32. 關於鄭堯臣，見 SDQ, 228; Zheng Ruiting 2001: 83。關於哈同，見 Betta 2002; Zheng Yingshi 1965: 2。哈同娶了一名中歐混血後裔女性，出入中國社交圈。
33. 關於鄭堯臣，見 SDQ, 228; Zheng Ruiting 2001: 83–84。關於他在鎮江的主導勢力，見 Zheng Yingshi 1965: 8；關於他在會館中的角色，見 CHYB, 118/9/8 (12 and 18 March 1917)。
34. Zheng Ruiting 2001: 81–87; Zheng Yingshi, 1965。
35. Zheng Ruiting 2001: 82–84。
36. Zheng Ruiting 2001: 86–87; *Chaoyang dashiji*, 59–60。
37. Zheng Ruiting 2001: 86。
38. MQSLCSSJ, 296–97; Zeng Guoquan 1969, 614: 1966; *Peking Gazette*, September 20, 1882。根據鄭家的口述傳統，方耀與軍中的進士鄭之材（Zheng Zhicai）彼此厭惡，鄭之材與兄長都遭方耀誣陷，卻因鄭之材的功名與人脈而未果。見 SDQ, 72; 209–11。
39. *Shenbao*, GX 11.1.11 (February 25, 1885); FO 228/804 (155–56); 228/855 (20–40)。關於李玉衡（又名李陞〔Li Sheng〕），見 FO 228/634 (136); Cai Rongfang 2001: 28; www.lingkee.com/1900。
40. Wang Tao (1960), 1: 6a, 21。
41. Zheng Yingshi 1965: 7–9。
42. NCH, 10 October 1879: 360; 17 October 1879: 386。
43. SPER, 8: 142, 219。
44. SPER, 8: 142, 219。
45. Murphy 1977: 183–84; Hamilton 1977; Goodman 1995: 130–33; Motono 2000: 92–116。汕頭是潮州的條約港，因此在英文中也代表這個區域。
46. SPER, 8: 220; NCH, 17 October 17: 386; Goodman 1995: 131。
47. JMA/IC/UL/Shanghai/reel 556/LHL 2897。
48. SPER, 8: 220。
49. Hamilton 1977: 54; SPER, 8: 384–91; NCH, 17 October 1879: 384。歷史記述並未點出潮陽被告的身分，而是以渣甸洋行的廣州買辦唐茂枝（Tang Mouzhi）為重心，他負責管理這項壟斷權利。Shenbao (1879.09.03) 則點出三名潮陽被告，鄭介臣、鄭世澤（Zheng Shize）與李貫之（Li Guanzhi）。關於其他跟潮陽幫有關的爭議，見 Zheng Yingshi 1965: 3–4。
50. FO 228/804 (244–305)。
51. 關於辯詞主張，見 NCH, 17 October 1879, 384–91; SPER, 8: 222–24; Hamilton 1977: 55–59。

20. Phipps 1836: 324–25; Siah 1848: 290。
21. FO 228/503 (248)。
22. CO 275/13 (248–49)。
23. CO 275/12 (20); CO 275/13 (24)。
24. CO 275/13 (8–9)。
25. FO 228/493 (256)。
26. CO 275/13 (xci–xciv)。關於警政演變的綜述，見 Turnbull 1972: 86–100。
27. Comber 1959: 138。
28. PLCSS, 16 June 1873, appendix 27: cxii。
29. PLCSS, 16 June 1873, appendix 27: cix–cx。關於幫會之間的對抗，見 Blythe 1969; Yen 1986。
30. FO 228/354 (165)。
31. CO 275/16, "Report ... Riots of October, 1872," 48。商業領袖協助解決攤販的問題。
32. CO 275/16, 3, 5。關於潮州打手的名聲，見 Wakeman 1966: 22–23。
33. CO 275/16, 3。
34. CO 275/32, ARLCSS, 4 March 1887: 155–75。
35. PLCSS, 29 October 1875, "Report of the Inspector-General of Police ... 1874," cccxxxiv–cccxl；另見 ARLCSS, 1874 (Singapore, 1875): 109–11。
36. Purcell 1948: 103–14; Andaya and Andaya 2001: 158–60; Leo 2015: 288。
37. GXCZPZZ 42: 125–26; DYCGNGM, 162。
38. DR, 1892–1901, 150; *Chaoyang xianzhi* 1997: 36; Ashmore 1897。關於海盜搶劫，*New York Times*, 29 September 1891; 15 October 1891。
39. *Shantou haiguan zhi*, 24。
40. Rhoads 1975: 101。
41. 回顧乃根據 Yen 1976; Rhoads 1975。關於汕頭經驗的進一步細節，引自 MCT, 233–40; QTCBMMSHA, 4: 1707–9。
42. Ding Shenzun et al. 2004, 1: 68。
43. MCT, 237; CZZ, 2749–50。
44. 摘要乃根據 Rhoads 1975: 110–13; Ding Shenzun et al. 2004, 1: 68–70；進一步資料來自 QTCBMMSHA, 4: 1707–9; 39: 12020–23; CZZ, 2005: 2749–50; MCT, 233。
45. MCT, 234。
46. Cui Binyan 1908, n.p.。
47. CHD, 464: 1186–87, 8 August 1923。
48. SB, 3: 405。
49. Galbiati 1985。
50. DYCGNGM, 161–62。

82. “Xianggang Chaoren shangye diaocha gaikuang” in LGCSSZJT, 1–4。
83. 會館理事包含潮州出身的福建巡撫丁日昌，他也是方耀的盟友。
84. *Chaoyang xianzhi* 1884, 6: 97–99; 1997: 35; *Haiyang xianzhi* 1900, 19: 47, 176; 20: 192。
85. 方耀對張顯碩（Zhang Xiangshua，音譯）進一步督察報告的回應，記錄於 ZGDS, n.d., n.p.。
86. ZGDS, n.d., n.p.。
87. *Chaoyang xianzhi* 1884, 21: 91–92。
88. *Chaoyang xianzhi* 1884, 21: 91–92。
89. *Analects* 1979, 5: 16; 14: 9; *Han Feizi* 2001: 342。

第五章

1. FO 228/536 (188)，敘述方耀的評語。
2. Armitage 2012; Guldi and Armitage 2014: 15, 125。
3. 中國搖滾歌手侯德健在泰國難民營，遇到一位家族移居越南的人。這群「資本家」豆漿小販逃離戰後越南，進入柬埔寨，卻又在一九七〇年代末期逃離紅高棉的迫害。關於侯德健搖滾歌曲的歷史脈絡與歌詞英文翻譯，見 Jaivin 2001: 65。
4. 例如，一八四四年黃悟空起事與五四年多次起事遭到鎮壓，見 Tanaka 1993: 52–57。
5. FO 228/503 (245) and (174)。多數都是清鄉行動目標，但是部分是地主，計畫等戰事停歇再返鄉。FO 228/493 (256)。
6. Gardner 1897: 622。
7. IMC, Swatow Trade Report, 1870: 132; FO 228/503 (245)。
8. SDQ, 64; Zheng Baitao 1993: 36。
9. CZZ, 2005: 2733–40。
10. *Chaoyang xianzhi* 1997: 36。
11. CZZ, 2005: 2165。
12. Fielde 1887: 141。關於在村落械鬥中頂罪，見 Macauley 1998: 266–71。
13. Fielde 1887: 142。
14. FO 228/503 (202–20)；中文告示見 FO 228/946 (178–83)。
15. MQSLCZSJ, 245–46, a *xiedou* in Puning, 1832。
16. CZZ, 2005: 2208–10。
17. Cui Bingyan 1908, n.p., “Chaoyang fengsu,” item 16。
18. 關於移民相關問題，見 CO 275/19 (ccxl–cclxxxii)。關於八百八十名潮州苦力遭到「祕密幫會」關押，見 ccxlii。廈門已經禁止賒單乘客，因此讓汕頭變成東南部窮人的出發港。
19. JMA/Swatow/LHL 1563 (1871 price); LHL 1903 (1874); LHL 2027 (1875)。

3. ZJZ, 106–7; YZDS, 1: 444–45, 448。
4. 關於反抗歌謠與意識形態，見 Wu Kuixin 1997; on the rebellion, CZZ 2005: 2719–23; *Haiyang xianzhi* 1900: 256。
5. Bruinsma and Bernasco 2004: 79, 87。
6. Kilcullen 2006: 117; 另見 Packer 2006: 60。
7. GPA/FO 931/1654（證詞）。
8. JMA/Swatow/LHL, 131; Scarth 1860: 54–55。
9. Jiang Risheng 1986: 412。
10. JMA/Swatow/LHL 336, reel 550。
11. GPA/FO 931/1654。
12. *Chenghai xianzhi* 1815, 8: 7。
13. QTCBMMSHA, 4: 1404; 36: 10814–21。
14. Ter Haar 1998: 351–60; Linda Cooke Johnson 1995: 283。
15. CO 275/19。
16. QTCBMMSHA, 38: 10341; Ter Haar 1998: 359。
17. QTCBMMSHA, 38: 10329–30, 10335–37。
18. 受到法國大革命相關前作啟發的觀察，特別是 Hunt, 1984: 12–16。
19. MQSLCZSJ, 288. Also SB 1: 80–82; *Peking Gazette*, 14 November 1873。
20. 關於方耀祖系與祖居，見 *Chaozhou Fangshi zupu*, 8–10, 28, 31。關於方家在縣志中的重要地位，見 *Puning xianzhi* (1747), 6: 285–97。關於方家的廣東連結，見 *Peking Gazette*, May 2, 1891; *Qingdai Yueren zhuan*, 2: 575–79。
21. Chaoyang xianzhi 1884, 21: 91–92。
22. Zeng Guoquan 1969 (1882 memorial), 614: 1966。
23. 關於民兵，見 GPA/FO/931/1120；生平見 *Qingdai Yueren zhuan*, 2: 563–79; *Puning xianzhi* 1995: 676–77。
24. 關於瑞麟，見 Qingshi gao, 388: 11710。
25. MQSLCZSJ, 288。
26. SB, 1: 81（一八七三年瑞麟與兩廣總督張兆棟〔Zhang Zhaodong〕奏議）；*Chaoyang xianzhi* 1884, 21: 91–92。這在後太平天國時代的廣東並不少見，見高階將領年度考核：GXCZPZZ, 36: 321, 743; 37: 24–25, 831。
27. SB, 1: 80–82（瑞麟評論）；3: 404–5（曾紀渠評論）。關於惠州，見 GXCZPZZ, 42: 205; ZGDS, juan 3, n.p.。
28. 關於軍事狀態，見 Gregory 2015；關於方耀宣布軍事狀態，見 MQSLCZSJ: 288；關於在一八三六年清除普寧鄉匪時實施軍事狀態，見 GPA/FO 931/88; MQSLCSJ; 243。
29. ZGDS, juan 4, n.p.。多數官方記述都重複這些數字，顯然方耀是清鄉行動官方數字的來源。
30. SB, 1: 80–82。

14。

36. SKJKQHSZ, 307; CZZ 1949, "Dashi zhi," 34。
37. Yuan Bingling 2000: 43–45。
38. 關於黃悟空遭受的懲處，見 *Chaoyang xianzhi* 1884, 13: 20; for the others', MQSLCZSJ, 253; CZZ 1949, "dashi zhi," 34; SKJKQHSZ, 307; Hu Zhusheng 1996: 203。關於五虎祠，見 Tanaka 1993: 50–57; Chng 1999: 69。
39. Lin 1997: 98–102。
40. He Zhiqing and Wu Zhaoqing 1996: 271–72。
41. Lan 1985: 239 (18th c.); CMGJ, 291 (19th c.); IMC, "The Fisheries of Swatow," 1883: 1。關於女性，見 *Chaozhou fuzhi* 1893: 130。
42. JMA/Swatow LHL 1880; 2033; 2034。
43. ZJZ, 103 (*Lufu zouzhe*, DG 18.11.16)。
44. Wakeman 1966; Wagner 1982; Shih 1967; Platt 2012; Meyer-Fong 2014。
45. CZZ 1949, "Dashi zhi," 34b; MQSLCZSJ, 261。
46. On financial pressures, J. Y. Wong 1976: 95–119。
47. CCZ 2005: 2717–23; Chen Zehong 2001: 363–64。梅花村的鄭家長期以來就不滿地方官員，見 CMGJ, 291。
48. Zeng Guoquan 1969, 614: 1964–66。
49. Michael 1966: 118。
50. Zhao Huifeng 1998: 174–84。
51. *Chaoyang xianzhi* 1997: 34, 539–44, 564; CCZ 2005: 2727–28; Jiang Zuyan and Fang Zhiqin 1993: 467–69。
52. 吳均報告，見 GPA/FO/931/1394。衙門差役也不可靠，因為他們本身長期以來也是幫會成員。見 QTCBMMSHA, 31: 8802–06。
53. JMA/Swatow/reel 550/LHL 440.。九月又籌募了另外的六萬五千兩。FO17/278 (303–310)。
54. MQSLCZSJ, 272–73; FO 228/354 (92–93)。
55. FO 228/480 (22–28); Chinese version of guild notice, FO 228/924 (162)。
56. JMA/Swatow/reel 552/LHL 1058, reel 552。一八五四年時，一名渣甸洋行代表回報（LHL 93），「大多數人反對起事者」。
57. QTCBMMSHA, 38: 10331–33; 38: 10329–30; 38: 10335–37。來自殖民地的抱怨，見 CO275/19。
58. 一七八六年有一群潮州案例，包含 QTCBMMSHA, 20: 4918–28; 20: 4941–44; 20: 4979–83。婆羅洲情況，見 Yuan Bingling 2000: 40, 42–44。

第四章

1. JMA/Swatow/LHL, 123 (quote), 776。
2. GPA/FO 931/1654。

58. Crawfurd 1830, 2: 328。
59. 一八一九年湯瑪士・萊佛士（Thomas Raffles）在新加坡「豎起旗幟」後，英屬東印度公司就開始治理這塊領土。殖民地於一八六七年建立。
60. Xie Qinggao 1962: 37–38; AJMR 8 (1819): 305; Poh Ping Lee 1978: 27–30。重心放在潮州人，並不是要忽視新加坡福建人在商業上的重要性。不過農業經濟仍舊由潮州人主導。
61. Siah U Chin [Seah Eu Chin] 1848: 290。佘有進是主要的甘蜜生產者。
62. Phipps 1836: 324–25; Crawfurd 1830, 2: 352–53。
63. AJMR 18 (1824): 256。關於砂勞越潮州人，見 *Anbu zhi* 1990: 353；關於莊園，見 Reid 2004。
64. MCT, 29, 78–80; Song Ong Siang: 19–20。
65. Trocki 1979: 142–43; Yen 1986: 232; MCT, 136。陳成寶生於怡保（Ipoh），因此基本上是「海峽華人」。陳家來自海陽。
66. *Anbu zhi* 1990: 353; CO 275/19, App. 2 ("Emig. Report," 1876); STR, 1870; Siah 1848: 290; Chin 1981: 74。
67. MCT, 42–43, 285。
68. Trocki 1979: 113–14; Trocki 1990: 119, 139。歷史學者（Trocki; Yen 1986: 264）傳統上將 kangzhu 譯為 gangzhu（港主），然而 Yap Pheng Geck (1982: 1) 的父親是一名柔佛 jiangchu，解釋 kangzhu 相當於潮州話發音裡的 jiangzhu（江主）。
69. Carstens 2005: 10。
70. Xie Qinggao 1962: 14–15。本章開頭引言，出自 Xie Qinggao 1962: 49–50。
71. Crawfurd 1830, 2: 385。
72. Siah 1848: 288–89；關於廣東薪資，見 Mazumdar (1998: 283)，提到每月薪資為五百到七百錢。
73. Wei Yuan 1847, 2: 487–88。Pontianak 在中文裡稱為坤甸。
74. Liang 1905: 53; Heidhues 2003: 60 (quoting de Groot); Yuan 2000。
75. Heidhues 2003: 40, 54–55; Wang Tai Peng 1994: 78–79; Blussé and Merens 1993. Yuan Bingling (2000) 強調宗教性質。
76. Heidhues 2003: 50–55; Wang Tai Peng 1994: 60。
77. Liang 1957; 53; Luo Xianglin 1961: 1。
78. CZZ 2005: 2702。
79. Luo Xianglin 1961: 137–46 and passim; Yuan 2000: 48–55; Heidhues 2003: 64–65。
80. Yuan 2000: 16, 31; Heidhues 2003: 31, 36。Leo (2015: 179–80) 宣稱半山客是文化上的客家人。
81. Yuan 2000: 31, 47–48。
82. Yuan 2000: 40; Heidhues 2003。

幾乎完全放棄（商業）」（journal excerpt, Launay 2000, 2: 309）。心有不甘的華人支持者在政變中悄悄放棄鄭昭。

33. Crawfurd 1830, 2: 174。
34. Viraphol 1977: 104。潮州人持續在長江下游購買稻米，然而到了十九世紀中，潮州的補充稻米主要是由暹羅及西貢進口（經由香港轉口）供應。見 JM/IC/UL/reel 552/Swatow/LHL 1232。
35. Viraphol 1977: 171–73。
36. 關於暹羅數字，見 Crawfurd 1830, 2: 221–22。根據 Skinner 對其研究方法的批評 (1957: 70)，我使用的是 Crawfurd 修正前的數字。關於潮州人口，見 CZZ 2005: 2106, 2133。
37. Turpin 1908: 185–87; Wang Yuanlin and Liu Qiang 2005: 83。
38. *Trade Report for Swatow*, 1879, 207–8. 一八七九年描述的地點，從一八二九年就開始營運。
39. *Siam Repository* 4 (1872): 483–84。
40. AJMR 18 (1824): 326。
41. Crawfurd 1830, 1: 76; 2: 159; Phipps 1836: 205; Viraphol 1977: 181; Leng 1999: 74–75。
42. Ruschenberger 1838: 313。包含從中國其他地方駛來的戎克船。他的資料來源是照顧中國水手醫療需求的傳教士。Also Gutzlaff 1840: 84–85; Bowring 1857, 1: 247。
43. Crawfurd 1830, 2: 160–61。只有領航員跟會計領有薪水，並享有五十擔貨運量。關於船員作為「合夥人」，見 Bowring 1857, 1: 249。
44. Shen Binghong 2001: 22–23; Zhang Yingqiu 1991: 242。關於公司，見 Choi 1998。
45. Nidhi Eoseewong 2005: 75。
46. AJMR 27 (1829): 435; 28 (1829): 489; Turpin 1908: 202–8。
47. Crawfurd 1830, 2: 161–62。
48. Crawfurd 1830, 2: 177–78。
49. Pallegoix 1854, 1: 80, 101–2。
50. Crawfurd 1830, 2: 177–78。
51. Pallegoix 1854, 1: 310. Statistics for 1840s。
52. Crawfurd 1830, 2: 178 and 181。
53. Nidhi Eoseewong 2005: 75–114。
54. Ye Xian'en 1989, 1: 224–25。
55. Viraphol 1977: 104。其他姓氏的商人也受到表揚。其中之一的楊利彩（Yang Licai）從越南進口兩千七百擔。見 Wang Yuanlin and Liu Qiang 2005: 83。
56. Ye Xian'en 1989: 224–25; *Chaozhou fuzhi* 1762: 3270（電子檔）。
57. Ye Xian'en 1989: 225–26，引述道光年間石碑。

歷史與現場 339

遙遠的海岸：中國海疆上的殖民擴張

Distant Shores: Colonial Encounters on China's Maritime Frontier

作者	麥柯麗（Melissa Macauley）
譯者	林玉菁
主編	王育涵
特約校訂	廖柏皓
美術設計	許晉維
內頁排版	張靜怡
地圖繪製	吳郁嫻
總編輯	胡金倫
董事長	趙政岷
出版者	時報文化出版企業股份有限公司 108019 臺北市和平西路三段 240 號 7 樓 發行專線｜02-2306-6842 讀者服務專線｜0800-231-705｜02-2304-7103 讀者服務傳真｜02-2302-7844 郵撥｜1934-4724 時報文化出版公司 信箱｜10899 臺北華江橋郵政第 99 信箱
時報悅讀網	www.readingtimes.com.tw
人文科學線臉書	http://www.facebook.com/humanities.science
法律顧問	理律法律事務所｜陳長文律師、李念祖律師
印刷	家佑印刷有限公司
初版一刷	2023 年 7 月 28 日
定價	新臺幣 620 元

時報文化出版公司成立於一九七五年，並於一九九九年股票上櫃公開發行，於二〇〇八年脫離中時集團非屬旺中，以「尊重智慧與創意的文化事業」為信念。

ISBN 978-626-374-107-2｜Printed in Taiwan

遙遠的海岸：中國海疆上的殖民擴張／麥柯麗（Melissa Macauley）著；林玉菁譯．
-- 初版．-- 臺北市：時報文化出版企業股份有限公司，2023.7｜456 面；14.8×21 公分．
譯自：Distant Shores: Colonial Encounters on China's Maritime Frontier｜ISBN 978-626-374-107-2（平裝）
1. CST：殖民主義 2. CST：帝國主義 3. CST：經濟史 4. CST：廣東省潮州市｜577.19｜112011275